“冬季体能类项目主要训练手段功效的研究”项目成果

越野滑雪科学化训练理论与方法

Theory and Method of Scientific Training for Cross-country Skiing

林 岭 余天意 罗嘉铭 张恒颖 李 振 著

科学出版社

北京

内 容 简 介

本书介绍了国内外越野滑雪训练研究与比较、越野滑雪科学化训练原理、越野滑雪科学化训练方法、越野滑雪科学化训练的训练质效评价与监控、越野滑雪科技助力、越野滑雪科学化训练方法实践应用、越野滑雪常见问题解答及越野滑雪科学化训练、监控方法在其他竞速体能项目应用建议等内容。本书有助于帮助我国教练员了解越野滑雪目前国际训练理念、科学化训练方法的进展等，提高其对越野滑雪科学化训练原理的认知水平，引导其掌握主要的科学化训练安排原则与方法，了解与应用主要的科研监控方法等。

本书适用于越野滑雪等速度耐力项目的教练员、运动员和管理者，体育学与其他相关学科的本科生、研究生及相关领域的科研人员。

图书在版编目(CIP)数据

越野滑雪科学化训练理论与方法 / 林岭等著. —北京：科学出版社，2022.9

ISBN 978-7-03-072804-3

Ⅰ.①越… Ⅱ.①林… Ⅲ.①越野滑雪–运动训练–研究 Ⅳ.①G863.13

中国版本图书馆 CIP 数据核字(2022)第 140886 号

责任编辑：张佳仪 / 责任校对：谭宏宇
责任印制：黄晓鸣 / 封面设计：殷 靓

科学出版社 出版
北京东黄城根北街 16 号
邮政编码：100717
http：//www.sciencep.com
南京文脉图文设计制作有限公司排版
上海锦佳印刷有限公司印刷
科学出版社发行 各地新华书店经销

*

2022 年 9 月第 一 版 开本：B5(720×1000)
2022 年 9 月第一次印刷 印张：17 1/4
字数：275 000

定价：100.00 元

(如有印装质量问题，我社负责调换)

前言 PREFACE

从历年国际比赛成绩看，我国越野滑雪运动员在历届奥运会、世界锦标赛中从未获得过奖牌，在高水平国际比赛的排名几乎都处于较后位置，奥运会最好成绩为短距离个人第 18 名。导致我国越野滑雪落后的原因很复杂，如既往人才储备不足、高标准的训练场地匮乏、经费投入与器材科研保障不足等，但其中最关键的原因是国内教练员对越野滑雪科学化训练的原理认知模糊，训练方法科学化程度不高，专项体能训练质效不高，使得我国运动员的综合比赛能力与国际高水平运动员差距较大。提高教练员对越野滑雪训练原理的认知，借鉴国际先进训练理念，提高科学化训练计划安排与实施能力是提高我国越野滑雪项目水平的必由之路。

本书梳理了越野滑雪项目的体能训练特征，结合国内外有关研究进展及作者在国家队带队训练（2018～2020 年在国家队任教练组长、科研组长）期间的经验与科研成果，归纳总结了越野滑雪科学化训练原理、训练方法及训练质效科研监控评价方法系统，以期帮助我国教练员提高对越野滑雪科学化训练原理的认知水平及主要的科学化训练安排原则。为便于教练员借鉴参考，本书基于科研成果和实践经验，专门整理了越野滑雪科学化训练方法的应用案例。为发挥科技助力作用，本书还概括了适合越野滑雪的科技助力方法系统（主要包括训练科研监控系统、训练质效科学评价方法系统等）。

本书适用的读者对象包括越野滑雪等速度耐力项目的教练员、运动员，体育学专业的大学生、研究生及有关科研人员，供其学习、借鉴与参考。本书有助于读者基本了解越野滑雪等项目科学化训练原理、方法及科技助力方法，提高其科学化训练认知水平及实践应用能力，为整体提高我国越野滑雪科学化训练水平提供理论与方法指南。鉴于体能主导类项目，特别是速度耐力项目体能训练的生物学原理及训练规律有着很高的同质性，本书对其他体能主导类冰雪运动（冬季两项、北欧两项、速度滑冰等）、夏季运动（田径、游泳、自行车、皮划赛艇等）的科学化体能训练同样具有很好的借鉴应用价值。

本书撰写过程中，宁波大学体育学院研究生余天意、张育硕、张飞及浙江东方职业技术学院李振（宁波大学体育学院硕士）等参与了本书的撰写工作。其中余天意、罗嘉铭负责科学化训练原理、研究进展等内容撰写（各约 5 万字），张恒颖负责运动心理等内容撰写（约 2 万字），李振负责越野滑雪发展史、部分实践案例等内容撰写（约 2 万字），张飞负责运动疲劳与评价等内容撰写。另外，宁波大学体育学院研究生张育硕、樊凯文、吴文腾、李悦婷等参与了文字校稿、图表编辑与校正、文献检索整理等工作。在此表示衷心感谢！

林　岭

2022 年 4 月

目录 CONTENTS

1 绪 论

1.1 越野滑雪的历史

越野滑雪是一项起源于北欧的古老的体育运动，又称为北欧滑雪。越野滑雪是一项人们脚踏雪板、手持雪杖在冬季寒冷条件下滑行穿梭于山川雪原之上的运动项目。如今，这项运动既是冬季奥运会的重头比赛项目，也是冬季室外人们非常喜爱的健身方式。有越来越多的人投入到越野滑雪运动的训练、比赛和锻炼中，这项有着悠久历史的运动项目给现代人的生活带来了健康和运动乐趣。

早期，高纬度地区的人们为了克服冬季气候严寒、冰雪封盖江河大地的困难，他们手持木棍、脚穿自制的木板滑行于山川雪原之上，进行着狩猎、贸易、交通等活动。随着社会的进步和当代奥林匹克运动的发展，越野滑雪成为冬季奥运会、世界锦标赛和世界杯等冬季竞技体育赛事中不可或缺的运动项目。精彩的比赛、鲜艳的服装、逐渐改进的滑行技能和器材，吸引了越来越多的人参与其中，促使这项受季节和地域限制的运动项目逐步超出了原先的地域和传统体育范畴，出现在世界各个地区和领域，甚至在人类保家卫国的战争史上也不乏其例。1206 年，挪威的两名侦察兵，将 2 岁的国王哈康四世绑在身上，滑雪几十公里，翻越高山、越过河流、穿过深林，摆脱了侵略者的围堵，保住了国家的王位和主权。世界著名的“瓦萨洛佩特越野滑雪”比赛，纪念的是瑞典首位国王——瓦萨洛佩特先生在侵略者入侵瑞典领土时，连夜滑雪 90 公里组织国人奋起抵抗，赶走了侵略者，保卫了家园。一战期间，芬兰军队曾利用其娴熟的滑雪技术，身披与雪地融为一体的白色披风在雪山丛林中穿梭，或灵活移动，或隐蔽埋伏，打败了苏联军队。1945 年冬季，解放军东北剿匪部队在黑龙江省大海林地区的深山老林中，利用越野滑雪技能，穿林海、跨雪原，奇袭国民党残匪老巢威虎山，一举消灭匪徒。

由于历史经济发展水平和地域气候条件的限制，在欧洲、北美和地中海地区的国家，如挪威、瑞典、俄罗斯、芬兰、意大利、法国、德国、奥地利、加拿大、美国等国家，越野滑雪的发展更为普及，他们在历届世界主要赛场上都具有强大的竞争实力。我国的越野滑雪虽然有一定发展，但由于经济发展水平和自然条件的限制，仅有东北、内蒙古自治区和新疆维吾尔自治区等部分地区开展此项运动，参与的人数与发展规模都很有限，竞技水平也不高。随着我国经济发展水平的快速提高，越野滑雪的发展也逐年达到新规模，普及地域扩大、参与人数增多、训练水平提高、竞技实力逐渐增强，我国正在逐渐融入国际越野滑雪运动发展的潮流之中。从 20 世纪 80 年代开始，我国就派队参加冬季奥运会、世锦赛、世界杯和洲际越野滑雪赛事，并在本土多次举办国际越野滑雪的大型赛事，我国的优秀运动员和世界高手同场竞技，比赛成绩不断提高，对项目训练的理念和内在规律的把握不断深化。2015 年我国申办 2022 年冬奥会的成功，成为推动冰雪运动快速、超常规发展的强大动力，越野滑雪也借助这个东风在神州大地上向国际先进水平奋起直追，实现了“三亿人上冰雪”目标。此前，国家先后投巨资建设高水平越野滑雪竞赛训练场地，通过大范围的跨界跨项选材选拔优秀运动员，组建了多支中外结合的训科医复合团队执教与科技助力保障的国家集训队，并长期组织各支国家集训队分赴北欧各地进行训练比赛，添置了大量训练及科研设备，呈现出科学化训练水平提高、竞技实力增强、运动成绩不断突破的新局面。

滑雪运动的发展历史事件见表 1-1。

表 1-1 滑雪运动历史事件与记录

时间	事件与记录	地点
	公元前滑雪运动的考古发现、事件	
6300 BC～5000 BC	在俄罗斯辛多湖(莫斯科西北约 1 200 km)附近发现的最古老的滑雪板——由硬木制成的滑雪板	俄罗斯
6000 BC	“ski”一词(来自 suksi)在芬兰被使用	芬兰
5100 BC	在挪威发现的最古老的滑雪场——维夫斯恩诺德兰滑雪场	挪威
4000 BC	在挪威博拉(Bola)发现滑雪石刻	挪威
3300 BC	1924 年,在瑞典卡尔夫特拉斯克的一个沼泽中挖出了两个完整的滑雪板和一根滑雪杖,通过碳定年法证明它们来自公元前 3300 年	瑞典
3000 BC	1984 年,在俄罗斯和斯堪的纳维亚半岛的沼泽发现岩石绘画证明了当时人们使用滑雪板。在拉脱维亚发现了半个滑雪板和滑雪杖,在俄罗斯普斯科夫发现了一个滑雪板。卡尔瓦特拉克斯基滑雪场发现包括一个几乎完整的滑雪板和一根长铲的滑雪杖	俄罗斯、斯堪的纳维亚半岛
1700 BC	公元前 1700～公元前 1500 年,青铜时代的岩石雕刻,包括滑雪器材,还有滑雪者的黏土船	北欧
200 BC～200 AD	第一个已知记录的关于西汉时期出现滑雪的国家	中国
	公元后至 19 世纪末关于滑雪运动的记录	
618～907 年	据记载,唐代的蒙古部落习惯在所谓的木马上滑冰,也就是用雪橇滑冰	中国
1199 年	芬兰人和使用滑雪板的丹麦人发生战斗	芬兰、丹麦
1206 年	伯克贝纳夫妇、索尔斯坦·斯凯夫拉和斯杰瓦尔德·斯克鲁卡从利勒哈默尔到奥斯特达林在多夫尔山上滑雪救出了 2 岁的王位继承人哈肯·哈孔森王子。自 1932 年以来,伯克贝纳的比赛一直沿着从雷纳到利勒哈默尔的路线进行	挪威
1520 年	在挪威,人们制定了关于在滑雪板上狩猎的规则	挪威
1521～1522 年	瑞典的国王(古斯塔夫·瓦萨)领导了塔拉人民使用滑雪板与丹麦军队的战斗,他还要求许多军阀为军队装备滑雪板	瑞典
1566 年	冯·赫伯茨坦在他 1556 年出版的《莫斯科之旅》一书中描述了滑雪者——滑雪者们拿着一根棍子,有短滑雪板	奥地利

（续表）

时间	事件与记录	地点
公元后至 19 世纪末关于滑雪运动的记录		
1733 年	詹斯·亨里克·埃马豪森制定了第一个关于滑雪板的军事规则	瑞典
1741 年	第一次描绘了带有两根雪杖的滑雪者	芬兰
1800 年	在泰勒马克地区，人们以高超的技能使用滑雪板来享受健康和乐趣，滑雪运动很快在挪威流行	挪威
1825 年	摩根达尔改进了滑雪板和固定器的设计	挪威
1855 年	新西兰和澳大利亚报道了滑雪运动	新西兰、澳大利亚
1856 年	马西亚斯·兹达斯基，高山滑雪技术的创始人，包括他在利林菲尔德陡峭的山坡上教的转弯技术。他缩短了滑雪板的长度，发明了固定器	捷克斯洛伐克
1863 年	16 岁的英格丽德·奥尔斯达特·维斯特宾是第一个已知姓名参加雪上跳跃比赛的女性	瑞典
1879 年	伊瓦·霍尔姆奎斯特，国际滑雪联合会（International Ski Federation，FIS）第一任主席（1924～1934 年），瑞典陆军中将，促进滑雪和露天活动协会主席	瑞典
1881 年	约翰·巴德利在圣彼得堡创立了 Yukki 滑雪俱乐部——苏俄最早的滑雪俱乐部	苏俄
1883 年	越野滑雪和跳台滑雪项目都是在芬兰发展起来的。历史上第一次授予女子比赛奖杯	芬兰
1886 年	3 月 9 日，赫尔辛基体育俱乐部组织了滑雪比赛，包括 16.5 km 的越野赛和跳台滑雪比赛	芬兰
1893 年	利勒哈根和汉森首次制作轻质层压越野滑雪板取代沉重的山核桃木制的滑雪板	挪威
近、现代竞技滑雪运动重要事件		
1900 年	2 月 3 日，在费尔德伯格举行了第一届德国滑雪锦标赛	德国
1901 年	2 月，在斯德哥尔摩举办了首届斯堪的纳维亚奥林匹克运动会	瑞典
1905 年	在赫尔辛基的阿尔皮拉区建造了第一个木制滑雪跳台	芬兰

（续表）

时间	事件与记录	地点
	近、现代竞技滑雪运动重要事件	
1907 年	3 月，米兰滑雪俱乐部在瓦尔萨西纳举办了第一届意大利滑雪比赛；奥地利第一次为滑雪者和登山者提供意外保险	意大利、奥地利
1908 年	世界上第一个标准化的比赛滑雪场建立在施瓦茨瓦尔德的肖拉赫	德国
1910 年	奥斯陆第一届国际滑雪委员会主席达尔·诺尔成为总统	挪威
1915 年	库克山开放，滑雪第一次被提到是一个旅游景点	新西兰
1918 年	10 月 26 日，马克·霍德勒出生，后于 1951～1998 年担任 FIS 主席	挪威
1923 年	女士滑雪俱乐部由阿诺德·伦在默伦成立，鼓励高山比赛	瑞士
1924 年	2 月 3 日，FIS 在法国夏蒙尼创立，第一届冬奥会举办	法国
1928 年	莱特纳申请了钢边缘的专利，旨在防止滑雪板磨损和提高抓地力	奥地利
1931 年	由英国组织的第一届 FIS 高山世界锦标赛在瑞士默伦举行	瑞士
1936 年	冬季奥运会首次包括男子和女子高山比赛（回转和下坡，但奖牌只授予混合项目），北欧接力赛被引入奥运会	德国
1939 年	波兰扎可潘内市举行 FIS 北欧和高山世界锦标赛，包括越野、跳跃、北欧混合、小回转、下坡和组合	波兰
1951 年	史蒂夫·布拉德利在科罗拉多州的冬季公园推出了第一台“大亨切割机”斜坡梳理机	美国
1952 年	奥斯陆冬奥会，大回转运动成为奥运会项目，女子比赛首次进入冬奥会	挪威
1955 年	在奥伯霍夫，世界上首次使用了短式滑板	德国
1957 年	鲍勃·兰格做了第一款塑料滑雪靴	不祥
1959 年	阿尔卑斯滑雪锦标赛的第一次死亡导致 FIS 规定必须戴头盔	瑞士
1965 年	单板滑雪的开始，谢尔曼·波本获得了第一个滚花的专利	不详
1972 年	第一届世界跳台滑雪锦标赛	普兰尼卡
1982 年	北欧滑雪世界锦标赛，采用了较短的碳纤维滑雪板，包括北欧组合团体项目和 90 米跳高团体项目	挪威

（续表）

时间	事件与记录	地点
近、现代竞技滑雪运动重要事件		
1984 年	北欧混合甘德森规则，参赛者根据跳跃的分数开始越野赛	挪威
1987 年	在滑雪世界锦标赛上，越野比赛使用传统式和滑冰式举行。在高山世界锦标赛上，Super G 被引入	南斯拉夫
1996 年	奥地利利恩茨举行第一届 FIS 单板世界锦标赛，大回转、平行大回转、U 型滑雪和滑雪板交叉	奥地利
21 世纪以来 FIS 的重大里程碑事件		
2002 年	在德国/奥地利的四山锦标赛上，斯文・汉纳瓦尔德（GER）成为第一个赢得所有四项比赛和总排名的选手	德国/奥地利
2006 年	西蒙・奥里冈（Simone・Origone）（意大利）在莱弧（法国）创造了 251.40 km/h 的新速度纪录，桑娜・蒂斯特兰德（瑞典）创造了 242.59 km/h 的女子速度记录	法国
	在都灵奥运会首次亮相的 FIS 赛事包括越野滑雪团体短距离和单板滑雪赛	意大利
2008 年	在开普敦举行的 FIS 大会上，审议的一个关键主题是“如何在世界范围内发展这项运动”。FIS 公布了一项名为“把孩子们带到雪地上”的倡议。FIS 大会还重申了其对兴奋剂的不容忍政策，一致接受了从 2009 年 1 月 1 日起生效的《世界反兴奋剂法典》	南非
2009 年	FIS 世界锦标赛由利贝雷茨（北欧）、瓦尔德伊塞尔（阿尔卑斯）、伊纳瓦希罗（自由式）和江原（滑雪板）主办	多国
2010 年	第一次颁发 FIS“雪童奖”，旨在增加参加雪上运动的年轻人	多国
	2 月 18 日，FIS 在奥斯陆举行首届国际滑雪大会 100 周年。历史悠久的大会在安塔利亚（土耳其）举行	土耳其
	冬奥会由温哥华移至北美/惠斯勒主办。FIS 推出了奥运会上唯一的男子和女子滑雪越野赛进入奥运会项目	加拿大
2011 年	四次世界锦标赛共有六个项目举行。单板滑雪在韩国创造历史，自由式在拉莫利纳（西班牙）举行，北欧在奥斯陆（挪威）深受大量人群喜爱，而高山滑雪则由加尔米施-帕滕基兴（德国）主办	多国

（续表）

时间	事件与记录	地点
	21 世纪以来 FIS 的重大里程碑事件	
2012 年	FIS 举办了第一个世界滑雪日，来自世界各地的组织者举办了各种各样的活动来庆祝滑雪运动，并在 1 月 15 日庆祝这一天	多国
	FIS 第一次在亚洲举办大会，吉安・弗朗科・卡斯帕总统收到了一面曾被带到珠穆朗玛峰山顶的旗帜	韩国
2013 年	举行了四次世界锦标赛，包括瓦尔迪费埃米（北欧）、施拉德明（高山）、沃斯（自由式）、斯通汉姆（单板滑雪）、在施拉德明举行的高山世界锦标赛吸引了创纪录的观众和电视数字	多国
2014 年	FIS 主席吉安・弗朗科・卡斯帕在巴塞罗那举行的 FIS 大会（西班牙）上当选，这是他的第五个四年任期	西班牙
	第三届世界滑雪日于 1 月 18 日举行，参加人数首次超过 50 万大关	
	FIS 在 2014 年索契冬奥会上首次推出了几个新的奥运项目，包括：女子跳台滑雪、男/女 U 型滑雪、男/女单板障碍滑雪、男/女障碍滑雪、男/女单板平行回转滑雪	俄罗斯
2015 年	2015 年举行了三次世界锦标赛，克赖施伯格（奥地利）举办了第一次混合自由式和单板滑雪世界锦标赛。维尔比弗溪（美国）和法伦（瑞士）分别举办了非常成功的高山滑雪和北欧世界锦标赛	多国

注：该表资料主要来自国际雪联官网。

1.2 越野滑雪的特点

越野滑雪是最基础的雪上传统项目，比赛线路要求上坡、下坡和平地各约占三分之一。传统技术比赛场地需要压制专用雪槽，雪板在雪槽里，运用双腿的前后摆动和雪杖撑动前进。自由技术比赛对技术动作没有限制，传统技术、自由技术和不同距离、不同人数的组合，构成了越野滑雪的项目群。越野滑雪是以体能为主导、技术为支撑的周期性、半开放的技能、竞速类竞技运动项目。从体能角度看，其主要体能特点为有氧能力为主导、无氧耐力为重要支撑的混合代谢供能类运动，对运动员的专项耐力(包括有氧、无氧耐力)及力量素质要求较高。

越野滑雪短距离比赛距离为 1.2～1.8 km，中长距离比赛距离为 5～50 km，比赛时间从 2 min 至 2.5 h 不等，其能量供应主要以有氧代谢供能系统为主，要求运动员在最短的时间内完成规定距离的比赛项目。与其他耐力性项目不同，越野滑雪比赛主要是在坡度不断变化的路线上进行，运动员需要在上坡和平地上快速滑行，在下坡的路段进行短暂放松恢复。该项目被认为是耐力性较强的项目之一。

越野滑雪中不同比赛距离用时差异巨大，不同比赛距离仅能量代谢系统也不同。从表 1-2 可见，有氧代谢是越野滑雪所有比赛距离中的最主要供能系统，距离越长其参与供能比例越高。

表 1-2 越野滑雪不同比赛距离项目能量代谢特征

项目	距离(km)	持续时间	心率	乳酸(mmol/L)	有氧供能比例
短距离	1.2～1.8	2′30″～4′30″	I4～I5	8～16	60%～80%
中距离	5	15′～15′30″	I4～I5	10～14	70%～90%
	10	30′～35′	I3～I5	10～17	80%～95%
	15	40′～45′	I3～I5	11～17	85%～95%
长距离	30	80′～110′	I3～I4	8～10	90%～97%
	50	125′～160′	I3～I4	6～10	95%～98%

1.3 越野滑雪的普及

1.3.1 各国达到 A 标运动员人数

A 标为国际雪联衡量运动员水平的主要指标。达 A 标人数越多提示该国总体水平越高。截止到 2018 年底，各主要国家达 A 标运动员人数见表 1-3。

表 1-3 达 A 标各国男女运动员人数 单位:人

国家	男队员	女队员
挪威	228	71
俄罗斯	183	90
瑞典	109	48
芬兰	81	29
美国	45	32
加拿大	47	9
意大利	45	22
法国	42	17
德国	39	24
瑞士	39	13
日本	35	10
中国	4	4

注:数据源自国际雪联官网 2018 年统计结果。

从表 1-3 可知,挪威、俄罗斯、瑞典远高于其他国家,达 A 标的运动员人数位居第一集团;芬兰、美国、加拿大、意大利、法国、德国、瑞士及日本处于第二集团;我国则与上述国家差距较大,提示我国该项目的优秀运动员人才规模较小。

1.3.2 各国越野滑雪注册运动员分布情况

各国在 FIS 注册的运动员人数是反映各国越野滑雪人才储备情况的有效指标。通过图 1-1 可见(数据截止到 2018 年 1 月),挪威、俄罗斯、瑞典、芬兰作为传统越野滑雪优势国家,其 18～31 岁越野滑雪人才储备总量具有比较明显的优势。我国在 FIS 注册的 18～31 岁运动员人数与该项目优势国家差距巨大,提示我国越野滑雪人才储备较匮乏。

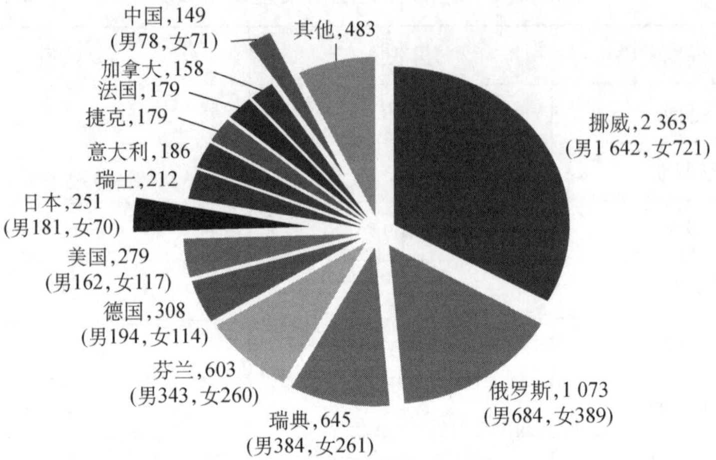

图 1-1 18～31 岁之间 FIS 注册的运动员分布统计(单位:人)

1.4 越野滑雪与奥运会

1.4.1 奥运会中越野滑雪设项的变化

从第一届法国夏蒙尼冬季奥运会开始,越野滑雪比赛就被列为正式竞赛项目。随着越野滑雪运动的发展以及商业广告、电视转播和观众欣赏的需要,当代冬季奥运会、世锦赛和世界杯等顶级赛事(男、女)共有 12 个比赛项目,这些比赛项目设定的原则是传统技术和自由技术各占 50%;每一届各比赛项目的技术类型都要进行轮换,即上届此项目是传统技术,下一届轮换成自由技术,再下一届又是传统技术,无论冬季奥运会、世锦赛和世界杯赛事等都是如此。历届奥运会越野滑雪设项变化见表 1-4。

表 1-4 历届奥运会越野滑雪设项变化

	年份	项目
女子	1952	10 km
	1956～1960	10 km、团体赛
	1964～1980	10 km、团体赛、5 km

（续表）

	年份	项　　目
女子	1984～1988	10 km、团体赛、30 km、5 km
	1992～1998	团体赛、30 km、5 km、15 km、追逐赛(15 km)
	2002	个人竞速、10 km、团体赛，30 km、15 km、追逐赛(5 km＋5 km)
	2006～2010	个人竞速、10 km、团体赛、团体竞速、30 km、追逐赛(7.5 km＋7.5 km)
	2014	7.5 km C＋7.5 km F 混合、个人竞速、10 km、团体赛、团体竞速、30 km
	2018	同上
	2022	同上
男子	1924～1932	50 km、30 km
	1936～1952	团体赛、50 km、30 km
	1956～1988	15 km、团体赛、50 km、30 km
	1992～1998	团体赛、50 km、30 km、10 km、追逐赛(25 km)
	2002	个人竞速、15 km、团体赛、50 km、30 km、追逐赛(10 km＋10 km)
	2006～2010	个人竞速、15 km、团体赛、50 km、团体竞速、追逐赛(15 km＋15 km)
	2014	15 km C＋15 km F 混合、个人竞速、15 km、团体赛、团体竞速、50 km
	2018	同上
	2022	同上

1.4.2　历年奥运会主要国家越野滑雪成绩变化趋势

1952～2014 年各国女子奥运奖牌数变化情况如图 1-2 所示。图 1-2(a)显示 1952～1964 年苏联占统治地位；图 1-2(b)显示 1968～1988 年芬兰和苏联分庭抗礼，挪威崛起，捷克、瑞典、德国较好；图 1-2(c)显示 1992～2000 年，俄罗斯依然强势，意大利崛起，芬兰、挪威退步；图 1-2(d)显示 2004～2012 年间挪威优势扩大，俄罗斯、瑞典、意大利、德国、波兰、爱沙尼亚、芬兰、捷克、加拿大、斯洛文利亚、瑞士等国群雄割据。

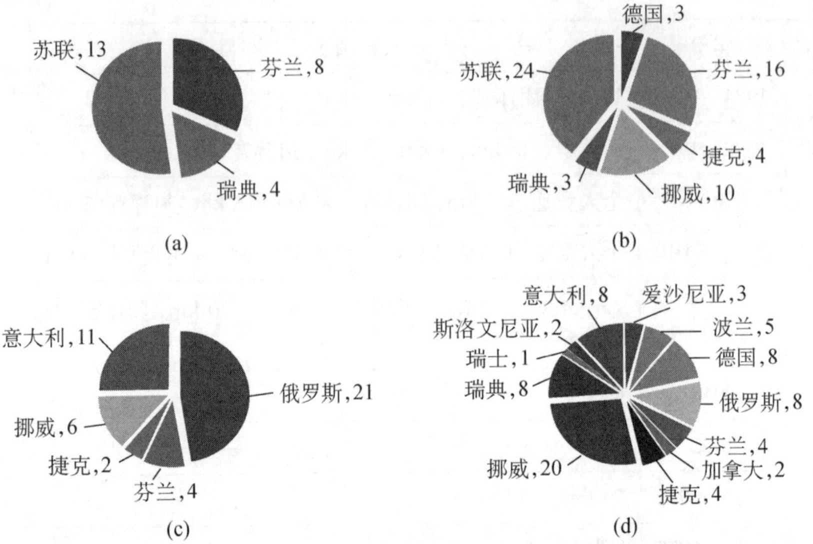

图 1-2　1952～2014 年各国女子奥运奖牌数(单位:枚)

1924～2014 年各国男子奥运奖牌数变化情况如图 1-3 所示。图 1-3(a)显示 1924～1952 年,瑞典、芬兰、挪威三分天下;图 1-3(b)显示 1956～1984 年,瑞典、芬兰、挪威、苏联四分天下;图 1-3(c)显示 1988～1996 年,挪威依然保持强势,意大利崛起,俄罗斯、芬兰依然强势,哈萨克斯坦、瑞士、捷克等也以“黑马”的姿态出现在奖牌的名单;图 1-3(d)显示 1996～2004 年,挪威依然表现不俗,奥地利、芬兰和意大利竞争激烈,俄罗斯低谷,哈萨克斯坦和爱沙尼亚也偶尔出现在奖牌之列;图 1-3(e)显示 2004～2014 年,百家争鸣,除了挪威、瑞典、俄罗斯和意大利的表现依然强劲外,德国、瑞士、捷克、法国和白俄罗斯也加入到奖牌的竞争中。

1980 年以来,根据越野滑雪项目各国奥运奖牌数可分为第一集团 5 国,包括挪威、俄罗斯、瑞典、芬兰、意大利,其奖牌数均超过 30 枚(表 1-5);第二集团 5 国,包括德国、捷克、瑞士、爱沙尼亚、波兰,其奖牌数为 5～17 枚(表 1-6)。另外,法国、奥地利、哈萨克斯坦、加拿大、美国、保加利亚、斯洛文尼亚等国也都获得过 1～4 枚奖牌。

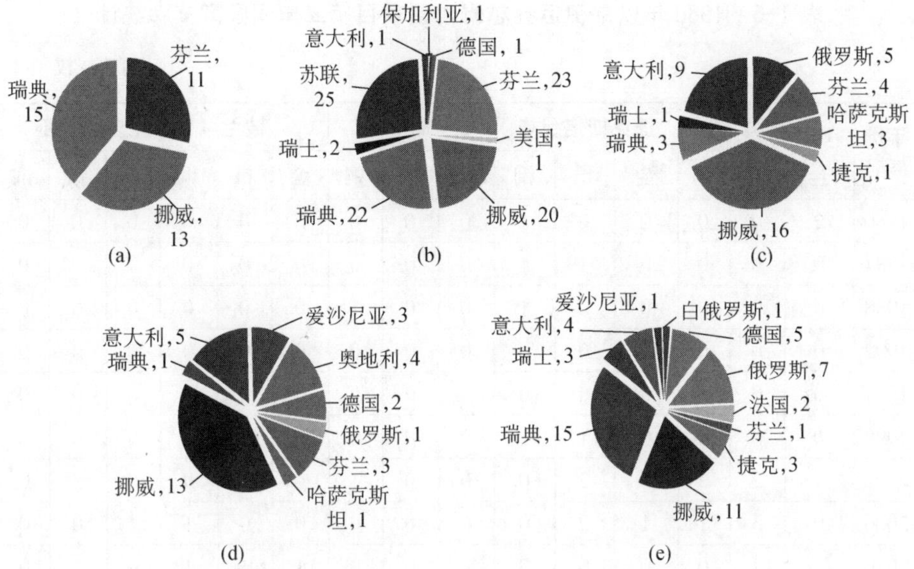

图 1-3　1924～2014 年各国男子奥运奖牌数变化(单位:枚)

表 1-5　1980 年以来奥运会越野滑雪第一集团国家奖牌统计

单位:枚

年份(年)	俄罗斯			挪威			芬兰			瑞典			意大利		
	金	银	铜	金	银	铜	金	银	铜	金	银	铜	金	银	铜
1980	4	2	1	0	1	2	0	4	2	1	0	0	0	0	0
1984	1	4	0	1	1	2	3	4	4	3	1	1	0	0	0
1988	5	5	3	0	2	1	1	0	2	2	0	0	0	1	0
1992	3	2	4	5	3	1	1	1	1	0	0	1	1	4	0
1994	3	1	1	3	4	1	0	1	4	0	0	0	3	2	4
1998	5	2	1	4	3	2	1	0	2	0	1	0	0	2	2
2002	2	1	1	4	2	5	0	0	0	0	0	1	2	2	2
2006	2	2	3	0	3	1	0	0	1	3	0	2	2	0	2
2010	1	1	2	5	2	2	0	0	2	3	2	2	0	1	0
2014	1	3	1	5	2	4	1	2	0	2	5	4	0	0	0
2018	0	3	5	7	4	3	1	1	2	2	3	1	0	1	0
合计	27	26	22	34	27	24	8	13	20	16	12	12	8	13	10
总计	75			85			41			40			31		

表 1-6　1980 年以来奥运会越野滑雪项目第二集团国家奖牌统计

单位：枚

年份（年）	德国			捷克斯洛伐克			瑞士			波兰			爱沙尼亚		
	金	银	铜	金	银	铜	金	银	铜	金	银	铜	金	银	铜
1980	2	0	0	0	0	1	0	0	0	0	0	0	0	0	0
1984	0	0	0	0	1	1	0	0	0	0	0	0	0	0	0
1988	0	0	0	0	0	1	0	0	1	0	0	0	0	0	0
1992	0	0	0	0	0	0	0	0	0	0	0	0	0	0	0
1994	0	0	0	0	0	0	0	0	0	0	0	0	0	0	0
1998	0	0	0	0	1	1	0	0	0	0	0	0	0	0	0
2002	1	2	2	0	2	0	0	0	1	0	0	0	0	2	0
2006	0	3	1	1	2	0	0	0	0	0	0	1	4	0	0
2010	1	4	0	0	0	2	1	0	0	1	1	1	0	1	0
2014	0	0	1	0	0	0	2	0	0	1	0	0	0	0	0
2018	0	0	0	0	0	0	1	0	0	0	0	0	0	0	0
合计	4	9	4	1	6	6	4	0	2	2	1	2	4	3	0
总计	17			13			6			5			7		

从 5 个主要国家奥运奖牌数变化趋势看（图 1-4），芬兰在 20 世纪 80 年代奖牌数为其高峰期，此后表现不佳；苏联/俄罗斯在 20 世纪 80～90 年代出现过高峰，到 21 世纪初陷入低谷，近十年又开始回升；瑞典在进入 21 世纪以来成绩稳步提升；挪威自 20 世纪 90 年代来呈持续进步状态，并处于统治地位。挪威、俄罗斯、瑞典、芬兰是越野滑雪四强，但芬兰总体竞技水平呈下降状态，而意大利已经沦为第二集团。从 2018 年来的世锦赛成绩看，挪威、俄罗斯、瑞典仍为三强，处于第一集团，但随着其他国家的不断进步，如美国、加拿大、法国、德国等国的崛起，第二集团的竞争将会日益激烈。

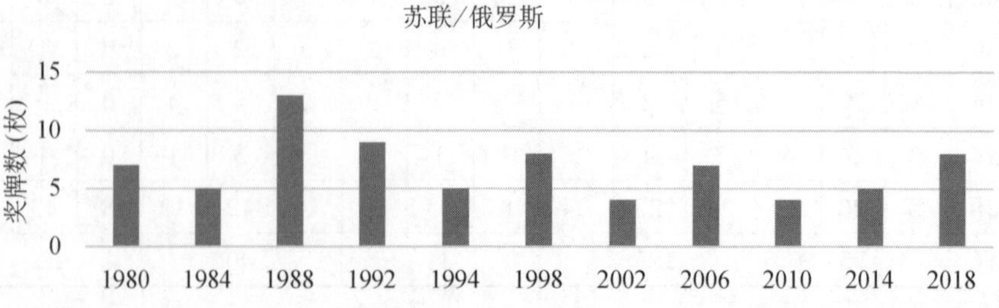

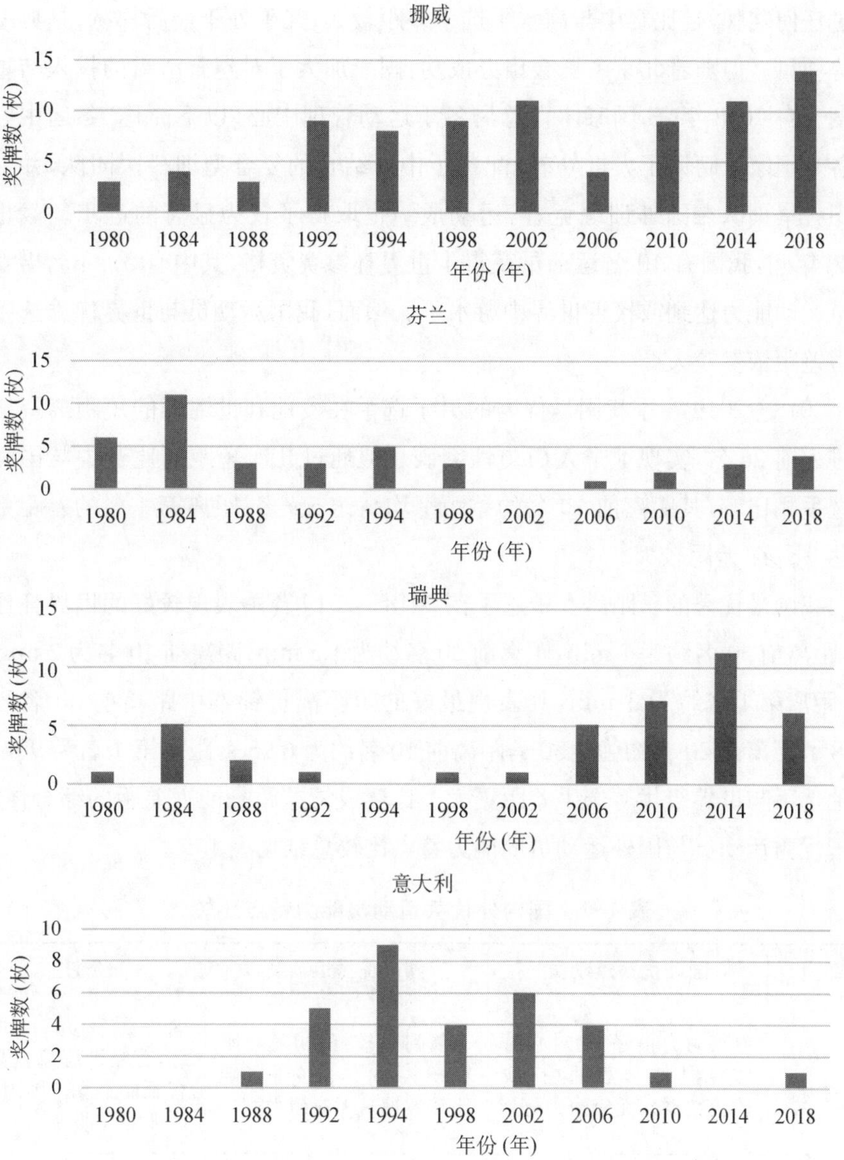

图 1-4　20 世纪 80 年代以来越野滑雪项目主要国家奥运奖牌数量变化趋势

1.5　我国越野滑雪现况

1980 年以来，我国参加了十一次冬奥会(第 13～23 届)越野滑雪，但未能获得过任何奖牌，且比赛中与高水平选手差距较大，几乎处于最后梯队，是典型的弱势项目。但随着北京冬奥会申办成功，国家加大了对越野滑雪的投入与重视程度。自2018年来，国家体育总局冬季运动管理中心（以下简称“冬运中心”）为各支国家队聘请了大批外教，配备了中外结合的复合型训科医团队，并常年组织各集训队在国外训练竞赛，运动成绩也取得了较为显著的进步。截止到2020年底，我国有10名运动员获得了世界杯参赛资格，其中有3～4名男女运动员运动能力达到或接近世界中游水平。然而，我国运动员与世界优秀选手的能力差距依然较大。

2018～2019赛季我国最优秀的男子选手在奥地利世锦赛的短距离资格赛中进入前26名，实现了个人历史性突破。但通过几次短距离比赛中与国际顶级选手相比较，其距离前10名的差距平均高达5 s多，距离第1名的差距更是高达9 s多，差距较大。

我国最优秀的长距离女子选手在2018～2019赛季表现较好的世界杯比赛中，距离前30名约为1 min，距离前20名约为1.5 min，距离前10名为2 min左右，距离第1名约为3 min，其表现最好的短距离世锦赛中距离前30名约为1.88 s，距离前20名约为4.50 s，距离前10名约为6.75 s，距离第1名为9.89 s。其他选手与世界级优秀选手差距更大。比赛成绩差距是能力差距的综合体现。我国优秀运动员与国外运动员的能力特点比较总结见表1-7。

表1-7　国内外优秀运动员能力特点比较

能力	国外优秀运动员	国内优秀运动员	备注
有、无氧耐力	有氧耐力很好，相对心脏体容积大/体表面积（缺比较数据），无氧耐力好	有氧耐力较好，相对心脏容积偏小/体表面积（缺比较数据），无氧耐力好	国外运动员自小训练，有氧训练总量高，有氧储备好；我国队员训练周期短
力量	基础力量一般，专项爆发力好，与技术匹配好	基础力量好，专项力量一般，与技术匹配一般	国外运动员自小训练形成了优秀的专项力量适应，我国运动员须靠后天训练弥补
技术	技术全面、成熟，技术稳定性、不同场地适应能力好	部分运动员技术不全面，有短板，稳定性、适应性一般	部分运动员技术不足，可以短期弥补

（续表）

能力	国外优秀运动员	国内优秀运动员	备注
战术与专项认知	战术意识好，体能分配合理，战术应变能力好；文化素质高，专项理解认知能力强，自主训练能力强	意识一般，体能分配、战术应变及应用能力待进一步提高；文化素质较差，专项理解认知能力相对不足，自主训练能力一般	加强滑雪训练原理教育，战术能力短期可以通过比赛指导提高，文化素质须通过学习弥补，引导其自主训练
比赛经验	经验丰富，连续比赛能力好，比赛作风好，动机单纯	经验相对不足，连续比赛能力一般，比赛作风好，部分运动员动机狭隘	多比赛，通过引导提高运动员对从事越野滑雪的认知高度
其他	不适应大负荷枯燥训练，善于自觉主动训练	适应大负荷枯燥训练，善于被动训练，特别能吃苦	继续坚持，但避免盲从

不难看出，我国优秀运动员与世界级高水平运动员在有氧耐力、无氧耐力、专项力量、技战术、专项认知方面均具有不同的差距。综合竞技能力的差距是导致我国越野滑雪处于弱势的直接原因。

2 国内外越野滑雪训练研究与比较

2.1 越野滑雪有氧耐力训练研究现状

越野滑雪运动员的耐力素质是比赛的关键，耐力水平的高低直接决定了越野滑雪运动成绩的高低。尼尔斯(Niels)等指出越野滑雪是奥运会项目中对体力要求较高的运动项目之一，运动员需要在越野滑雪比赛中针对不同的地形使用不同的滑雪技巧，同时不同强度和持续时间的训练和比赛，对运动员的耐力素质提出了很高的要求。桑巴克(Sandbakk)等认为耐力训练是越野滑雪运动员训练的主要组成部分，尤其要注重上半身训练以及更系统的速度耐力训练，强调耐力训练对于越野滑雪的重要性。埃斯彭(Espen)等同样也认为耐力训练对于越野滑雪具有重要意义，并指出成功的越野滑雪运动员的耐力训练包括大量的低强度训练和一定比例的高强度训练。

在参加越野滑雪比赛时，机体是由有氧和无氧混合供能，国外不少学者针对运动员的有氧能力进行了大量相关研究。鲁斯科(Rusko)等研究认为越野滑雪运动员在不同的地形上执行各种滑雪技术时，高水平有氧能力的发展和运用能力是取得优异成绩的关键决定因素。卡尔松(Karlsson)等研究表明在长距离越野滑雪比赛过程中，运动员在上坡滑行时会更频繁地出现氧亏现象，自身最大有氧能力则决定了滑行表现。即便是越野滑雪短距离比赛，也有约 75%的运动能量经由有氧代谢途径提供。维斯特林(Vesterinen)等研究表明较好的有氧能力可以降低机体的疲劳程度，提升短距离比赛的成绩。有氧能力的评定需要生理指标参数作为客观依据，罗斯达尔（Rosdahl）等指出最大摄氧量（VO_{2max}）在一定程度上反映出越野滑雪运动员的有氧耐力水平，并表明世界级高水平运动员展现出较高的 VO_{2max}，分别为男子大于 80 mL/（min · kg）和女子大于 70 mL/（min · kg）。卢斯纳加尔（Losnegard）等研究表明优秀的有氧耐力则有助于保持单个动作效能的持续稳定发挥，决定了比赛全程的表现能力。

索利（Solli）等通过对挪威世界级越野滑雪运动员——玛莉 · 比约根的训练日志及训练内容进行深入分析后，发现耐力训练占其训练总量的 90.6%，力量训练和速度训练分别占 8.0%和 1.4%，耐力训练中包括了 92.3%的低强度训练，2.9%的中等强度训练和 4.8%的高强度训练。Sandbakk 通过研究诸多世界级越野滑雪运动员的耐力训练后发现，他们的耐力训练时间分布模式为 88%～91%的低强度训练（有氧阈）、3%～7%的中等强度训练（无氧阈）和 5%～8%高强度（阈上）训练。诺曼（Norman）等研究表明在越野滑雪短距离比赛中平均有氧贡献率为 70%～75%，在长距离比赛中是 85%～95%，这说明了无论是短距离还是长距离比赛项目，都需要强大的有氧耐力素质作为基础。尼森（Nnessen）等研究表明一般准备期通常安排在每年的在 5 月至 10 月，大约占训练总时间的 60%，这一阶段通常包括大量的滑雪、滚轴滑雪和跑步训练等低强度有氧训练，剩余 40%的训练是在专项准备期和比赛阶段进行的。

国内学者针对有氧耐力同样提出了自己的看法，邵强等认为有氧能力训练是优化运动表现与提升专项竞技能力的重要环节，耐力水平是越野滑雪运动员合理分配速度、强度和制定战术策略的坚实保障。曹兵强调在越野滑雪比赛中，有氧代谢系统的能量供应占主导地位，其能量供应的代谢底物主要来源于糖。糖通过有氧分解和酵解两种供能形式在运动员比赛时同时进行。向剑锋等同样强调了有氧能力的重要性，指出随着比赛强度的不断加大，尤其在上坡滑行时，机体耗氧量不断增加导致乳酸大量生成，而氧气的充足供应可使体内堆积的乳酸得到积极消除。宋石认为有氧代谢训练可作为越野滑雪的基础训练，而无氧耐力训练则是越野滑雪向高水平发展的关键手段，且两者训练所占比例为 60%～70%、30%～40%，要根据每个运动员的代谢能力适当地调整其比例。

从上述研究中可以看出有氧耐力素质在越野滑雪比赛中的重要作用，高水平的有氧耐力素质是取得优异成绩的关键因素。

2.2 越野滑雪无氧耐力训练研究现状

除有氧耐力素质外，运动员的无氧耐力素质同样具有至关重要的作用。Sandbakk 等研究表明越野滑雪运动员不仅要提高机体利用氧气的能力，还要在此基础上提高滑行技术效力及无氧能力。埃森曼(Eisenman)等认为有氧与无氧转换能力是影响比赛成绩的重要因素之一，这也从侧面凸显了无氧耐力素质对于越野滑雪运动员同样具有重要的作用。马伍德(Mahood)等研究表明，在起滑、冲刺和上陡坡阶段，运动员需要更高水平的无氧耐力水平。斯托格尔(Stoeggl)等认为通过一定的无氧耐力训练可以有效提升越野滑雪运动员在冲刺滑雪阶段的能力。Sandbakk 等通过实验表明越野滑雪运动员在爬坡时的耗氧量要高出 20% VO_{2max}，而在平道滑行时约为 90% VO_{2max}，下坡路段运动员处于恢复阶段，高水平的无氧能力能够让运动员在上坡路段保持滑行效率，并在下坡进行积极恢复。无氧供能系统在短距离越野滑雪比赛中的供能约占总供能能量的 25%，在运动员起滑、上坡、冲刺以及超越对手等高强度活动中能够快速运动提供能量。无氧耐力素质在运动员比赛中的上坡及后程冲刺阶段格外重要，在重视有氧耐力素质的训练基础上也要强调无氧耐力的训练，无氧能力的提升无疑会对越野滑雪的比赛成绩产生积极的影响。

2.3 越野滑雪力量素质训练研究现状

越野滑雪除要求运动员具备良好的耐力素质外，还对运动员的力量素质提出了更高的要求。在越野滑雪比赛中，运动员力量耐力的好坏对整个滑雪比赛的成绩起着至关重要的作用。Sandbakk 认为目前我国越野滑雪运动员的力量水平偏低，继而导致速度能力差，该现状与当下越野滑雪的发展趋势不符。纳格尔(Nagle)指出在继续强调耐力训练(有氧和无氧)的同时，也应该促进专项力量的训练，以增加最大力量和效率，建立肌肉耐力，并通过比赛来保持这种力量。霍姆伯格(Holmberg)等研究称改进的赛道、设备和滑雪技术再结合更有效的训练(特别是上身耐力)会在一定程度上提高越野滑雪比赛的成绩，同时指出当今优秀越野滑雪运动员在撑杖时与地面的短暂接触中，能够将足够的耐力与快速生成的力量结合起来。Stoggl 等对越野滑雪运动员最大速度滑行时的生理反应与决定因素进行了研究，选用 24 名优秀越野滑雪运动员采用双臂推撑、跨步滑行和自由滑行技术完成最大无氧额定负荷实验，对持续摆动期与提高滑行速度、循环周期相比较后，指出上肢具备良好的爆发力和最大力量对提高滑行效果具有帮助作用。Losnegard 等在研究中对优秀越野滑雪运动员进行为期 12 周的力量干预训练后发现，运动员的双杖推撑技术有了较大改善和提高。奥菲斯腾(Ofsteng)等通过对 21 名优秀越野滑雪运动员每周进行 3 次上肢专项力量耐力训练发现，通过力量训练不仅可以有效提升运动员在滑行中的耐力表现，而且有利于优化双杖推撑技术的经济性能。卡尔森(Carlsson)等通过对受试者进行上肢测力训练发现，与双杖推撑技术相关的两个变量(最大速度与有氧能力)均得到有效提升。霍夫(Hoff)等对女子越野滑雪运动员采用大力量训练是否能提高训练效率进行了研究，力量训练模拟越野滑雪同推技术滑行过程进行，测力计显示力量训练后最大有氧速率上最大力量峰值的时间明显减少，说明采用大力量训练对于提高越野滑雪运动员的滑行效率具有重要意义。博尔夫(Borve)等有实证研究也发现，越野滑雪运动员经过具有针对性的上半身肌肉耐力训练后，可以有效促进越野滑雪运动员比赛成绩的提升。奥托宁(Ohtonen)等提出通过科学的专项力量训练，可以提升运动员最大力量和力量速率，促使运动员在滑雪过程中肌肉力量的协调使用。

Solli 等研究表明，越野滑雪传统型训练模式的特点是在大量低强度有氧训练基础之上，每周进行 1～2 次提高最大摄氧量的高强度训练，同时安排 2 次左右的力量训练课。对于耐力与力量训练，阿加德(Aagard)等认为越野滑雪力量训练要按照板块设计的原则进行同期训练，力量干预时间应大于 8 周，每周干预次数应大于2 次课，并保证给予足够的负荷和强度刺激，否则干预效果不显著。

除专项力量外，核心力量对于越野滑雪运动员而言同样具有十分重要的作用。王岩认为越野滑雪运动员核心力量训练的提升能够提高动作速度与上下肢配合能力，进而优化动作效率。张绍礼等对越野滑雪运动员的核心训练提出了包括非稳定性静态练习、非稳定性动态练习、稳定性自由力量练习、非稳定性自由力量练习和功能性力量练习五种针对性训练手段，以强化运动员核心部位力量。

国内学者针对越野滑雪专项力量的研究更偏向于理论或缺乏实证支持的观点提出，如马利华等指出根据越野滑雪的项目特点，运动员的力量素质是该项目的核心素质。李玉学等认为越野滑雪专项力量的增长主要受到外加阻力负荷、量级和作用时间的影响。从力量耐力的角度，关惠明结合多年的越野滑雪训练实践经验认为，决定肌肉力量耐力的主要因素包括心肺功能、心理稳定性和肌肉做功后的迅速恢复能力。王清等同样强调力量训练在越野滑雪中的重要性，指出越野滑雪运动员力量训练越来越受到重视，为了更好地提高越野滑雪运动员的竞技水平和运动成绩，高水平的力量耐力素质成为所有越野滑雪运动员所追求的目标。

近年来，加压力量训练逐渐成为国内外的研究热点，它通过限制肢体血流量，使代谢产物大量累积，产生一系列应激反应，从而以相对较低的训练负荷达到常压下需更高负荷才能产生的增加肌肉质量、提高肌肉绝对力量和速度力量及力量耐力的训练效果，并且还能促进康复效果，降低运动损伤发生风险。诸多研究结果发现采用20%～30%1RM的低强度加压训练即可达到60%～70%1RM高强度抗阻训练的练习效果，且不同压力下的限制血流训练通过更小的负荷刺激可产生比常压训练更好的训练效果，更小的负荷强度（通常采用20%～50%1RM）、更少的负荷量（重复次数、组数）可以达到或超过常压下更大负荷（包括强度、量度）刺激产生的力量训练效果。因此，加压训练作为一种简单、高效、省时的新型训练手段逐渐从日本流传开来，应用范围涉及康复、大众健身、运动训练、军事训练等多个领域。

近年来，我国越野滑雪开始引进加压训练技术并在各支国家集训队得到推广应用。有研究发现越野滑雪运动员进行50%负荷强度的上肢、下肢加压力量训练，在重复次数、组数明显减少（只为常压训练下重复次数、组数的1/2）的条件下，每周3次，重复6周就更为显著地提高了有关肌群的绝对力量、爆发力和力量耐力。另外，国内研究者以越野滑雪运动员为被试，探索了极限负荷力量训练后的加压训练有助于促进肌肉疲劳的恢复、减轻越野滑雪运动员大强度下肢抗阻训练后肌细胞膜损伤和肌肉炎症反应等问题。

目前检索出的关于加压训练公开发表的研究报告近200篇，除机制研究报告外，更多是关于加压训练方法的实验研究报告。就目前加压训练效果的研究结果来看，加压训练可以增加肌肉体积、最大力量并促进康复；可以提高有氧耐力及耐乳酸能力；可以以比常压训练更小的负荷强度及负荷时间取得更好的增肌和提高耐力训练效果，如以20%～30%的最大负荷进行加压训练（每周2～3次）可以获得比常压下60%的最大负荷训练更好的增加肌肉围度和最大力量的效果。加压训练因其可有效增加肌肉力量（包括绝对力量、力量耐力和爆发力等）、提高有氧和无氧耐力、促进康复、预防伤病等独特功效，所以特别适合越野滑雪的日常训练。

2.4 越野滑雪周期训练负荷国外研究

大训练量是耐力训练的基础，耐力运动员竞技水平的不断发展通常也伴随着训练负荷的不断增大。在德国，运动员从青少年时期到成年，训练量不断增高，在23岁时，年训练时长一般为600～700 h，顶尖运动员年训练时长可达900 h。美国的《越野滑雪教练员指导手册》中记录，顶级男子运动员的年训练时长约为650～900 h。2014年挪威备战索契冬奥会时，其男子运动员训练量为770±99 h。Sandbakk在研究中报道顶级主攻“长距离”的运动员年训练时长为800～900 h，主攻“短距离”的运动员为750～850 h。

Solli对在奥运会上获得6枚金牌、在世界锦标赛上获得18枚金牌、在世界杯上获得110枚金牌的运动员连续5年的训练计划进行统计分析，对训练形式（耐力、力量和速度）、强度（包括LIT、MIT、HIT）、训练手段（跑步、骑自行车和滑雪等）、训练量等方面统计结果如下。

（1）连续5个成功年的年度训练时间稳定在937±25 h，分布于543±9节训练课。

（2）5年总的训练时间分配：耐力占90.6%，力量占8.0%，速度占1.4%。

（3）耐力训练时间：LIT占92.3%（±0.3%），MIT占2.9%（±0.5%），HIT占4.8%（±0.5%）。

（4）LIT训练时间构成：21%的热身与放松，14%的不足90 min，65%的超过90 min。

（5）不同周期LIT训练总时间：平均每月32次课，一般准备期时每月76 h，专项准备期时每月68 h，比赛期时每月55 h。

（6）MIT训练：2.8 h/month（GP），2.2 h/month（SP），1 h/month（CP）。

(7) HIT 训练:2.8 h/month(GP),3.2 h/month(SP),4.7 h/month(CP)。

(8) 高原训练:占每年训练量的 18%~25%,每次 16~21 天,与平原训练比较,总量和 LIT 量有所增加,明显减少了 HIT 训练。

(9) 世界锦标赛前:包括增加 2 周的 LIT 和力量训练,在最后几周逐渐减少训练量和增加 HIT 训练。

学界共识是训练量积累可以获得耐力储备,经过减量之后,运动员能够进入顶峰期(peaking)。但有研究认为,受到生理、心理等诸多因素影响,单纯靠持续高训练量积累,并不能够让运动员获得更好的训练效果。

随着越野滑雪器械、场地、比赛形式等竞赛规则的发展,40 年来滑雪比赛速度不断提升,并引发运动员能力需求的转变,具体表现为短距离项目和集体出发的规则对无氧及速度能力的需求更高,这直接影响了越野滑雪的年周期训练目标设置与计划安排。赛季前增加了高强度训练比例,在继续保持较高比例低强度的前提下同时缩减了中等强度训练比例,衍生出极化训练的概念,即两极化训练强度分布模式。

越野滑雪具有中周期集中负荷的特征,即板块训练特征。如部分运动员在夏季专门进行 2~3 月无氧能力或有氧高强度训练的集中负荷训练。我国相关研究普遍聚焦于具体训练手段对竞技能力突破的作用,而国外研究者认为更重要的是全年训练周期的综合安排。除了最为基础的训练量因素外,高强度训练、训练强度分布、专项化及小周期训练计划都是需要关注的重要因素。对国外有关研究进行归纳的越野滑雪年度训练周期划分见表 2-1,不同年龄运动员与不同训练手段、不同准备期的负荷量安排见图 2-1、图 2-2。

表 2-1 越野滑雪年度训练周期划分

阶段	年度训练周期中的时期	持续时间(天)
一般准备期(GP)	5~10 月	184
一般准备期 1(GP1)	5~7 月	92
一般准备期 2(GP2)	8~10 月	92
前高峰期	高峰期前 14~前 1 天	14
高峰期	高峰期中 1~14 天	14

（续表）

阶段	年度训练周期中的时期	持续时间(天)
后高峰期	高峰期后 1～14 天	14
专项准备期(SP)	11～12 月	61
竞赛期(CP)	1～3 月	90
前峰值期 1	首次锦标赛前 42～前 29 天	14
前峰值期 2	首次锦标赛前 28～前 15 天	14
峰值期	首次锦标赛前 14～前 1 天	14

注：4 月被定义为恢复期，不包括在任何其他周期中，但是 4 月的训练时间包含在全年训练总和之中。

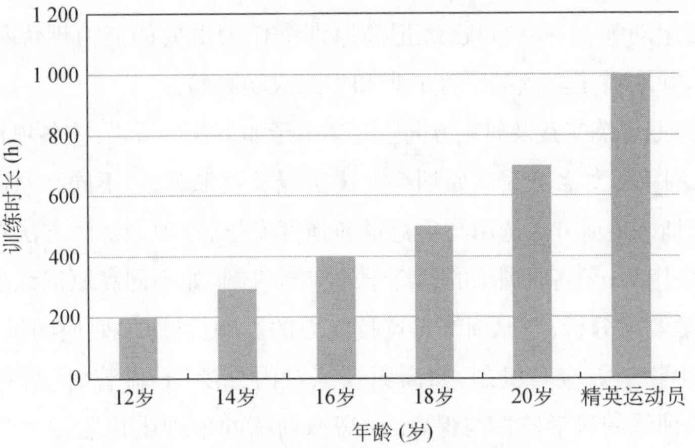

图 2-1　不同年龄运动员年度负荷量安排

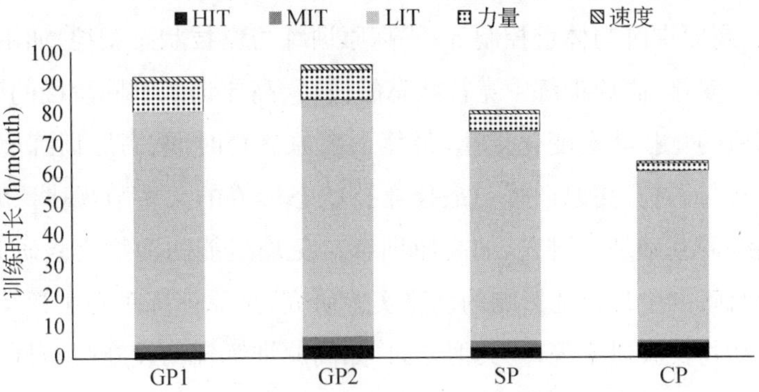

图 2-2　不同训练手段、不同准备期负荷量安排

2.5 越野滑雪高原训练研究现状

2.5.1 高原训练研究主要视角

高原训练是指在高海拔条件下或模拟高海拔环境下进行的运动训练。国内外大量研究认为高原训练比较合适的海拔高度为1 800～3 200 m左右。主要的模拟高原训练法有高住低训(HiLo)、低住高练(LoHi)、高住高练低训(HiHiLo)和间歇性低氧训练(IHT)。目前,国内外的理论研究及实践应用主要采用高住低练法,以及近年兴起的高住高练低训法,并取得了一定成效。国内外高原训练实践及研究重点主要集中于周期体能项目包括田径、游泳、划船、自行车、冰雪运动等,一些项目已经把高原训练作为重要的能力训练和赛前状态调控手段,并取得了丰硕的研究成果和实践成功经验。

目前高原训练实践及研究方向主要集中于如下几个方面:①各项目高原训练实践与方法探索,如各项目高原训练方法实践及效果观察、不同高原训练方法的比较、高原训练负荷方法选用与负荷量和强度安排、专项训练学方法在高原训练中的探索应用等;②高原训练的训练学效应与机制,如不同高原训练手段对各项目的训练学效果分析、高原训练对竞技能力的影响、训练学效应的机制等;③高原训练的生物学效应与机制,如高原训练对内分泌、心血管、代谢系统等的影响;④高原训练的科学监控与保障,如高原训练的生理生化监控方法与结果分析、高原训练的营养补充、高原训练的科研保障与恢复方法等;⑤高原训练相关医学问题,如高原训练对免疫力的影响、高原训练对运动伤病的影响、高原训练心理应激、高原训练与体重控制等;⑥高原训练与竞技状态调控,如不同项目高原训练周期安排、高原训练中竞技状态的波动、高原训练不同阶段的训练安排、高原训练后的竞技状态变化规律、最佳下高原参赛时间、高原训练前中后的竞技状态准备与调控、高原训练与最佳竞技状态形成的关系与规律探索等;⑦模拟高原训练的基础理论研究,如高原训练对免疫机能的动物实验研究、高原训练对骨骼肌解剖生理机能影响的动物实验研究、高原训练对心血管及内分泌机能影响的动物实验研究等;⑧其他方向,如高原训练辅助设施与器材、高原训练基地建设、高原训练海拔高度的相关研究、高原训练的社会学与管理学研究等。

2.5.2 高原训练实践与研究特点

高原训练实践与研究具有如下几个特点:①结合项目训练实践的应用研究较多,理论研究较少;②现象描述性研究较多,机制探索性研究较少;③周期体能项群研究较多,格斗类、技巧类等项群研究较少;④科研监控与保障方面的研究较多,训练方法的研究较少;⑤高原训练对有关项目的能力与成绩提高有积极作用的研究结果较多,对能力与成绩的提高没有作用或者有负面作用的研究结果较少;⑥高原训练对有氧代谢系统影响方面的研究较多,对无氧代谢系统影响方面的研究较少;⑦国外有关理论与方法的应用和验证性研究较多,理论与方法创新性研究较少;⑧结合项目训练环境以运动员为被试、研究设计控制不严格的准实验较多,条件控制严格的实验室研究较少。

总体来看,关于高原训练的实践与研究已经取得了较为丰硕的成果,并且在一些项目的能力训练和状态调控方面,以及科研监控与保障方面也积累了丰富的经验,形成了较为成熟而有效的科研监控与保障体系和能力训练及竞技状态调控方法体系,有些研究成果已经帮助国家队在参加世界大赛和奥运会中取得优异运动成绩,发挥了积极的科技先导作用,诸如皮划赛艇、游泳、田径、冰雪等。

2.5.3 高原训练的训练学效应

国内外的理论与应用研究均提示高原训练可改善各项目运动员的有氧能力。主要生物学效应体现在:高原训练可以促进体内天然促红细胞生成素(EPO)的增长,增加血红蛋白(Hb)浓度,增加机体载氧与利用氧能力;高原训练可以改善肺通气量和心脏功能,提高 VO_{2max};骨骼肌横切面单位面积的毛细血管数随着对高原的适应而增加;在高原引起的肌肉功能性和代谢性的适应变化主要包括氧化酶活性、肌红蛋白及耐力均增加;高原缺氧的作用可以使肌肉缓冲能力增加等。在改善和提高周期体能项目的有氧耐力同时,高原训练同样可以针对性提高格斗类重竞技项群运动员机体的有氧耐力。研究资料也证实通过高原缺氧刺激,可以增强摔跤、柔道运动员的心脏功能(SV、CO、EF 等指标升高)和肺通气功能(MVV、FVC 增加);Hb 水平升高;VO_{2max}改善等从而使其一般耐力水平有明显改善。

国内外研究主要集中于提高运动员的有氧耐力方面,对无氧耐力的训练学效应则研究甚少,目前尚未形成比较一致的结论,这是值得我们关注的领域。近年来,高原训练有由传统的耐力项目向其他项目扩展的趋势。如尝试向短跑、跨栏等速度性项目及球类项目发展,并获得一些成功经验。如美国、意大利的优秀短跑运动员通过高原训练后都创造了优异成绩。有研究提示高原训练对最大速度、爆发力和力量指标均有提高,300 m 跑后血乳酸浓度要高于在平原训练时的浓度,肌肉中三磷酸腺苷和磷酸肌酸的浓度,比在高原时也高一些。高原训练过程中,同等负荷条件下,肌肉内产酸增加,如针对性进行乳酸堆积性的训练安排,可以创造出高于平原的高乳酸值,同时,乳酸清除速度也慢于平原,可以有效提高神经肌肉系统耐乳酸能力。耐酸能力的提高对发展越野滑雪专项体能是至关重要的。有限的研究也指出高原训练可以提升运动员的无氧酵解能力。据刘海平研究,在高原训练期间,由于负荷缺氧和环境低氧分压的双重影响,造成运动员血乳酸明显升高,无氧糖酵解酶的活性增强,使得无氧糖酵解供能系统明显改善,专项速度提高。另据特瑞德斯(Terrados)研究,高原训练期间,采取短时间大强度训练,可以提高肌肉中的糖酵解酶的活性。

有研究指出高原训练对运动员的控降体重有帮助。高原环境下,由于空气稀薄、紫外线照射强烈、湿度低,人体皮肤层的水分易蒸发。水分丢失、蛋白质代谢加强以及神经内分泌系统的改变和能量摄取的限制,使人体进入高原时血中游离脂肪酸升高,脂肪储存减少。高原低氧环境使得运动员更容易动用无氧酵解系统供能,此过程将降低能量供应效率,同等负荷条件下将消耗更多的能量物质,因此有助于降低体重。据雷欣研究,运动员在高原期间体重平均下降2～3 kg 左右。熊正英等人研究,高原训练期间运动员的体重呈现下降—上升—下降波浪状变化,波动范围在 1.18～1.70 kg 之间。据龚惠兰等人研究,运动员高原训练初期血清肌酸激酶(CK)活性、血尿素氮(BUN)、血乳酸(BLA)显著升高,其中血清(CK)在上高原的第 2 天和第 3 天分别上升了 73.0%和84.5%,BUN 上升了 31.1%。在高原进行与平原相同负荷训练时,血清 CK 活性、BUN、BLA 水平明显高于平原,提示高原训练过程中,机体的分解代谢活动加强,从而对控降体重有利。

高原训练对运动员身体素质也有一定积极影响。俄罗斯的高原训练实践表明，经过 2 个月的高原训练返回平原后，运动员的一般耐力变化差异较大，在较长时间内专项耐力却呈现上升状态。反映运动员速度力量的跳远、引体向上、30 m 跑等指标上升得非常明显。另据李跃敏研究，高原训练后运动员的多种力量素质均有不同程度的提高。

2.5.4 高原训练的负面影响

诸多研究均发现，高原训练可导致肌纤维萎缩、力量丢失、低氧环境降低反应速度及爆发力等；高原训练还可导致机体免疫能力下降、谷氨酰胺浓度下降、低氧环境下技术动作易变形、运动员心境波幅较大，另外初上高原会出现高原反应症，如头痛、呼吸困难、低氧抑制、视网膜感光等。

在高原训练时，如果训练安排不当或运动员适应能力不足可能会导致肌力不足及速度素质下降，从而影响专项动作速度和爆发力，在一定程度上影响专项技术训练效果。这可能与肌肉组织的损耗、低氧环境、能量代谢效率降低有关。此外，高原训练过程中肌肉负荷加重，肌乳酸增高，肌肉耐力与全身耐力一样也会降低。高原训练还易出现的一些诸如铁储存低、缺氧导致训练节奏慢，传统的训练安排和训练强度难以保证，以及在高原上可能出现的训练刺激下降而心理应激增强等问题。还有研究提示高原训练伤病发生率较高，训练中疲劳症状发生率也很高，显著高于平原地区，并且疲劳恢复较慢。

基于高原训练的负面影响，从训练方法角度来看，应特别注意：合理安排训练负荷（负荷方式、负荷量、负荷强度）和训练节奏，可以考虑适度降低负荷量以保持负荷强度；适度降低负荷难度，保证负荷速度；训练过程中应加强恢复措施，尤其是营养恢复；还应注意加强心理调适。在计划进行高原训练时，切忌直接把传统的平原训练方法照搬到高原训练中，这样的高原训练是难以取得良好训练效果的，如处理不好，适得其反。

2.5.5 越野滑雪高原训练研究

高原训练在提升越野滑雪的有氧耐力素质中起着重要作用，杨明等认为高原训练早已成为我国耐力项目重要的训练手段之一，运动员在高原训练时 VO_{2max} 和运动表现会受到限制，马泽奥（Mazzeo）研究表明越野滑雪运动员在海拔1 100 m以上的高原时，高度每增加 100 m，VO_{2max} 会下降 0.9%。但众多研究均表明运动员在下高原后的有氧能力都得到了不同程度的提高。一般而言，越野滑雪高原训练占每年训练量的 18%～25%，每次 16～21 天，与平原训练比较总量和 LIT 量有所增加，但明显减少了 HIT 训练。

日本早在 20 世纪 90 年代就对滑雪项目系统地开展高原训练，并取得了显著的提升效果。川出清典研究认为，越野滑雪高原训练适宜海拔高度为 2 000 m 左右，训练时长 2～3 周，一般可安排在赛季前（秋季）。在高原训练期间通常可采用血乳酸、心率测试来把控训练负荷，高原训练在提升运动员的有氧耐力方面具有十分显著的效果，如提高 Hb 水平和 VO_{2max} 等。

王钢通过对黑龙江 16 名冰雪运动员 Hilo（高住低训）的研究发现运动员的有氧能力、免疫水平和氧自由基的消除能力都得到了提高。

有研究结果显示，高训低住使运动员骨骼肌的肌纤维直径、毛细血管密度、柠檬酸合成酶的活性以及肌红蛋白的浓度显著增加，促进了有氧能力的提高。国内有研究发现，为期 4 周高训低住后的冰雪运动员的体重降低了 9 kg，体内脂肪含量降低 7.2 kg。

美津浓（Mizuno）等人对优秀滑雪运动员的研究表明，在海拔 2 500 m 训练 2 周后，VO_{2max} 没有明显变化，但最大滑速显著增加 17%，腓肠肌和肱三头肌的缓冲能力增加 6%。腓肠肌内的缓冲能力越好，运动员的最大滑速也就越大，此时运动员体内的氧债也随之增加，这些现象都表明机体内的无氧供能得到了改善。让参加冬奥会滑雪比赛的日本运动员在相当于海拔 2 600 m 的常压低氧舱中以乳酸阈强度蹬自行车 45 min，然后进行 15 min 的跑台跑步，训练共进行 8 次，运动员的最大耐力增加了 4%，这说明高训低住可能是通过提高骨骼肌内的氧化磷酸化水平来提高无氧能力。

国内的研究也证实，4～6 周的 1 800 m 高原训练可以提高运动员的 VO_{2max} 10%左右、心脏射血功能提高 10%～20%左右。英格杰尔的研究发现 3 周的高原训练有效提高了优秀越野滑雪运动员的 Hb 水平，并改善其竞赛表现。

总体来看，高原训练对改善以耐力为主的越野滑雪运动员的有氧耐力、耐乳酸能力、减轻体重等均具有促进效果，另外有限的研究结果还提示高原训练可以改善运动员的免疫力、力量、微循环、心脏机能等，但这些积极效应尚未达成共识。合适的高原训练海拔高度一般建议为 2 000 m 左右，高原训练时间为 2～3 周，一年内可以根据不同阶段的训练任务安排 2～3 次高原训练，在高原训练期间，负荷量应适度减低。但霍普勒（Hoppeler）认为在 3 200 m 高度训练可能更有利于机体的适应。高训低住（LLTH）的持续时间也不宜太长，一般来说以每次训练持续 1～2 h，每周 2～3 次，共持续 3～4 周最为合适。

2.6　影响越野滑雪运动员比赛发挥的主要因素相关研究

越野滑雪比赛是挑战极限思维过程，诸多因素都会不同程度影响运动员的发挥与比赛成绩。通过对有关研究结果分析，归纳影响越野滑雪运动员比赛发挥的因素主要包括如下。

成功的速度越野滑雪包括良好的有氧和无氧能力、高速能力、有效的生物力学技术和发达的快速力量。其中 VO_{2max}、Hb、心肺机能水平等将决定比赛能力，VO_{2max} 与上坡速度保持能力有关。

保持速度的相对稳定更有利于成绩提高，关键是减少上下坡与平地速度差，另外，比赛全程速度与体能分配战术也会直接影响后程冲刺能力，原则上途中滑保持相对的稳定速度将有利于减少乳酸堆积，保证后程冲刺速度。

依赖不同的技术策略，采用更有效的技术，并使用更好的协调运动，以优化滑雪和撑杆力产生的推进力，速度滑雪的表现主要与上坡技术选择（G3）、更多的双推（DP）及最大的 G3 速度紧密有关。一定程度的力量是必需的，特别是滑雪特有的专项爆发力（撑杖、蹬雪板爆发力），以及在重复速度比赛中承受疲劳的能力。另外，下坡技术（加速度、惯性利用）及下坡接上坡技术（通过下坡惯性速度最大化地利用）对节省体能意义重大。

虽然好的滑雪速度主要取决于较高的动作频率，但动作幅度的影响更大。

瘦体重与启动速度和双推最大速度有关，更高的瘦体重似乎有利于短距离运动员的表现，身高和总体重并没有显现出明显的优势。

环境空气温度、雪质（硬度、湿度、摩擦力指数）、滑雪服质量、滑雪板质量与打蜡技术等也会较大影响运动员的比赛成绩。

2.7 越野滑雪的机能测试与评价研究现状

运动员的身体机能需要通过各项相关科研指标进行评定，国外的专家学者针对诸如 VO_{2max}、有氧阈、无氧阈及血乳酸等指标进行了大量研究。国外训练学研究一直使用不同的生理学参数监控和预测越野滑雪比赛成绩，德门特(Demment)等将跑台运动试验测得的 VO_{2max} 及乳酸阈(LT)作为预测越野滑雪有效生理指标。Mahood 等通过研究证明，整个身体或上肢的有氧能力和跑台运动试验测得的 VO_{2max} 及 LT 相比，能更好地预测越野滑雪运动员的比赛成绩。涉及 VO_{2max} 的有关影响因素，有研究认为 VO_{2max} 的不同组织系统的遗传度差异较大，总体遗传度贡献了 70%～80%，可训练潜力约为 20%～30%，也有研究指出由于机体间的个体差异较大，通过系统的有氧耐力训练，个体 VO_{2max} 的提高幅度可达 20%～40%，甚至更高。国外多使用先进的科研仪器设备对运动员进行阶段性的机能测试与评价，利用生理、生化指标监控训练过程，为运动员的不同训练阶段制定针对性的训练计划，从而更加有效地提高运动员的成绩。

国内学者同样在运动员的机能测试与评价方面进行了研究，多数研究者都认为有氧能力是越野滑雪运动员获得优异运动成绩的关键。通过对有氧能力各项指标的测评，能够得出各项指标与有氧能力之间的内在联系。有氧运动能力的高低是通过如红细胞数量、Hb 含量、VO_{2max}、有氧阈值和无氧阈值等相关指标来反映的。心肺功能及其储备能力是有氧运动能力的重要生理基础，VO_{2max} 反映人体在剧烈运动下心肺功能对氧的运载能力和肌肉利用氧的能力，是评定机体在极限负荷运动时心肺功能的一个重要指标。杨翼等指出 VO_{2max} 作为最能反映有氧运动能力的指标之一，其高低直接影响着运动员的有氧能力的发展。VO_{2max} 可通过直接测定法和间接测定法进行测定，直接测定法包括心血管测定法和呼吸测定法；常用的间接测定方法是基于机体一定范围内的摄氧量与负荷功率或心率反应呈线性关系，继而预测最终的最大摄氧量，主要包括最大负荷推测法和亚最大负荷推测法。

无氧阈作为一个与机体有氧能力相关的重要指标，推动了运动训练科学化的进程。无氧阈是指人体在递增负荷的运动过程中，人体的供能全部由有氧代谢供能转向由有氧代谢和无氧代谢共同供能的转折点(亦称拐点),即称为“无氧阈”。无氧阈的值通常是用最大摄氧量的百分比($\%VO_{2max}$)来表示。无氧阈和 VO_{2max} 有所不同,大部分耐力项目的运动员并不总是在极限强度负荷下完成比赛的,而是在低于 VO_{2max} 的运动负荷以下的情况中完成的。研究证明,随着机体有氧能力的不断提升,乳酸阈与耐力运动成绩提升的相关性要高于最大摄氧量,因此通过乳酸阈对机体的有氧运动能力进行评定更加客观真实。也有一些文献研究利用生理生化指标进行监控训练,以科学准确地判断运动员的训练负荷量或负荷强度是否达到要求。如李晓明通过跟踪研究发现,如果运动员血液中尿素氮指标控制在 30 mg/d 以下时,则表明运动员的身体机能状态良好。国内有关研究主要局限于有关生理生化指标的应用效果、经验的研究,但将生理生化指标监控与训练方法、规律结合的研究匮乏,难以对提高科学化训练水平起到引领作用。

2.8 国内外越野滑雪训练理念、方法特点比较

2.8.1 国内外越野滑雪训练理念比较

2.8.1.1 训练负荷量及强度设计理念对比

训练负荷是运动训练的核心,由负荷量和负荷强度两个基本部分构成。国内教练在训练负荷设计方面多采用应激适应原理,总体负荷量较大并且负荷强度较高。另外,对有氧训练的认识不深刻,总体训练中有氧训练比例及总量偏低,更注重大强度训练。究其原因可能与自身坚持传统旧有的训练理念,尤其以大运动量训练指导思想有关。

与国内教练的训练理念相比,国外教练则在训练负荷设计上更注重超量补偿原理,为了避免疲劳积累,追求超量补偿效应的最大化实现,普遍存在训练节奏安排明显、平均负荷量较小的特点。国外众多研究均提示越野滑雪是一项对有氧能力要求极高的耐力型运动项目。执教我国越野滑雪队的外教均具有研究生学历或以上受教育经历,科学化训练理论及意识较强,能更为准确把握科学的训练理念,对低强度的有氧训练较为重视,年度中低强度的有氧耐力训练比例高达 90% 左右。

2.8.1.2 力量训练理念对比

国外研究表明，力量训练对于提高越野滑雪运动员滑行效率具有重要意义。越野滑雪是一项长时间有氧和无氧混合的耐力性项目，它要求运动员具备较高的力量素质。国内教练在力量训练方面注重基础力量与专项力量相互结合，重视速度爆发力训练，而且周力量训练课平均负荷量和负荷强度都较大。外教则更加侧重于与专项技术紧密结合的专项力量训练，并同样注重速度爆发力训练，但在周训练课的安排上平均力量负荷量和负荷强度较低。根据调研结果，国内教练在力量训练效果方面要好于外教。

2.8.1.3 技术训练理念与执教特点对比

越野滑雪技术动作是运动训练中的重要一环，良好的技术动作及用力结构可以提高滑行效率。出色的技术、合理选择技术及技术间的娴熟转换等都是越野滑雪比赛需要具备的重要能力或因素。国内教练在技术训练方面的训练更加认真细致，无论是传统技术或是自由技术方面，从发力感觉到技术动作细节都对运动员进行细致指导，每周都会安排适量的针对性的技术训练，在技术层面的指导效果较好。国内教练在滑行技术训练及指导方面更加认真细致，具体体现在传统、自由式滑行动作技术、滑行时撑杖发力动作结构及身体姿态控制等方面，每周安排适量的针对性技术训练以纠正和强化运动员的滑行技术，收获了较好的训练效果。

外教在技术训练方面偏向于宏观层面的指导，对运动员的技术动作发展趋势把握较好。另外，在技术动作细节方面，外教更强调让运动员在训练中自己体会并感受内在的技术动作感觉，专门的针对性技术训练安排较少。根据运动员的反馈，国内教练在技术训练效果方面要优于国外教练。

2.8.2 中外教练训练方法异同点

2.8.2.1 中外教练训练方法相同点

（1）均注重有氧耐力训练

中外教练都认识到有氧耐力训练对于越野滑雪竞赛成绩的重要性，在总体的训练中有氧耐力训练比例及总量均较大，国内外年度中低强度有氧训练比例均为 80%～90%，国外教练在安排长时间有氧耐力训练时更重视 I1～I2 级有氧负荷强度，而国内教练则更多采用 I2～I3 级有氧负荷强度。

(2) 均重视核心和专项力量训练

中外教练都比较重视核心训练和专项力量训练，核心力量的提升有助于保持滑行过程中的稳定性，专项力量的强化有利于提高每一杖的滑行实效，从而提高运动成绩。国内外教练在核心力量训练理念、方法方面没有本质差异，但在专项力量训练方面，国外教练的专项力量训练主要整合到专项技术及有氧耐力训练中，而国内教练则更经常采用各种加阻、加难或负重滑行的方式提高运动员的专项力量。

(3) 训练负荷节奏特点基本一致

科学合理的训练负荷节奏有利于竞技状态优化和调整。中外教练在训练负荷节奏方面都侧重于“两大一小”或“一大一小”的安排方式，中低强度的有氧训练时间较长，高强度间歇速度耐力训练时间相对较短。但相对于国外教练，国内教练在“大”及“小”负荷的认识方面更倾向于“更大”，如国内教练在大负荷周的平均训练时长为 25～30 h，而国外教练为 20 h 左右；在小负荷周，国内平均为 15～20 h，国外为 10 h 左右。

2.8.2.2 中外教练训练方法的主要差异

(1) 有氧耐力训练强度与训练量差异

外教在有氧耐力训练方面以中低强度的为主，有氧耐力训练占总训练内容的 90%，且有氧耐力训练的血乳酸值不超过 4 mmol/L，多采用 2～4 mmol/L。国内教练则认为应该在坚持中低强度的有氧训练前提下（血乳酸值 2～4 mmol/L），可适度安排较高强度的混氧训练，如血乳酸值控制在 4～6 mmol/L，由此能够提高线粒体氧化酶系的活力，从而更有效地提高运动员的有氧耐力水平。

(2) 基础与专项力量训练差异

外教注重结合技术的专项力量训练而忽视基础力量训练，而国内教练更加侧重于基础力量和专项力量相结合。国内教练认为基础力量的增强有利于提高全身的力量素质，只要力量训练安排合理，可以将已获得的基础力量转化到越野滑雪所需要的专项力量上，进而提高滑行效果，提升运动员成绩。

(3) 训练组织差异

外教在训练组织方面倾向于鼓励运动员自主训练，并认为训练的决定权和自觉意识应该掌握在运动员手中，由此导致训练课的质量控制不足。由于受到管理体制不同的影响，国内教练更加注重严格的训练组织及对运动员训练作风的管理，对训练课的质量控制相对更好。

（4）训练设计原理认识差异

外教的训练计划设计基于超量补偿原理，特别重视运动员训练课后疲劳的自然恢复。国内教练倾向于应激适应原理的计划设计，认为在控制过度疲劳的前提下应逐步提高运动员的负荷适应能力，从而使运动员的运动能力得到快速有效的提升。

（5）科研意识和能力差异

外教的科学化训练意识较强，尤其是科研意识和能力。具体体现在通过心率表与血乳酸的搭配使用，对运动员的训练负荷强度进行监控，采用生理生化指标对运动员的疲劳恢复程度进行监控，利用各种先进康复设备促进运动员疲劳恢复以及各项有关越野滑雪关键指标的测试。国内教练普遍存在则科研意识和能力相对不足的情况，2018 年以前国内教练几乎无人会使用遥测心率、乳酸技术来把控训练强度，也几乎无人会解读及应用 VO_{2max} 指标来评估阶段有氧训练效果。

为全面提高科学化训练水平，引导国内教练转变观念，国家越野滑雪集训队分为 A、B 两组分别赴挪威、芬兰，在外教执教下利用国外的优质训练、竞赛等资源进行中外结合、以外为主的训练模式，进行系统化的赛季前训练并参加了系列国际比赛。在此过程中，我国训科医团队也随队参与训练、竞赛、综合科医保障等工作，近距离观察、学习、借鉴、体验、感受国外的训练理念及方法系统。通过国外为期半年的训练竞赛，总结出了国内外教练在训练理念、方法等方面的异同，详见表 2-2。

表 2-2　中外教练训练理念、方法的比较

	核心训练理念	负荷量及强度安排	力量训练	技术训练	科研能力	训练组织
外教	90% 的有氧训练是越野滑雪训练的核心；板块设计；不太重视训练后的及时放松	注意超量补偿，训练节奏明显；负荷量小，强度低；有氧训练比例及总量高	依赖专项力量训练；重视速度爆发力训练；周力量负荷量、强度小	对技术发展趋势把握较好；技术指导偏宏观，要求队员自己体会；语言障碍	科研意识及能力较强；善于应用心率表控制训练；善于应用 VO_{2max} 等	鼓励自主训练；较松散，忽视作风管理；训练质量管理不足

（续表）

	核心训练理念	负荷量及强度安排	力量训练	技术训练	科研能力	训练组织
中教	对有氧训练认识不深刻，有氧比例偏低，50%～70%左右；比较关注较高强度训练；同步协同设计；重训练后及时放松	训练计划设计采用应激适应原理；负荷量大，强度高；有氧比例及总量偏低	基础与专项力量结合；重视速度爆发力训练；周力量负荷量、强度大	对技术发展趋势把握较好；技术指导更细致，语言易理解，技术教学效果更好	科研能力相对不足；以前不善于应用心率表控制训练及 VO_{2max}；善于应用技术录像	手把手指导；重视作风管理；训练课要求具体，质量控制好
相同点	• 认识到有氧耐力对于越野滑雪的重要性，有氧耐力训练需要长时间持续性训练。 • 重视核心、专项力量训练。 • 对于目前越野滑雪的技术发展趋势及理解比较一致。 • 赛前竞技状态调控方法比较一致。 • 训练负荷节奏都是“两大一小”或“一大一小”，中低强度的有氧训练时间较长，高强度间歇速度耐力训练时间应较短。 • 认识到越野滑雪既需要强大的有氧耐力，也需要强大的无氧耐力（或耐乳酸能力）。					
不同点	• 外教认为有氧耐力训练应以中低强度的（I1、I2 级心率强度）为主，占比 90%，乳酸超过 4 mmol/L 即为无氧训练；中教则认为在坚持中低强度的有氧训练前提下，适度安排较高强度的有氧训练对于提高线粒体氧化酶系的活力（乳酸 4～6 mmol/L），I1～I4 级心率强度均为有氧训练为主，只是不同心率强度对有氧耐力系统的生物学效应有所不同，不同阶段比例安排应不同。 • 外教不太主张基础力量训练，更重视专项力量训练；中教则认为基础力量可以与专项力量结合训练，只要合理安排，两者并不冲突。 • 外教不太重视训练后的即刻放松；中教则十分重视训练后的即刻拉伸放松。 • 外教认为有氧训练阶段不应该安排无氧及力量训练，习惯采用板块式设计；中教则认为有氧训练阶段可以适度安排无氧、力量训练，习惯采用同步协同训练设计。 • 外教特别重视训练疲劳的自然恢复，训练计划设计基于超量补偿原理，总体负荷量偏小；中教则认为在控制过度疲劳的前提下应逐步提高运动员的负荷适应能力，训练设计基于超量补偿＋应激适应原理，总体负荷量高于外教。 • 外教鼓励运动员学会自主训练，不太重视训练课上的质量控制，习惯于通过心率表评估训练过程及质量；中教则习惯于亲自主抓训练课质量，以前不太重视心率表的充分应用。					

（续表）

不同点	• 外教训练总量较小，但中低强度有氧训练负荷量及比例较大；中教训练总量较大，但有氧训练总体比例偏小。 • 外教更习惯于鼓励运动员；中教则更习惯于发现运动员的不足。 • 外教普遍科学化训练意识较强（特别是能娴熟应用心率表、VO_{2max}指标、技术分析系统等）；传统的国内滑雪教练则科学化训练意识、能力相对不足。

2.8.3 国内外教练执教特点比较及利弊分析

2.8.3.1 国家队各组训练负荷、组织管理特点比较

以2018～2019赛季国家越野滑雪集训队各组的训练计划统计为依据，归纳总结不同集训组别中、外教执教特点及利弊。其中国家越野滑雪集训A组为瑞典籍主教练、B组为芬兰籍主教练、青年组为芬兰某俱乐部教练、冬运中心跨项组为中方主教练。归纳结果见表2-3、表2-4。

表2-3 各组训练负荷特点比较

组别	负荷量		负荷强度		负荷节奏
A组	较大	21 h，200 km	较大	I2、I3有氧为主，赛季前I4或I5间歇1次，速度训练1次（15 s×15次）	"两大一小"或"一大一小"；大小差距较明显（负荷大）
B组	较小	18 h，100 km	最小	I1、I2有氧为主，赛季前无I5训练，只有1次速度训练（10 s×10次）	"两大一小"或"一大一小"，大小差距较明显（负荷小）
青年组	最小	17 h，100 km	较小	I1～I3有氧为主，I5只有1次	"两大一小"或"一大一小"，差距不太明显（总负荷小）
冬运中心跨项组	最大	25 h，220 km	最大	I2～I4有氧，I4、I5较多	节奏不明显，小负荷周量也不小（总负荷大）
备注	负荷量统计以大负荷周平均值为例；A队的I等级标准高（其依据VO_{2max}的有氧阈、无氧阈对应心率和乳酸界定I等级，其I1界定标准相当于B队、青年队的I2），B队的I等级标准界定低（依据心率表大众数据标准界定，相当于个体最大心率的50%～60%）。				

表 2-4 各组其他训练管理特点比较

组别	力量训练	技术训练	科技手段应用	训练生活管理	队员沟通	教练风格
A队	2 h,结合专项	录像结合教学,但不太重视细节指导,效果一般	一般,主要应用心率表、录像	训练、管理靠自觉	较重视	固执、排他
B队	1～1.5 h,结合专项	录像结合教学、科技手段,细节指导效果一般	重视,主要应用心率表、摄氧量、录像及其他	训练、管理靠自觉	较重视	理念较固化,但性格较随和
青年队	2 h,基础结合专项	不重视技术教学	不重视,从不进行心率等分析	放羊式	不重视	不固定
冬运中心跨项队	2.5 h,基础结合专项	教学中重视细节指导	不重视	十分严格	很重视	自信、排他
备注	B队外教重视科研,在中方团队配合下,B队科研手段最丰富,数据最全面系统;A队外教拒绝中方人员了解科研数据;所有外教较为固执,拒绝中教干预其训练,拒绝接纳中教意见。					

从上表不难看出,A队的总体训练负荷量、强度要高于B队,其主要运动员在比赛能力及表现方面也有比较大的进步。B队的训练负荷量、强度相对要小于A队,B队周训练公里数只到A队的一半,B队的平均负荷强度也比A队低一个等级,且在赛季前训练阶段几乎没有安排高强度的间歇训练,这与芬兰主教练的训练理念有关。在平时训练中及训练后周小结中,外教反复强调的是要求运动员尽量控制在I1～I2心率强度进行训练。观察其他芬兰教练(国青队、赛艇协会3支队伍的芬兰教练也是十分关注I1～I2的有氧训练),这可能与整个芬兰越野滑雪界的训练理念有关。此种训练对于充分发展运动员的基础有氧耐力十分必要,但可能需要的训练周期较长,所以B队的大部分运动员尽管有氧耐力普遍有了提高,但由于高强度间歇及速度训练不足,无氧耐力及高强度比赛能力相对不足。

2.8.3.2 外训执教特点及暴露的不足

(1) 外教执教特点

①北欧教练普遍十分重视有氧耐力训练,其年度有氧训练负荷比例高达

90%左右,有效提高了运动员的有氧耐力,改变了运动员对有氧训练的理解。②外教十分重视应用心率表控制、分析训练强度,实施训练全过程监控。③外教十分重视应用超量补偿原理设计训练计划,很重视训练负荷节奏把握,无论是周期还是周内的负荷节奏均较明显,未产生一例过度训练及严重的疲劳积累案例。④在力量训练方面,芬兰外教更重视结合专项的力量训练手段,不太鼓励基础力量训练。⑤外教均十分重视对运动员进行鼓励,培养运动员的自主、自觉训练能力,提高了运动员自主训练能力。

(2) 外教执教的不足

①部分外教训练生活管理不到位,技术指导不细致,技术训练效果不理想。②芬兰外教过分看重中低强度有氧训练及疲劳的自然恢复,训练思想较保守,总体负荷量、负荷强度较低,高难度、高强度训练十分不足,部分运动员暴露出高强度比赛能力不足。③外教针对中国运动员的个体差异针对性、个体化训练相对不足,导致个别优秀运动员未能在本赛季获得有效世界杯积分。④外教普遍固执、自负,认为中教不懂训练,拒绝接受中教建议。⑤语言障碍制约了外教与中教及团队的有效沟通,对训练管理不利。

中、外教执教利弊比较归纳见表2-5。

表2-5 中外教执教利弊比较

	利	弊
外教	• 训练理念较先进,训练节奏把握较好 • 科学化训练能力相对较高 • 无地方利益纠葛 • 熟悉国际竞赛环境及流程 • 国外训练、竞赛、保障资源利用较好 • 赛事选择较熟悉 • 善于培养运动员自主训练能力 • 与运动员关系较单纯 • 善于执教高水平运动员的训练竞赛状态调整;如果有足够长的周期,也能通过按部就班、符合规律的慢节奏训练培养高水平运动员 • 国际比赛经验较丰富	• 存在跨文化差异,与运动员沟通存在语言障碍 • 训练理念较固化,训练思想较保守,不太敢突破原有训练模式 • 不太了解运动员的特点、目标及短期需要解决的短板等 • 技术教学偏宏观,不太擅长技术细节教学,效果不太理想,个体化、针对性训练相对不足 • 奉献精神不足,更重视自身的生活 • 不太擅长实施短期突破性训练

（续表）

	利	弊
中教	• 无文化差异、语言障碍，善于与队员沟通交流 • 重视思想、作风管理 • 更了解运动员的特点、短板、训练动机、目标定位等，有利于实施针对性训练 • 更具奉献精神，为国家争光意识更强 • 重视技术、力量训练，技术教学效果更好 • 愿意学习借鉴外教先进的训练理念并将其与自己原有的训练体系融合 • 训练不保守，更敢上量上强度，创新动机较强烈，更擅长短期突破性训练 • 个人意愿与地方、国家利益更契合 • 更擅长初级、中等、次高水平国内运动员的综合竞技能力的快速、有效提高	• 难以摆脱地方利益的纠葛及建立所有运动员的互信 • 训练理念还需进一步转变，特别是越野滑雪的内在训练规律、原理还需学习与加深理解 • 科学手段、指标的熟练、恰当应用能力还需学习提高 • 国际化视野还需拓展提高 • 对国外训练、竞赛环境的了解及资源组织能力不如外教 • 外语水平及国际沟通能力有待提高 • 国际比赛经验还需积累提高 • 突破性训练必须与科学训练紧密结合，才能实现可持续进步
建议	• 外教执教时，建议配备我国科医训保障团队，进一步学习、观察外教训练的特点、规律，也可以结合科研、医务指标反馈给外教提出合理化建议。 • 中教认识到在训练理念、原理、科学素养把握方面的短板并也在积极学习借鉴外教的一些理念与方法，我国的科研人员可以帮助中教弥补其在此方面的短板，提高其科学化训练素养。 • 避免完全信任或依赖外教，风险较大，与外教合作时需要有尊严、有压力、有把控。	

2.9 本章要点提炼

通过有关文献进行梳理，国外学者就越野滑雪专项体能训练相关研究能够紧密结合越野滑雪训练实践需要，开展有关体能训练方法、机制、效果验证等的调查与实验研究，研究视角涉及越野滑雪体能训练的各个主要方面，如有氧耐力、无氧耐力、力量等的训练方法与、训练负荷安排、训练的生物学效应、体能对竞赛的影响、体能训练效果的评价等。

(1) 国内外研究均认识到有氧耐力训练对越野滑雪而言是最重要的体能训练要素，且要占年度训练负荷量 85%以上，有氧耐力训练强度应控制在个体最大心率的 60%～85%，大致可分为有氧阈强度和无氧阈强度训练，主要训练方法为持续性滑行或跑步等，高原训练是发展运动员有氧耐力的十分有效手段。

(2) 无氧耐力训练包括耐乳酸能力训练和绝对速度训练，占比为年度训练总量的10%左右，训练强度应为个体最大心率的90%以上，其中耐乳酸能力训练主要采取高强度间歇训练法，力争达到血乳酸高于10 mmol/L，绝对速度训练可采取短时间最快速度的重复性训练，心率达到个体最大心率，绝对速度训练负荷量占比1%～2%即可。

(3) 关于力量训练的共识主要为越野滑雪运动员需要强大的上、下肢力量，包括基础力量、核心力量、力量耐力和爆发力，其中最重要的推进力量需要强大的专项爆发力，专项力量训练应为主导力量训练手段，且最好结合提高难度的专项滑行来提高专项力量，基础力量训练尽管需要，但不宜安排太多，以免因过度增加体重而影响滑行速度，特别是上坡能力。另外，加压训练是适合越野滑雪运动的有效提高运动员绝对力量、爆发力、力量耐力且能预防伤病、促进康复的有效手段。

(4) 越野滑雪运动员的训练监控十分重要，主要的训练质效监控指标包括VO_{2max}、有氧阈、无氧阈、不同等级遥测心率、血乳酸、无氧功率等，通过有关指标测评可把控训练强度及评价运动员有氧无氧耐力发展水平和阶段训练效果。日常机能状态监控手段包括血常规、血睾酮、血清尿素氮、血清肌酸激酶等，通过有关指标的动态监测可评估运动员的训练负荷适应情况、疲劳状况、身体机能与训练状态，并可据此合理安排训练负荷、调整训练节奏。

(5) 在不同训练阶段训练负荷量、负荷强度分布有所不同，基础准备期负荷量较大，且应以中低强度的有氧训练为主，专项准备期负荷强度适度提高，同时负荷量适度降低，赛季前可采取两极化训练强度分配模式，到了赛季则训练负荷强度最大，负荷量最小，但在赛季中也应采取两极化训练模式，即重视高强度的比赛与训练和中低强度的有氧耐力训练，相对压缩中高强度的有氧耐力训练和耐乳酸能力训练。

(6) 高原训练既是提高越野滑雪运动员有氧耐力的有效手段，也是提高运动员无氧耐力的有效手段，同时赛前高原训练的合理安排有助于提高运动员的参赛状态，对于提高其竞技表现有积极意义。

(7) 本章讨论总结了国内外教练在越野滑雪训练理念、特点方面的异同，根据我国训练管理体制及运动员能力与国外优秀运动员竞技能力差距较大的现实，欲缩短训练周期，力争在相对较短的训练周期内提高我国运动员的竞技水平，直接照搬国外的训练理念有其较大局限性，我们应该在借鉴吸收国外有关训练理念的前提下坚持以我为主，致力于探索适合我国运动员的中国式越野滑雪训练理念。

3 越野滑雪科学化训练原理

3.1 有氧与无氧耐力训练原理与方法的共性规律与趋势

3.1.1 有关训练理论与方法的演进

在提出能量统一体的概念之前，相继出现了持续训练、法特莱克式训练和间歇训练等一系列经典的耐力训练方法。20 世纪 70 年代之后，越野滑雪、田径、游泳等项目开始重视中低强度的有氧耐力训练。肯德曼首先提出乳酸阈训练模式，他们的研究表明采用有氧、无氧供能过渡区域，即血乳酸值在2～4 mmol/L 的训练强度能够更有效地促进有氧耐力的提高。在 20 世纪 90 年代后，相当数量的越野滑雪、自行车和马拉松等耐力项目的世界优秀运动员采用了两极化耐力训练模式，即低于乳酸阈强度的总训练时间或总训练距离约占 75%，高于乳酸阈强度的训练约占 15%，而乳酸阈强度的训练只占约 5%。

3.1.2 不同项目的有氧、无氧供能比例划分

每个供能系统供给 ATP 的能力与所进行的运动内容、运动强度、运动时间有关，因此通过不同形式的运动可以发展不同系统的供能能力。例如，短跑、举重、跳跃等短时间爆发性的运动可以提高 ATP-CP 系统的供能能力；中长距离，

强度大的运动提高糖酵解供能能力；长时间中低强度的运动提高有氧氧化供能能力。在体育锻炼中应注重提高有氧氧化系统供能能力，如慢跑、快走、游泳、自行车运动、爬山、越野滑雪等，对提高心血管系统的功能很有益处。需要指出的是，在人体内，3 个供能系统之间不是孤立地完成供能过程，不同能量供应系统输出能量之间与完成不同类型的运动项目的全过程是一个能量连续的统一整体，只不过某个供能系统在某个时段起主要作用（图 3-1）。

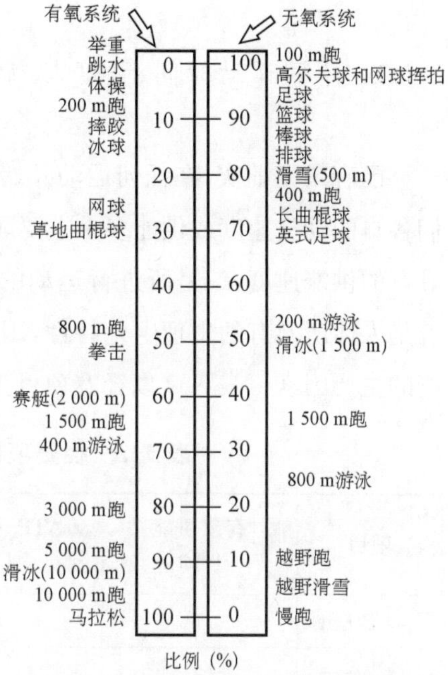

图 3-1　能量连续统一体示意图

资料来源：Fox E L，Bartels R L，Billings C E. Intensity and distance of interval training programs and changes in aerobic power[J]. Med Sci Sports，1973，5(1)：18-22.

以福克斯为代表的美国学者提出了能量连续统一体的概念，并依据运动持续时间的长短将此划分为 4 个不同的区域（表 3-1），从宏观上界定了不同能量供应系统在不同运动中的参与情况。基于运动持续时间的不同，运动项目有氧和无氧能量供应比例逐渐得到人们的认识，成为判断运动项目能量代谢特征的主要依据。

表 3-1　能量连续统一体的四个区域

区域	运动时间	主要能量系统
1 区	短于 30 s	ATP-CP
2 区	30 s～1.5 min	ATP-CP 和糖酵解
3 区	1～3 min	糖酵解和有氧氧化
4 区	长于 3 min	有氧氧化

资料来源：Fox E L. the physiological basis of physical education and athletics[M]. Philadelphia：Saunders College Pub.，1981：29.

3.1.3 不同运动时间、强度与有氧和无氧供能

已有研究证实，在任何运动开始时，3 个能量供应系统都同时开始工作，它们各自的动员速度或供能多少主要取决于 3 个因素，一是各个能量系统本身所具有的供能速度，二是所进行运动的强度大小，三是运动的持续时间。由于前者是人体所共有的生理生化特性，因此，后两者成为决定 3 个能量系统供能比例的主要因素。表 3-2 以径赛项目为例，列出了各项目供能比例及血乳酸值。

表 3-2 径赛项目供能比例及血乳酸值

项目	有氧供能 (%)	ATP-CP 供能 (%)	无氧乳酸供能 (%)	血乳酸 (mmol/L)
30 m	1	80	19	2～5
60 m	2	55	43	5～9
100 m	5	25	70	14～16
200 m	25	15	60	18
400 m	45	12	43	24
800 m	60	10	30	21
1 500 m	72	8	20	15
3 000 m	80	5	15	10～12
5 000 m	86	4	10	8～10
10 000 m	85～90	2～3	8～12	8
马拉松	95～98	0	2～5	3～4

资料来源：Hartmann U，Mester J. Training and overtraining markers in selected sport events[J].Med Sci Sports Exer，2011，32(1)：209-215.

3.1.4 有氧与无氧耐力训练的新趋势

3.1.4.1 有氧训练比例大幅度增加

运动时，ATP - CP 供能、无氧乳酸供能和有氧供能等 3 个供能途径是一个有

机整体，对于耐力运动员，尤其是对中、长距离项目运动员来说，将有氧能力作为训练的重点，发展的不仅是有氧能力本身，而且对无氧能力也起到了重要的支持作用，良好的有氧能力可以推迟和延缓乳酸的出现和升高，从而支持无氧代谢能力的进一步提高，特别是对于越野滑雪的上坡和后程冲刺能力都离不开强大有氧耐力的支撑，即使是短距离越野滑雪，其年度有氧训练比例也占比超过 80%。

3.1.4.2 有氧训练与力量和技术训练的密切结合

近年来，有氧训练出现了较大的变化，最为突出的是在有氧训练中融合了技术和力量的内容和要求，强调了耐力与技术、耐力与力量的结合。当前有氧训练中增加了对技术和动作力度的要求，在训练中以发展有氧能力为目标，强调单一动作的用力效果，并同时注意强化正确的技术，使有氧训练与力量的发展和技术的掌握有机地形成一个整体。在许多耐力性运动项目中，尤其是周期性耐力性项目的训练，如越野滑雪，对力量训练的重视程度明显增加，通常采用负重、上坡滑等将专项力量与越野滑雪的有氧无氧耐力和技术训练结合，既提高了有氧无氧耐力，还有效提高了单一动作的推进距离和速度效果。力量、技术向有氧训练的大幅度渗透是当前越野滑雪等耐力项目训练的一个重要特点和趋势。加强力量训练能够克服有氧训练强度低、不利于动作爆发力和推进效能提高的缺点，技术训练与有氧训练的融合既利用了有氧训练适宜的强度条件，又缓解了量大且强度低的有氧训练对运动员造成的单调、枯燥的负面影响。

3.1.4.3 有氧训练的多样化趋势

一些中长距离越野滑雪运动员在保持较高比重的场地跑和场地滑行训练时，还要适度安排一定比例的草地、沙地或沼泽地的越野跑。越野滑雪运动员经常采用爬山、北欧持杖走、沙滩跑、沼泽跑、法特莱克越野跑和自行车等手段发展有氧能力，甚至采用滑轮、滑雪、越野跑、北欧走组合的超长距离拉练和野外宿营结合等特殊方法（拉练时间超过 24 h）。这些变换形式的耐力训练充分融入野外自然环境，调动了运动员训练的兴趣，避免了损伤，同时也发展了有氧耐力。发展有氧能力的另一个重要途径是高原训练。人们利用自然高原或模拟低氧环境刺激机体对缺氧做出适应性应答，提高有氧能力，越野滑雪年度高原训练通常安排年度负荷总量的 20%～30%。

3.1.4.4 有氧耐力与无氧耐力训练的有机融合趋势

任何体能类项目都不可能单纯归属于有氧或无氧项目，都是三个能量代谢系统的有机匹配，只是不同项目三者比例不同而已。供能系统比例的差异不能简单理解为有关供能系统的训练比例。尽管供能系统比例不同，但在比赛过程中三种供能系统是共同协同发挥作用，缺一不可，三种供能系统之间的关系也是错综复杂的。故无论是无氧代谢为主的项目还是有氧代谢为主的项目，其系统训练过程中都必须兼顾有氧与无氧系统的训练，只是不同训练阶段、不同项目的训练安排方法及比例的差异不同而已，三种供能系统的有机融合是设计训练计划必须恪守的根本性原则。

3.1.4.5 耐力训练的专项化趋势

长期以来，有氧和无氧耐力在训练中的负荷比例主要取决于专项运动的代谢特征。不同专项供能比例分类的依据主要是在不同运动距离（时间）肌肉运动的不同能量供应。能量供应方式（途径）的选择取决于运动的强度和持续时间。不同专项比赛的强度（时间）和条件是决定有氧和无氧供能比例的主要依据。在耐力训练中，不能脱离开专项来谈有氧或无氧的发展，不符合专项需求的有氧或无氧能力，即使达到高水平也不可能给运动员带来与之相对应的专项成绩。以越野滑雪短距离项目为例，比赛时间通常在 2～3 min，平均速度明显高于中长距离比赛，该项目的能量代谢既需要强大的有氧耐力来保持途中平均速度，还需要强大的无氧耐力来提高其上坡滑行能力及后程冲刺能力，故对越野滑雪短距离的训练而言，在不同训练周期安排不同比例的有氧、无氧酵解和磷酸原供能系统训练，且要充分结合比赛地形、气候条件来针对性地安排有关供能系统训练。

3.2 越野滑雪有氧耐力训练的生理学基础

3.2.1 越野滑雪有氧耐力训练原理

人体为了维持正常的生命活动，机体与周围环境之间不断进行物质交换的过程称为物质代谢。机体在物质代谢过程中所伴随的能量释放、转移和利用，称为能量代谢。糖类、脂肪、蛋白质三种营养物质在分解代谢过程中，所蕴藏的化学能被释放出来，转变为人体细胞通用的能量形式——腺苷三磷酸（ATP）是机体各种生命活动及运动的主要来源。

激烈运动时人体对 ATP 的需求较安静时可增至 200 倍，而总能量消耗也增加多达 20 倍左右。虽然 ATP 是运动时骨骼肌收缩的即时能量来源，不过事实上储存在肌肉细胞中的 ATP 却十分有限，大约 2～3 s 就会耗尽，为了让运动维持下去身体会通过其他代谢途径不断地为机体供给 ATP 机体使用，包括：①由磷酸肌酸的分解以重新合成 ATP，称为 ATP-CP 系统或磷酸原系统；②在无需利用氧气的条件下，将细胞胞质中葡萄糖分解生成丙酮酸，同时产生少量 ATP，称为糖酵解系统；③利用氧气将糖类、脂肪及蛋白质代谢形成 ATP，称为有氧氧化系统。

如前所述，从短距离到长距离比赛中有氧代谢供能都是越野滑雪运动主要的供能系统，只是随着比赛距离的延长，有氧供能比例逐渐增加。其主要能量来源包括糖原、脂肪、蛋白质的有氧氧化。

糖的有氧氧化分解代谢是越野滑雪运动时骨骼肌细胞获能的主要方式。越野滑雪训练通常采取的方式是持续性中低强度有氧耐力训练，训练时长通常超过 120 min，在此过程中来自糖的能量占总消耗量的 50%～90%。通过线粒体内的三羧酸循环机制来进行糖的有氧氧化代谢产生能量（ATP），糖原有氧氧化代谢供能途径如图 3-2。

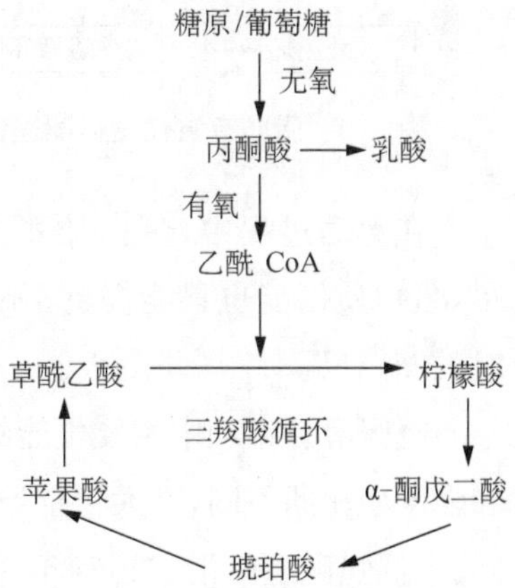

图 3-2 糖原有氧氧化代谢供能途径

脂肪的有氧氧化是越野滑雪运动的另一个重要能量来源途径，脂肪有氧代谢供能途径如图 3-3。一般而言，超过 30 min 的运动脂肪分解参与供能，随着运动时间的延长，脂肪代谢供能比例越来越高。越野滑雪耐力训练时长通常超过 120 min，随着糖原的消耗，脂肪分解代谢逐步成为主要的有氧氧化供能物质，供能占比超过 50%。越野滑雪运动时脂肪分解为甘油和脂肪酸，脂肪酸氧化为乙酰 CoA，乙酰 CoA 进入三羧酸循环彻底氧化。

随着运动时间的延长及运动强度的提高，蛋白质也开始参与有氧氧化代谢供能。长时运动时，氨基酸异生为糖，可维持血糖稳定；氨基酸的直接被氧化和促进脂肪酸被氧化利用，对维持运动能力起到重要作用。长时间大强度运动，氨基酸可提供 5%～18%的能量。蛋白质作为能量物质进行氧化分解时，首先降解为氨基酸，进而分解为 α- 酮酸和氨。α- 酮酸进入三羧酸循环彻底分解为 CO_2 和 H_2O，释放能量合成 ATP 提供运动能量。蛋白质有氧代谢供能途径如图 3-4。

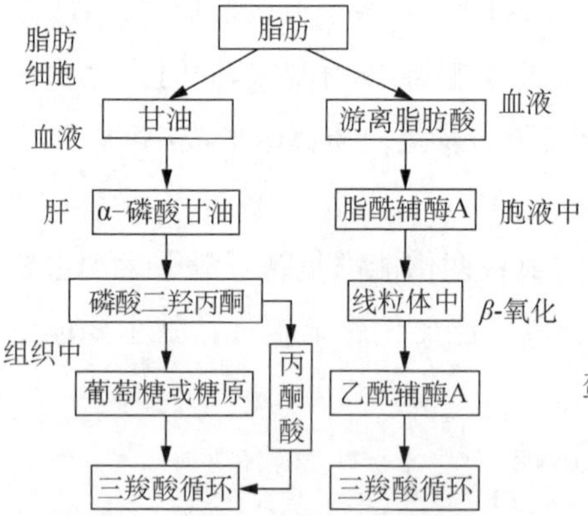

图 3-3　脂肪有氧代谢供能途径

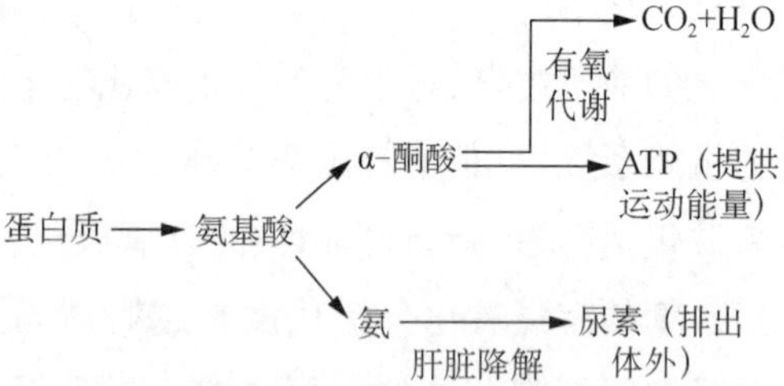

图 3-4　蛋白质有氧代谢供能

在运动过程中，蛋白质不是最主要的供能物质，即使糖原、脂肪消耗殆尽，蛋白质供能也只能提供不超过 20%的能量。其主要作用是糖和脂肪不足时的“替补”。

越野滑雪运动中主要供能物质包括糖、脂肪和蛋白质。随着运动持续时间和强度变化的不同，三大供能物质参与供能的比例有较大变化。通常，在长时间、中低强度越野滑雪运动条件下，首先是糖原供能为主，占比高达 70%以上，随着糖原消耗的增加，当中低强度运动时间超过 30 min 后，脂肪开始更多参与供能，占比逐渐提高到 50%左右，当中等强度运动时间超过 45 min 后，蛋白质开始少量参与供能，最高占比可达 30%左右。虽然脂肪也参与有氧运动的供能，脂肪氧化及蛋白质供能时氧气消耗量大、代谢产物堆积增加，容易产生身体疲劳。

3.2.2 越野滑雪运动有氧代谢供能及耐力训练的作用

(1) 有氧耐力训练可以增加线粒体数量、提高氧化酶活性。

(2) 改善、丰富肌纤维周围的毛细血管网密度。

(3) 改善肌肉、血管间营养物质及血氧的交换等。

(4) 在越野滑雪中有氧代谢供能占比 80%～95%，是最主要的供能系统。

(5) 有氧代谢供能能力越强，则乳酸堆积越少，有助于保持全程速度能力、上坡滑行能力及后程冲刺能力。

(6) 有助于提高连续比赛能力。

(7) 有助于提高乳酸清除能力，进而提高抗疲劳能力。

3.2.3 影响有氧代谢供能的主要因素

(1) 肺的通气功能(气体交换能力)

从呼吸系统看，肺的通气量越大，吸入体内的氧气量就越多，越有利于提高血红蛋白的携氧量。影响肺通气功能的主要因素有：胸廓大小、呼吸肌力量、呼吸深度、肺泡气体交换功能等。

(2) 血液的载氧能力(氧输送能力)

静脉回流血液通过肺泡时血红蛋白释放其携带的二氧化碳，通过气体交换加载上氧气变为氧合血红蛋白，然后通过血液流动把氧气输送到肌肉等组织，提供氧气，保证有氧代谢。血液中血红蛋白的含量越高，其携带氧气的能力就越强。如果人体中血红蛋白含量下降 10%，就会明显影响有氧耐力。

(3) 心脏的射血能力(氧输送能力)

经过肺泡气体交换后的动脉血液经由心脏的泵血功能而输送到全身各组织，此过程中心脏的泵血功能直接影响单位时间内输送动脉血的效能，即向有关组织(特别是运动时的肌肉组织)提供氧气的能力。影响心脏射血量的主要因素是心肌收缩力量和心室容积的大小，心脏收缩力量越大，心脏的射血能力就越强。

(4) 骨骼肌体的有氧代谢能力(肌肉利用氧的能力)

对于耐力主导的越野滑雪而言,有氧耐力将直接影响运动员的比赛表现,特别是骨骼肌系统利用氧的能力更为关键,肌肉的有氧代谢供能能力占机体总有氧能力的70%以上。其中肌肉系统的线粒体数量、质量、线粒体内有氧代谢系统酶系的容量及活性、红肌纤维比例、肌纤维周围的毛细血管网的密度等是影响肌肉有氧代谢系统功能的几个主要环节。肌肉线粒体数量多、有氧代谢酶活性高,则利用氧气的能力强,表现为机体的有氧代谢能力高。肌肉中红肌纤维多,有氧代谢能力就好。毛细血管网越发达,有氧耐力越好。肌肉中糖原含量越高,有氧供能的潜力就越大。

3.2.4 提高越野滑雪有氧代谢能力主要训练方法

3.2.4.1 持续负荷法

持续负荷法是发展有氧耐力的最主要方法,其特点是负荷量大,没有间歇。持续负荷法根据速度是否变化又分为匀速训练和变速训练两种。采用持续负荷法训练时,每次负荷时间不少于 30 min。对有一定训练水平运动员负荷时间可以达 120~240 min。练习强度可以通过测定心率等方法计算,心率可控制在每分钟 150~180 次。采用变速训练时,可在练习过程中逐步提高速度,即从较低强度提高到中等强度。例如,第一个 1/3 距离可用较低的速度完成,然后将速度提高到稍低于中等强度的水平,最后 1/3 距离则用中等强度的速度完成。此外,还可以从中等到次最大不断变换强度。例如,在每 1~10 min 的最高强度负荷后,可穿插安排中等强度负荷,以保证机体在下一次提高负荷前稍有调整。采用最大负荷时,心率可达到 180 bpm,恢复阶段降到 140 bpm。有节奏的、波浪形变化的强度安排,有助于进行大负荷训练,并能有效提高心脏和中枢神经系统功能,提高机体在不同情况下的适应能力,从而大大提高有氧耐力水平。

持续负荷法可有效增加肌纤维周围毛细血管网密度,增加线粒体数量、体积及氧化酶系活力,改善心肺功能。

3.2.4.2 间歇训练法

采用各种较高强度的重复刺激,并在练习之间按预定计划安排间歇时间,不完全休息的训练方法。间歇训练的主要影响因素有负荷强度、持续时间、间歇时间、休息方式等。

负荷强度：短距离或中距离间歇训练心率应达到170～190 bpm。长距离间歇训练心率应达到160～180 bpm。只有用较大强度才能有效提高心脏功能，达到发展有氧耐力的目的。

持续时间：练习持续时间可根据练习任务和运动员本身情况确定。旨在提高有氧耐力的持续时间可分别为2～8 min等。但整个练习持续时间应尽可能延长，应保持在半小时以上。只有这样才能提高有氧的能力及心脏的潜在功能，并有利于意志品质的培养。

间歇时间：为实现对运动员呼吸和心血管系统不间断的刺激，主要以心率来控制间歇时间，其基本要求是在运动员机体尚未完全恢复（心率恢复到120～140 bpm）时进行下一次练习。这样可使运动员在积极性休息阶段摄取大量氧气，并使整个练习过程的摄氧量和心搏量都保持在较高的水平上。

休息方式：采用轻微的积极性活动休息方式（如慢跑），以对肌肉中的毛细血管起到“按摩作用”，使血液尽快流回心脏，再重新分配到全身，以尽快排除机体中堆积的酸性代谢产物，有利于下一次练习。

间歇训练法可有效改善心肺功能、提高血液输送与供氧能力。

3.2.4.3　重复训练法

重复训练法在发展有氧耐力的同时，还能发展专项和比赛耐力。练习距离可长于或短于比赛距离。负荷强度比间歇训练法大。每次训练应等完全恢复以后，再重复进行。较长时间的重复训练对有氧耐力要求很高，因为重复训练的速度非常接近比赛时的速度。一般可采用3～4次5～10 km的训练安排。

重复训练法可有效改善心肺功能、提高血液输送与供氧能力。

3.2.4.4　高原训练法

高原训练可以提高运动员的血红蛋白含量及携氧能力，增加肌纤维周围毛细血管网密度，增加线粒体数量、体积及氧化酶系活力，提高运动员的VO_{2max}，有效提高运动员的有氧供能能力。通常可采用长时间持续性中低强度滑雪训练或长跑。

3.3 越野滑雪无氧耐力训练的生理学基础

3.3.1 越野滑雪无氧耐力训练原理

在长时间中低强度越野滑雪训练中，主要供能系统以有氧代谢为主，但在越野滑雪中高强度的训练和比赛过程中，随着运动强度增高及氧供不足（即所谓"氧债"），糖原的无氧酵解供能系统开始参与供能，且随着训练强度的升高，无氧酵解供能比例增加。无氧代谢的主要供能物质是肌糖原，当超过无氧阈水平强度的持续或间歇训练中主要依靠的是糖原的无氧供能为主，在短时间（10 s左右）极限强度的训练中，主要供能物质是ATP-CP系统（图3-5）。

在越野滑雪短时高强度训练或比赛时，肌糖原的糖酵解供能增加，此过程的主要代谢产物为乳酸（图3-6）。

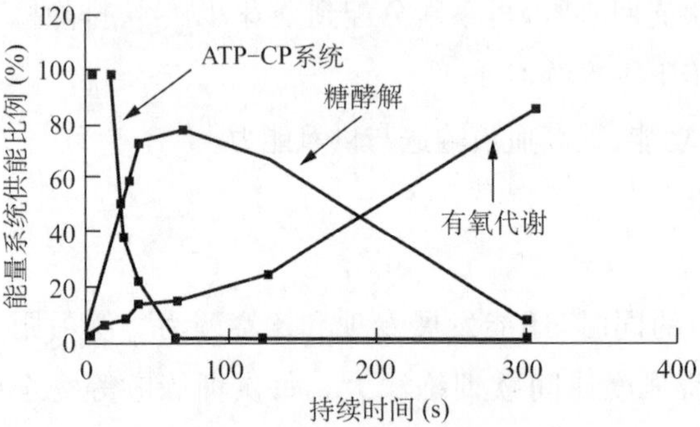

图3-5 不同运动时间不同供能系统参与比例

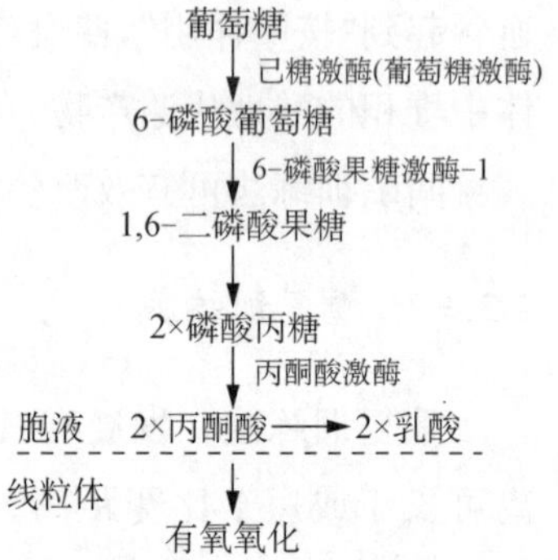

图3-6 糖酵解与乳酸生成过程

肌乳酸产生后会释放到血液中变为血乳酸。体内乳酸水平的升高会降低神经肌肉节点的神经冲动传导功能，降低肌肉收缩力，导致局部肌肉的疲劳，降低运动和比赛能力。但人体内还存在一种乳酸的有氧代谢利用系统，有助于清除乳酸，降低疲劳效应。高的有氧耐力水平有助于乳酸的清除，同时在越野滑雪训练中还必须加强糖的无氧酵解供能能力和耐乳酸能力（图3-7）。

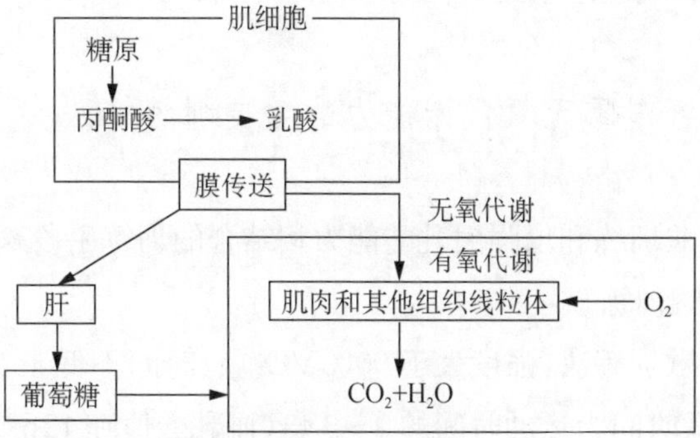

图 3-7 乳酸的清除过程

3.3.2 越野滑雪无氧代谢供能的作用

(1) 越野滑雪比赛经常面临上下坡、变速，无氧代谢能力可提高运动员的有关能力。

(2) 无论何种距离比赛，全程无氧代谢供能占比达 5%～20%，甚至更高，是主要的能量来源之一。

(3) 乳酸供能能力的高低是决定无氧耐力水平的重要因素(肌糖原和乳酸脱氢酶含量的高低)。

(4) 机体对乳酸的缓冲能力的大小直接影响无氧耐力的能力水平。

(5) 机体耐酸能力的高低直接影响无氧耐力的能力。

3.3.3 影响越野滑雪无氧代谢供能的主要因素

(1) 越野滑雪运动员红白肌纤维中白肌纤维比例越高，则无氧代谢能力越强。

(2) 越野滑雪运动员肌细胞质中无氧酵解酶越多、活性越强，则无氧耐力越强。

(3) 肌肉及血液乳酸消除能力越好及肌纤维对酸性环境的耐受力越好，则无氧耐力越强。

(4) 肌纤维内环境稳定性保持能力(酸中和能力)越好，则无氧耐力越好。

(5) 其他能影响肌纤维无氧代谢过程的环境、机体因素等。

3.3.4 提高越野滑雪无氧代谢能力的主要训练方法

采用最大乳酸训练和增强耐乳酸能力相结合的训练手段来提高无氧耐力。

(1) 最大乳酸训练

通常采用间歇训练法：强度大于 90% VO_{2max}；时间不低于 30 s(一般为 1～2 min)，中间间歇时间为运动时间的 2～3 倍(血乳酸值在 12～20 mmol/L 是最大无氧代谢训练的敏感区)。

(2) 增强耐乳酸能力训练

通常采用高强度间歇训练法：可采用 30 s～1.5 min 的运动，3～5 min 的休息，多次重复训练来提高机体对乳酸的忍耐能力(血乳酸值在 12 mmol/L 左右为宜)。因此，采用次极限高强度多组次间歇训练是提高运动员无氧耐力的最主要训练手段。

3.4 越野滑雪高原训练原理

3.4.1 高原训练及模拟高原训练概念

高原训练是指利用自然环境中空气含氧量较少的高原地带进行系统训练的过程，主要作用表现在高原环境所致的低氧和运动缺氧对机体的双重刺激。高原训练法是指利用高原地带低含氧量的自然环境，旨在发展有氧耐力、无氧耐力、力量耐力所采用的训练方法。该训练方法的独特之处在于使机体承受运动缺氧和高原缺氧双重刺激，因此人体机能和运动能力都会受到不同程度的影响，异于平原训练，有利于有氧代谢能力的提高，其机制主要发生在红细胞、酶、最大摄氧量、乳酸耐受力等方面，有利于充分激发和挖掘机体潜力，提高训练和比赛成绩。为降低成本，便于进行不同目的的高原训练，各国建立了模拟高原训练的一些便捷的方法手段。例如，低压氧舱(或减压舱)，仿高原低气压环境的金属舱体，按需要控制阀门抽气、进气，造成舱内任何低气压环境供运动训练。配制低氧混合气，根据预定的模仿高度，计算出该高度的气管氧分压，再计算出混合气体的氧浓度，利用两只高压气瓶分装的氧和氨的压差得到符合标准的含氧百分比，用道格拉斯气袋分装，载上呼吸口罩即可使用。低氧呼吸气体发生器，是一种供中等负荷时脑中度高原环境训练时用的呼吸面罩和两只小圆桶。长跑时固定在运动员背部，不影响技术发挥它所提供给运动员的空气中氧含量为10%，约是平原地区的一半。另外，还有低氧帐篷等模拟手段。

1968年奥运会后，高海拔地区对人体运动表现的影响开始受到人们重视。自此许多研究都在关注高原训练，通过高原缺氧的环境来刺激运动员的生理机能，并以高原训练来增进运动员在平原时的运动表现。早期的高原训练是让运动员生活和训练均处于海拔1 500～4 000 m的高原上。虽然目前这个方案仍然在使用，特别是对于居住在高原地区的运动员，但更为常用的手段是高住低练（住在高原，训练在低地）或其他模拟的变化形式等。

3.4.2　高原及高原环境特点

海拔高度在500 m以上的地区，地势相对平坦或有一定起伏的广阔地区叫高原。高原环境下气候寒冷、湿度小、风力大、昼夜温差大、日照时间长、太阳辐射量、紫外线辐射量及宇宙射线辐射量高。不同高度气压与空气成分见表3-3。

表3-3　高原气压与空气成分一览表

高度（m）	气压（mmHg）	氮气（%）	氧气（%）	氢气（%）	二氧化碳（%）
0	760	77.14	20.96	0.01	0.03
500	716	77.89	20.95	0.01	0.03
1 000	674	78.02	20.09	0.01	0.03
2 000	596	81.24	18.10	0.04	0.01
3 000	525	84.26	15.18	0.16	0.01
4 000	462	86.42	12.61	0.67	0.00

（续表）

高度(m)	气压(mmHg)	氮气(%)	氧气(%)	氢气(%)	二氧化碳(%)
5 000	405	86.78	10.17	2.76	0.00
6 000	354	81.22	7.69	10.68	0.00

3.4.3 国内外高原训练基地

国际上将海拔 1 800 m 作为高原与亚高原的分界点。全世界已有 25 个国家建成了高原和亚高原训练基地，海拔为 1 500～3 100 m。各国高原和亚高原训练基地数量情况见表 3-4。我国部分高原和亚高原训练基地基本情况见表 3-5。

表 3-4 各国高原和亚高原训练基地数量一览表 单位：个

序号	国家	数量	序号	国家	数量
1	美国	16	14	格鲁吉亚	1
2	埃塞俄比亚	1	15	玻利维亚	1
3	阿尔及利亚	2	16	墨西哥	3
4	保加利亚	1	17	肯尼亚	2
5	哥伦比亚	1	18	日本	1
6	澳大利亚	1	19	罗马尼亚	1
7	哈萨克斯坦	3	20	厄瓜多尔	1
8	意大利	2	21	亚美尼亚	1
9	瑞士	4	22	摩洛哥	1
10	奥地利	3	23	吉尔吉斯斯坦	3
11	法国	1	24	南非	3
12	西班牙	1	25	中国	20
13	阿塞拜疆	1			

表 3-5 我国部分高原和亚高原训练基地基本情况

序号	地点	高度(m)	适用项目	序号	地点	高度(m)	适用项目
1	云南海埂	1 890	综合	11	甘肃兰州	1 500	综合
2	云南呈贡	1 917	田径	12	甘肃榆中	1 987	田径
3	云南昆明	1 890	综合	13	甘肃刘家峡	1 850	水上
4	云南松茂	1 900	水上	14	吉林长白山	1 900	冰雪
5	青海多巴	2 366	综合	15	新疆天池	1 950	冰上
6	青海西宁	2 260	综合	16	陕西太白甘沟	1 660	综合
7	贵州六盘水	1 840	综合	17	宁夏西吉	1 800～2 500	综合
8	贵州红枫湖	1 245	水上	18	黄山	1 860	综合
9	四川西昌	1 450	水上	19	贵州清镇	1 250	综合
10	四川会理	1 934	田径	20	内蒙古自治区武川	1 600	综合

3.4.4 高原训练原理及生物学适应

中度高原空气密度只有海平面的 77%，氧含量只有平原地区的 3/4 左右，氧分压大于平原地区的 20%～25%。当运动员在这样的环境下进行训练时，由于调节适应期产生应激，呼吸频率和心率加快，溶解在血管里的部分氧气受低气压的影响不易被身体吸收，使血管体积增大、血管扩张、血管壁增厚、血管变粗，通过的血量增多，从而更好地锻炼了运动员的心血管系统，提高了最大摄氧量和血红蛋白浓度，增强了耐受乳酸的能力，产生了高原驯化(高原习服)。在返回平原时，失去了获得性适应性条件，运动员会产生新条件的应激，即脱习服。在大赛前进行高原训练，对运动成绩的提高效果最为显著，每次训练 3 周左右比较合适。

高原训练的益处是运动员在气候环境和生理上对缺氧运动的适应，或是两者共同作用。随着海拔的增加，大气压力和氧气分压(PO_2)都会下降。运动员在较低 PO_2 环境中，会引起一系列中枢及其他组织维持氧合作用的生理适应。其他因素如海拔高度、处在高原的时间、训练强度/训练量和训练时间都会影响机体适应的幅度。初到高原的几周，机体由于高原反应而产生的生理变化最快。一般来说，运动员在海拔 2 300 m 的高原上仅需 2 周即可适应(适应期的长短视海拔而定)，海拔每增加 610 m 就多需要 1 周的适应期，海拔高度在 4 600 m 之前此估算方式有效。运动员由于高原适应，其血红蛋白浓度、血液比容、缓冲能力都会增加，骨骼肌结构和生化特性会有所改善，高原环境的适应可减少因慢性缺氧而发生的心肺不适。然而高原训练并不会提升 VO_2，因为高原训练的效果可能被其他负面影响所抵消，如胸腔和周边组织血流量、肌肉量的减少、氧化酶活性的降低等。当运动员从高原到平原时，身体会因为血浆量减少、造血作用减缓、溶血作用加速、被抑制的免疫功能、氧化的压力使组织损伤增加、糖原消耗量增加(因交感神经兴奋)和呼吸肌的工作量提升而抵消高原训练的效益。

高原训练因其低氧环境，在同等负荷强度下训练则产生更多乳酸，它既是糖无氧酵解的中间产物，又是有氧供能系统的氧化基质，是机体能量储备的另一种形式。在平原上安静时人体的血乳酸浓度为 0.6～1.8 mmol/L，高原低氧刺激使肾上腺素敏感性增强，糖酵解代谢旺盛，安静时接近 2 mmol/L；训练时，在相同亚极量负荷下，运动员初期血乳酸值比平原大约高一倍，机体为了产生适应，乳酸代谢系统工作能力加强，机体耐乳酸能力提高，无氧代谢加强。

机体承受缺氧刺激，肾脏生成更多的促红细胞生成素(EPO)，引起骨髓造血功能增强，生成更多的血红细胞(RBC)，使得 Hb 升高。总体规律是：上高原 1 周后，RBC、Hb 水平接近平原时的水平；3～4 周时 RBC、Hb 水平显著下降，有时低于平原水平；回到平原后，则比训练前的水平高。有研究表明，血氧浓度下降持续 4 h 以上就会刺激体内 EPO 合成数量增加，继而血液中 EPO 浓度增加。冯连世等人的研究结果表明，高原训练 1 周后血清 EPO 水平下降，但是 RBC、Hb 数量增加；4 周后，虽然 EPO 水平仍然低于上高原前的水平，但是 RBC、Hb 却持续升高。因此，认为较高水平的 EPO 并不是高原训练期间 RBC、Hb 持续增加的必需因素。

长期处在高海拔的环境中会导致骨骼肌萎缩，尤其是海拔 6 000 m 以上的环境。持续处于缺氧环境中会使肌肉的横截面积减少 10%～22%。线粒体和毛细血管的改变反映出肌肉尺寸的减少，而非单纯的绝对数量的减少。不过在此之后毛细血管可能会重新生成，快肌和慢肌的萎缩量是相同的。

3.4.5 高原训练时次最大和最大有氧运动表现

对越野滑雪运动而言，不论在高原或是平原环境，次最大摄氧量和输出功率都是相似的。然而，由于 VO_{2max} 随着海拔高度上升而下降，导致各项训练的困难程度相对上升。在海拔 3 200 m 以下的高原环境，运动员在既定距离中完成运动的最短时间明显下降。若该运动有氧供能的需求提升时，下降幅度更为明显，然而短时间高强度的无氧运动受到的影响较少。在平原时，运动持续时间若为 2～5 min、20～30 min 和 2～3 h，那么在海拔 2 300 m 的高原上进行时就需要额外的 2%、7%和 17%的时间才能完成。对于持续 2～5 min 的运动，海拔高度的临界点为 1 600 m，持续 20 min 以上即为 600 m。但是经过长时间适应高原环境后，高原训练时所产生的负面影响就会有所缓解。

进入高海拔地区的开始阶段，运动中血乳酸会上升，但是经过几周的适应后，运动中所产生的血乳酸则会大幅下降，这种现象被称为乳酸悖论。乳酸悖论现象令人费解，且在运动生理学领域争论多年。研究发现在高海拔生活的台湾地区的少数民族或已经适应低氧环境的人群，在最大强度的有氧运动时血乳酸生成量反而减少。当海拔高度增加后，血乳酸的浓度会更低。虽然其中的机制仍在争论中，但可以肯定的是，适应高原环境的运动员在最大强度运动中乳酸生成量减少（而非乳酸清除变快），这可能是因为在满足能量供给的情况下，ATP 供能比例增加，快速糖酵解减少。有证据指出乳酸悖论只是暂时的，若长时间处于低氧环境（超过 6 周）这种现象就会消失。

大气压低于 400 mmHg（海拔高度 4 500 m）时最大有氧能力会被减弱。自 1 600 m 以后，海拔高度每升高 305 m 就会损失 1%～3.2%的 VO_{2max}。有研究证实久坐人群在海拔 1 200 m 环境中 VO_{2max} 出现明显下降，高水平运动员则在 900 m 即出现上述情况。从海拔 600～700 m 开始，VO_{2max} 以线性方式下降，每上升 1 000 m 下降 8%，直到 6 300 m 为止，超过 6 300 m 后 VO_{2max} 以曲线方式加速下降（男性运动员的降幅较大）。在海拔 4 000 m 的高原上有氧能力仅有平原时的 75%。在高海拔地区动静脉血氧差较低。在高原训练前进行有氧训练有一定的保护作用，可以减少 VO_{2max} 下降幅度。高度训练的耐力运动员在高海拔地区很难达到与平原一样的 VO_{2max}。有趣的是，若运动员在高原训练的运动量相对之前大幅度降低，机体将会出现停训的情况。出现 VO_{2max} 下降的情况，是因为气压和 PO_2 下降使肺泡中的血氧饱和度降低（可用的氧气量减少）。身体的应激反应促使肺通气量增加，以应对较低的 PO_2。相对于体能较差者，体能状态越优秀的人[VO_{2max}>63 mL/(kg · min)]，在高海拔地区 VO_{2max} 的减少幅度越大。有研究发现，未经训练的人在海拔 580 m 时 VO_{2max} 下降 3.6%，而在同一高度的耐力运动员会下降 7%。然而当海拔超越 7 000 m 时，两者又不存在差异。

3.4.6 高原训练与回归平原后的运动表现

若仅是在高原环境下居住，运动员回归平原后的运动表现（或 VO_{2max}）并不会因此改变。运动员经过高原训练回归平原后，其有氧运动表现可能不会提升，因为科学的研究结果并不一致。有人认为高住高练可以提升运动表现，然而，在试验设计中的一些瑕疵使研究结果无法得出精确的结论。贝利（Bailey）检验了34 项研究，其中 12 个研究指出高原训练确实提升了耐力运动表现，但仅有其中 4 个研究具有对照组。其中 27 个研究报告都没有发现高原训练的增强效应，这些报告中的 15 个研究存在对照组。整体而言，VO_{2max} 提升可达 17.5%（在海拔 1 250～5 700 m 处停留 7～70 天），且多数没有统计学意义。高原训练存在的问题是，运动员被迫采用较低的训练负荷和训练强度。例如，在海拔300 m 处以 78% VO_{2max} 的强度训练的效果与海拔 2 300 m 处 60% VO_{2max} 的训练效果一致。进行高原训练时，有人建议在两次高原训练周期之间，至少需要在平原进行 7 周的最大强度和训练量的训练。进行高原训练时，补充适当的饮食、水分（至少多喝 1 L 水或者碳水化合物饮料）与维生素、矿物质尤为重要。

高住低练法是最常被提出提升 VO_{2max} 的训练方式。让运动员住在高海拔地区（低氧适应），但在平原处进行训练（较高的训练强度）。这种训练方式是让运动员每天在高海拔地区生活数个小时，训练时才移动到低海拔处；或者是训练和生活都在平原处，但在非训练期间使用模拟高海拔的低氧装置。这种高住低练的方式开始于 20 世纪 90 年代早期，而且此种训练方式已被证实是高低训练法中最有效的方式，效果优于低住高练。研究显示，虽然精英运动员（或准精英运动员）的 VO_{2max} 会因此增加，但运动表现的提升（有氧运动与跑步经济性）与 VO_{2max} 的改变无关。高原适应可以提高血红蛋白生成数量、血红素和血红蛋白生成素，这有助于运动员在平原或低海拔地区以更高的强度进行训练。住在海拔2 200～2 500 m 的高原上有助于提高血红蛋白生成量，在海拔 3 100 m 左右的高度则是最能有效提升除血液外的其他参数。加速血红蛋白生成的最佳时期约为 4 周，小于 3 周的训练则可提升运动的经济性与酸碱缓冲能力。每日在海拔 2 500 m 处停留 20～22 h 就足以提升运动表现与促进血红蛋白生成效应，促进血红蛋白生成效应的下限是 12 h/d。沃尔伯（Wilber）等人对于高住低练有下列建议：在海拔 2 000～2 500 m 处，最少要经过 4 周每天 22 h 的适应期。斯特雷根（Stray-Gundersen）和莱文（Levine）发现在海拔 2 500 m 的高原上居住 4 周，可提升平原的运动表现 1.5%（变化范围在 0～6%），效果在回到平原时可维持 3 周。最近的一份研究报告显示，中距离的精英跑者住在模拟海拔高度 2 846 m 处 44 + 7 天，并于海拔低于 2 200 m 处训练，成绩进步了 1.9%。施密特（Schmitt）等人研究了精英跑者、越野滑雪运动员和游泳运动员，发现他们在海拔 1 200 m 处进行训练 13～18 天，同时配合在模拟海拔高度 2 500～3 500 m 的低氧室休息，与那些在低海拔处居住和训练的运动员相比，他们的 VO_{2max}（7.8% vs. 3.3%）和最大功率（4.1% vs. 1.9%）都有明显的不同，两组运动员的运动效能都同时提升。虽然在 15 天后，两组处于低海拔地区运动员的 VO_{2max} 都有所下降，但高住低练运动员的最大功率仍然较高。韦尔林（Wehrlin）等人让一些精英运动员每天住在海拔2 500 m 处 18 h，同时在低于 1 800 m 处训练 6 h，24 天后可以很明显地看出他们的血清血红蛋白生成素、血红素、血红蛋白和血球容积比均增加，这也与他们 VO_{2max} 的提升以及 5 000 m 跑步成绩的进步有关。因此，大部分研究显示，高住低练是高原训练中最有效的方式。运动员可以通过许多方式来模拟高原训练，如低压舱、低氧口罩、氮氧稀释法和模拟高原帐篷等。此外，住在高原的运动员（当他处于高原环境时），可借由一些辅助供氧装备来模拟平原的训练环境。

综上，高原训练对于越野滑雪运动员具有以下积极作用：①可以明显提高运动员的有氧耐力，有利于运动员保持全程平均速度；②可以有效改善运动员的无氧耐力，提高其耐酸能力，有利于其上坡、变速及后程冲刺；③如安排得当，高原训练可有效提高运动员的专项力量，提高其动作推进效能及上坡能力；

④高原训练可有效降低运动员的体重，提高其相对力量及其动作推进效能及上坡能力。

3.5 越野滑雪力量训练原理

3.5.1 肌纤维类型及特征

3.5.1.1 肌纤维类型

（1）依据肌纤维的颜色分类：红肌（慢肌）、白肌（快肌）。

（2）依据肌肉收缩速度分类：慢肌（ST，Ⅰ型）、快肌（FT，Ⅱ型）。

（3）依据肌原纤维 ATP 酶组织化学染色法分类：Ⅰ型、Ⅱ型（$Ⅱ_a$、$Ⅱ_b$、$Ⅱ_c$三种亚型）。

（4）依据肌肉收缩速度和代谢特征：慢氧化型、快糖酵解型、快氧化型等。

3.5.1.2 肌纤维特征

（1）形态学特征

快肌纤维直径较慢肌纤维大，肌浆网发达，肌浆网摄取 Ca^{2+} 的速度大于慢肌纤维，支配的是大运动神经元；每一块运动单位所含的肌纤维数量多（300～800 根）。慢肌纤维线粒体的数量较快肌纤维多，直径大，毛细血管比快肌纤维多，支配的是小运动神经元；每一块运动单位所含的肌纤维数量少（10～180 根）。

（2）代谢特征

由于快肌纤维中参与无氧酵解过程的酶活性较慢肌纤维高，所以快肌无氧代谢能力高于慢肌。由于慢肌纤维中不仅线粒体数量多，而且氧化酶的含量也高，毛细血管丰富，所以慢肌有氧代谢能力高于快肌。

（3）生理特征

收缩速度：快肌纤维收缩速度快于慢肌。收缩力量：快肌纤维收缩时产生的力量大于慢肌纤维。抗疲劳能力：慢肌纤维抗疲劳的能力比快肌强；但快肌和慢肌纤维的力量-速度关系曲线的总趋向是相同的，即随着负荷的增加，收缩速度减慢。

3.5.2 两类肌纤维与运动能力

3.5.2.1 两类肌纤维在肌肉中的分配与运动能力

肌纤维的百分组成：是指慢肌和快肌纤维数量在一块肌肉中所占的百分比，主要受功能、性别和遗传等因素的影响。肌肉的最大收缩速度、爆发力、纵跳高度与快肌纤维的百分比和相对面积成正比。两类肌纤维的百分组成与专项运动能力存在着密切的依存关系，即时间短、强度大的项目，快肌百分比占明显优势；耐力项目，慢肌百分比占明显优势；无氧、有氧能力均高的项目，分配接近相等。

3.5.2.2 训练对两类肌纤维的影响

(1) 训练强度对两类肌纤维的募集

①大强度、时间短的练习：快肌纤维优先募集。②强度低、时间长的练习：慢肌纤维优先募集。

(2) 训练对两类肌纤维横断面积的影响

①大强度的力量训练：快肌纤维出现选择性肥大。②速度训练：快肌纤维与慢肌纤维均可增大，快肌比慢肌要明显。③耐力训练：慢肌纤维出现选择性肥大；但训练达到一定水平时又变小，主要原因是毛细血管增生，缩短氧的弥散距离。

(3) 训练对肌纤维代谢特征的影响

①训练对肌纤维有氧能力的影响：耐力训练可使肌纤维中的线粒体的数目增多、体积增大以及琥珀酸脱氢酶的活性增强，所以肌纤维的有氧氧化能力提高。力量训练肌纤维中的线粒体没增加，而肌纤维的面积增加，故线粒体密度降低，所以肌纤维的有氧氧化能力下降。②训练对肌纤维无氧能力的影响：速度训练可以增多肌纤维中的 ATP 贮存量以及提高乳酸脱氢酶的活性，所以可以提高肌纤维的无氧能力。

3.5.3 肌肉的特性

肌肉的基本单位是肌纤维，每块肌肉都是一个器官。

3.5.3.1 肌肉的物理特性

（1）伸展性：外力作用→被拉长。

（2）弹性：外力消失→恢复原态。

（3）黏滞性：分子之间的相互摩擦产生的阻力。

（4）肌肉的物理特性受温度影响。

3.5.3.2 肌肉的生理特性

（1）兴奋性：在刺激的作用下，产生兴奋。

（2）阈强度：是指在一定刺激作用时间和强度-时间变化率下，引起组织细胞兴奋的最小刺激强度，又称阈值；这种临界强度称阈刺激。

（3）阈刺激与时间和变化速率成反比例关系。

（4）收缩性：由于兴奋而产生的收缩现象。

3.5.3.3 肌肉收缩的机制

肌肉的动力来源于收缩，通过长度或/和张力的变化实现肌肉的收缩与舒张。这一过程主要包括兴奋在神经-肌肉接点的传递、肌肉兴奋-收缩耦联和肌细胞的收缩与舒张三个环节。

3.5.3.4 肌肉工作的特征

肌肉的工作分为动力性和静力性两种形式。

（1）动力性工作

缩短收缩（又称向心收缩）：肌肉收缩所产生的张力大于外加阻力→肌肉缩短→消耗能量做正功→绕骨杠杆做向心运动→实现各种加速动作或位移运动。缩短收缩又分为非等动收缩（等张收缩）和等动收缩（等速收缩）两种形式。①非等动收缩（等张收缩）：受到关节杠杆因素的影响，关节角度不同，所需产生克服外界阻力也不相同；如肱二头肌在关节角度为115°～120°时最大，关节角度为30°时最小。②等动收缩（等速收缩）：是指随着关节角度的变化，外界阻力也随着改变，始终保持肌肉克服外界的张力恒定不变。

拉长收缩（又称离心收缩）：肌肉收缩所产生的张力小于外力时→肌肉被拉

长→消耗能量做负功→绕骨杠杆做离心运动→起着制动减速和克服重力等。

(2) 静力性工作

等长收缩:肌肉收缩所产生的张力等于外力时→肌肉长度不变→消耗能量不做功→起支持、固定和保持某一姿势的作用。

3.5.3.5 肌肉收缩的力学特征

(1) 肌肉收缩的张力与速度成反比例关系。

(2) 肌肉收缩的初长度与张力关系:产生最大的张力需要适宜的初长度。

(3) 影响肌肉力量的主要因素:单个肌纤维的收缩力(约为 100～200 mg)、肌肉中肌纤维的数量和体积、肌肉收缩前的初长度、中枢神经系统的机能状态、肌肉对骨骼发生作用的机械条件。

(4) 肌肉的做功、功率和机械效率计算公式,即做功: $W = F$(力)$\cdot S$(距离)$\cdot \cos\alpha$($\cos\alpha$ 为 F 和 S 之间的夹角);功率: $P = W$(功)$/t$(时间)$= F$(力)$\cdot V$(速度);效率: $N = W$(功)$/E$(总耗能)。

3.5.4 肌肉力量的分类

根据肌肉收缩形式可分为:静力性力量(static strength)、动力性力量(dynamic strength)、向心收缩力量(concentric strength)、离心收缩力量(eccentric strength)、等速肌肉力量(isokinetic strength)、超等长肌肉力量(plyometric strength)。

根据表示方法可分为:绝对力量、相对力量。

根据表现形式和结构特点可区分为:最大肌肉力量、快速肌肉力量、力量耐力。

根据专项化程度可分为:基础力量、专项力量。

3.5.5 专项力量训练

3.5.5.1 专项力量概念

专项力量是指那些在外部力学特征和内部生理学特征和心理适应性特征

上严格按照专项比赛的技术和战术要求发挥出的综合力量。具体是指在运动员比赛动作技术和战术所要求的时空条件下，人体参与运动的肌肉或肌群收缩克服阻力的能力。专项力量训练是通过专门的肌肉力量与爆发力训练，使运动员通过神经和肌肉两条途径来引起相关的神经肌肉系统专项化的适应和提高。专项力量训练时，首先要确定目标运动的专项化神经肌肉特征，再去安排用以提高专项力量的各种抗阻力练习。

3.5.5.2 专项力量特征

(1) 专项力量的神经结构

专项力量是中枢神经系统在特定募集模式下募集特定肌纤维收缩用力的产物。一个神经元及其支配的一组肌纤维形成的运动单位构成了完成专项力量的基本单元。神经系统的专项性特征决定运动单位参与数量与类型，而神经发放冲动的强度和发放模式决定了肌肉力量大小、递增率和持续时间。综上所述，神经系统对专项化力量训练的适应性变化表现在神经冲动发放(模式)的效率，募集肌纤维数量与速度以及肌肉(群)协调能力的改善上。从训练角度，运动单位募集频率的提高决定了爆发用力的效果。因此，只有提高运动单位的募集速率或频率才能提高专项力量，也只有在最大用力(意识)下，才会有可能最大限度地参与活动。可见，随着(专项)力量训练水平的提高，对高阈值运动单位的募集和保持能力就会增强。所以，只有神经系统产生了适应，才能保证高阈值运动单位在训练中具有可训性。

(2) 专项力量的收缩结构

肌丝滑行学说是肌肉收缩的主要机制。不同类型的肌纤维收缩特征表现在最大程度用力、收缩速度和肌纤维效率三个方面。肌纤维的最大用力与肌纤维体积、横断面积相关，收缩速度与横桥周期速率和肌纤维内肌浆球蛋白酶活性有关，而肌纤维效率是力与所用能之比，相比之下，比例高的肌纤维工作效率高。专项力量训练在提高受训肌肉力量的同时伴随着肌肉围度的增加，围度的增加主要源自肌纤维内肌原纤维数量的增加而导致肌纤维体积的增大(非肌纤维数量的增加)。肌纤维增生是一个缓慢长期的训练适应过程，这也是力量型运动员快肌纤维数量(除遗传因素外)远多于一般人的原因。

肌肉体积的增加表现为快肌纤维增加面积大于慢肌纤维面积。除了肌肉横断面积增加对肌肉力量的重要作用外，肌肉细胞内肌球蛋白重链Ⅱ同源(MHCⅡ)分子水平数量是决定肌肉力量增加的重要因素。专项力量训练可以缩短肌肉内肌球蛋白与肌动蛋白横桥时间。因此，举重、投掷和短跑运动员的快肌纤维中由肌动与肌浆球蛋白组成的收缩单元的体积和横桥周期以及肌糖原含量要远高于耐力性运动员。肌纤维选择性肥大及功能表现是专项力量训练适应的结果。

(3) 专项力量的弹性结构

肌肉内的弹性结构具有拉伸、储存弹性势能、增加力增率(释放势能)的功能。肌肉的弹性结构由串联和并联结构组成。弹性结构具有辅助肌肉收缩结构共同完成肌肉收缩用力的功能。其中串联结构包括肌腱和肌纤维的横桥结构，可完成势能的储存；并联结构由胶原结构组成，主要成分是保护与包裹肌纤维的束膜。横桥结构共同构成肌肉内收缩与弹性成分，影响着肌肉的力量和肌肉的可塑性。

肌肉弹性结构在专项动作中拉伸—收缩循环(SSC)的作用最为明显，其弹性势能储存的大小决定于肌肉拉伸的速度和长度。弹性势能的利用率与肌纤维类型与转化速度和预拉伸有很大关系。研究显示，肌肉疲劳伴随 SSC 能力的下降与弹性结构功能的下降有直接的关系。但当肌肉离心收缩速度缓慢时，形成于肌肉内的弹性势能将会以热能的形式散发。然而，肌肉离心收缩中弹性势能利用率的训练是专项力量训练最容易忽视的环节。肌肉离心工作形式的意义不仅在于储存弹性势能，而且对动作稳定性和身体姿势控制具有重要意义。同时，肌肉离心收缩以及向向心收缩转化的速度将决定向心收缩表现结果。因此，只有强化该环节的训练才能提高弹性势能的利用率及离心-向心收缩的转化速度。

3.5.5.3 力量训练的专项化

(1) 能量代谢的专项化训练

能量代谢专项化是指力量训练时的能量代谢特征应与专项能量代谢特征(尽量)保持一致。在力量训练中，除了循环力量训练以及超级组合练习主要是有氧代谢供能外，其他形式或方法的力量训练多以 ATP-CP 和乳酸代谢系统参与供能为主。同样，力量练习时肌肉参与程度、整体性和局部性强度对能量代谢专项化过程也有重要影响。因此，只有在对专项能量代谢特征充分认识的基础上，才能确定力量训练时能量代谢系统特点，并以此确定力量训练的负荷结构。

依项目供能特点，大强度、短时间的项目以无氧供能为主，小强度、长时间项目以有氧供能为主。力量训练不仅在训练强度、训练次数、组数及组间间歇等方面要达到能量专项化的要求，而且不同肌群参与程度及发力方式的近似才能真正发挥专项化训练的作用。

(2) 动作力学特征的专项化训练

专项动作在关节角度、关节的活动幅度、活动中的阻力变化特点、局部与整体速度以及肢体链的形式等方面具有鲜明的力学特征，这些成为定量分析与设计力量专项训练手段的主要依据。然而力量实践中的定性分析多于定量分析，很大程度上削弱了专项训练的准确性，使得某些力量练习手段在动作力学特征上与实际专项动作偏差较大。例如，很多常用力量训练手段在动作速度结构上存在先加速后减速的特征，这与专项动作持续加速的速度特征并不一致。而且，力量训练手段有闭合动力链练习与开放动力链练习之分。前者与专项联系更为紧密，是更容易产生迁移效应的多关节自由负重练习，如下蹲、高翻、挺举等；后者是肢体较为固定，单关节的器械练习，如坐姿腿蹬伸、俯卧腿弯举、杠铃弯举等。力量训练手段只有在动作链上尽量满足专项动作特征（多关节链）才能使力量练习更贴近实际。

另外，可以将力量训练手段分为一般性练习、专门化练习和专项化练习手段。专门化力量练习是对专项环节动作的模仿；专项化力量练习是小负重情况下（不影响专项动作）完整专项动作的练习。例如，穿纱衣跑、跳、上坡跑、投重球、运动器械上负重等的完整专项练习。然而，专项动作往往是在快速、爆发的条件下肢体交替或单侧用力完成的。因此，在满足动作结构的基础上，如何处理力量训练中的负重与速度关系就成为专项化训练的关键。只有在快速条件下符合专项神经-肌肉系统特点的力量训练才能对专项发挥积极的迁移作用。

(3) 神经-肌肉系统的专项化训练

神经-肌肉系统专项化训练是力量训练专项化的核心。首先，受训肌肉或肌肉群应满足专项对肌肉的基本需要（参与活动的肌群）；其次，受训肌肉的收缩形式、收缩幅度、收缩速度应与专项保持一致；更重要的是，肌肉在被募集类型与数量、收缩形式、收缩速度等方面无不与神经的支配紧密相关。神经冲动发放的强度、频率、持续时间决定肌肉募集数量、类型及收缩速度和收缩力量。同时，神经系统决定着专项动作主动肌、对抗肌、协同肌、稳定肌间的协调与配合。基于神经系统对于肌肉系统决定性支配以及在专项训练中的重要性，提出了神经专项化概念。大多数专项动作是通过快运动单位完成，这需要神经系统发放高强度、高频率的神经冲动来募集。专项不同，肌肉力量中速度和力量成分比重各异。力量型项目，如举重、投掷对于肌肉最大力量和爆发力的要求非常高，需要高强度的神经冲动募集更多的快肌纤维参与用力，高强度冲动持续时间长有助于提高爆发力。换句话说，只有神经系统产生了适应才能保证更多高阈值的运动单位参与完成专项动作。例如，1～6RM 力量练习主要募集的是Ⅱb 快肌纤维（无氧糖酵解肌）。当练习次数超过 6 次（＞6RM），快肌纤维将会减少参与用力。因此，大负重-少次数-爆发式力量训练在这些项目中所占的比重大。速度力量型项目，如短跑、跳跃、武术、球类项目对神经冲动频率及协调要求高，偏重反应力量训练，多采用超等长训练形式。肌肉耐力性项目，如中长跑、自行车、长距离游泳要求神经冲动抗疲劳的持续稳定，多采用循环力量训练。由此可见，力量训练专项化目的是达到力量训练与专项本身在神经与肌肉系统中的契合，需要在大强度-低速度与小强度-快速度的组合模式中解决专项化的问题。因此，有学者提出力量专项化训练时应采用宽负重阈值的训练组合模式，并加之专项技术训练可取得更明显的迁移效果。

能量代谢、动作力学、神经-肌肉系统的专项化构成了力量训练专项化的内在结构与基本特征。力量训练手段、负荷、要求只有在满足这些基本特征条件下才能保证专项化训练水平。同时，线性与非线性组合分期式力量训练为专项化训练提供了长期训练模式，保证了专项化的可持续发展。

因此，总结了力量训练专项化的原则：参与专项运动的肌肉在力量训练时被有效地调动（募集）；在肌肉用力前人体或物体的初始状态（身体姿态、关节角度、所需改变状态物体的初始位置和速度等）与专项技术要求一致；肌肉的工作方式（离心或向心工作）、肌肉用力的速度特性、动作幅度、用力方向等方面与专项技术一致；肌肉或肌群之间的配合与专项技术和战术的特点相一致；肌肉用力时的供能方式和特点与专项运动相一致；肌肉用力时的心理指向所产生的运动认知和感知等心理活动与完成专项运动或比赛时所产生的心理反应活动相一致。

3.5.6 越野滑雪力量训练原理

3.5.6.1 越野滑雪对力量的需求

专项与功能性力量要求较高，包括上坡、平坡推进力量、身体姿态控制（下坡）力量、每步的动力力量等。

(1) 上坡时：需要专项绝对力量和爆发力。

(2) 下坡时：需要专项速度力量、核心力量、平衡控制力量。

(3) 平坡时：需要专项力量和速度爆发力量。

(4) 弯道时：需要平衡力和弯道技术力量。

(5) 比赛全程推进效能保持：单个动作的推进能力（技术+力量）和力量耐力。

3.5.6.2 基础与专项力量安排原则

不同阶段、不同性质的力量比例不同；在力量课的安排方面可以采取基础力量训练后紧接着进行专项力量训练，可避免肌肉僵硬及促进力量记忆由基础向专项的及时转化。大力量训练后及时安排少量速度爆发力、跳跃等训练。

3.5.6.3 越野滑雪力量训练主要方法及效应

(1) 绝对力量训练：采用金字塔式训练等方法提高越野滑雪运动员上、下肢主要肌群的最大力量。

(2) 速度爆发力训练：以 40%～80% 负荷强度快速发力或跳跃式训练，提高运动员的爆发力。

(3) 力量耐力：以 30%～60% 负荷强度多组次训练或结合专项滑行训练提高运动员的肌肉耐力。

(4) 专项力量训练：在专项滑行（滑轮、滑雪）中通过增加难度提高专项力量（上坡、加阻等）。

(5) 核心力量训练：采用综合非稳定界面的力量训练提高运动员的核心稳定性和身体姿态控制力。

(6) 加压力量训练：通过加压设备进行不同压力、较低负荷强度和负荷量的力量训练，提高肌肉爆发力、绝对力量、力量耐力及促进康复等。

(7) 反应力量训练：专项技术训练中，要求运动员撑杖、蹬板时快速反应性发力，提高反应力量。

(8) 启动力量训练：由静止态突然发力训练，提高运动员的启动力量。

(9) 康复训练：通过综合康复训练手段，提高有关肌群、韧带强度，促进伤病康复。

3.5.7 越野滑雪的核心训练和加压训练

3.5.7.1 核心训练

(1) 核心训练的概念及作用

人体双肩和双髋关节之间的躯干和骨盆区域，被称为“核心”部位。从生物力学的角度分析，人体的重心一般位于这个区域，它是人体环节运动链的最基本环节。同时，它为人体各种肢体动作提供稳定的支撑和附着点，直接影响着人体各种技能性身体动作的质量。从动作神经控制的机制来说，这个区域肌群的神经-肌肉系统，也往往是在人体完成各种反射性和随意性肢体动作过程中首先被激活的部分，也是人体动作程序的最早发生效应的“受动”环节。从运动医学的观点来看，人体骨连接最精致和神经系统最脆弱的部分——脊柱和脊髓也位于这个区域。这个部位运动系统中的骨骼、肌肉的解剖结构和功能，与四肢也具有显著的区别，大都起到支撑、保护和稳定作用。因此，核心力量训练是体能训练当中的一个重要环节，并且，良好的核心力量训练能力，为运动员进行专项体能训练做好铺垫和准备。

(2) 核心训练的作用

核心训练的指向是核心功能区，其最大意义在于提高核心区的身体姿态控制能力，有助于上下肢力量的协同发挥，但不能代替上下肢的专项力量训练。而且专项体能训练是一个更为宽泛的概念，包括专项主导性力量、专项有氧耐力、专项无氧耐力、专项平衡能力、协调能力、动作速度、灵敏性及柔韧性等，这些能力都是难以通过核心力量训练得到有效提高与改善的。对于越野滑雪而言，因比赛途中包括多次上下坡、平地、急转弯等复杂地形条件，比赛中运动员需要在高速滑行中随时根据地形的变化调整身体姿态，有效控制身体姿态有利于发力、保持速度，故核心训练只是越野滑雪专项体能的辅助补充手段。

(3) 适用越野滑雪运动员的核心训练器材及方法

核心训练器材有全身抗阻力锻炼(TRX)悬吊带、瑞士球、平衡垫、平衡板、平衡球(Bosu球)、平衡气垫、榴梿球、万向腹肌滑板及振动台等。

核心训练方法有以下几种:①仰卧屈膝提腿:加固腹部深层肌群、提高腰部和骨盆的控制能力;②仰卧直膝提腿:加固腹部深层肌群、提高腰部和骨盆的控制能力;③仰卧桥撑:加固躯干深层肌群,提高腹部、背部、臀部和大腿后部肌群的控制能力;④仰姿臂撑提腿:加固躯干深层肌群,提高腹部、背部、臀部和大腿后部肌群的控制能力;⑤侧姿臂撑提腿:加固躯干两侧深层肌群,提高骨盆、髋部和大腿外侧肌群的控制能力;⑥仰卧瑞士球前屈:加固骨盆、腹部和肩部深层肌群,提高腹部和大腿前后肌群的控制能力;⑦仰姿脚垫瑞士球提髋屈双膝:加固骨盆、腹部和腰部深层肌群,提高髋部和大腿后部肌群的控制能力;⑧跪姿伸臂滚瑞士球:加固腹部和腰部深层肌肉,提高背部和肩部肌群的控制能力;⑨俯姿屈双膝滚瑞士球:加入骨盆、腹部和腰部深层肌群,提高髋部和大腿前、后部肌群的控制能力;⑩俯姿屈单膝滚瑞士球:加固骨盆、腹部和腰部深层肌群,提高髋部和大腿前、后部肌群的控制能力。

(4) 核心力量训练对越野滑雪运动员的价值

为专项力量发挥作用提供较为稳定的发力平台,提高其发力功效;提高身体姿态控制能力,有利于专项技术的有效发挥;均衡发展深浅肌群、大小肌群、髋关节有关肌群的力量,提高关节的稳定性,减少伤病发生;重要的伤病后肌肉功能康复手段;提高全身肌群协同发力能力,整体提高专项力量发力效果;改善神经肌肉传导与协同支配性能,改善肌力神经学特征;对传统基础力量与专项力量训练是一种有效补充;不能代替专项训练,难以直接大幅度提高专项技术力量;对于专项技术与体能训练都是一种良好的辅助训练手段;可以安排适当比例,最好安排在再生训练课或调整课进行,也可以与专项训练有机结合进行。

3.5.7.2 加压训练

(1) 加压训练概念

加压训练(在日语被表述为"KAATSU",在日语中"KA"表示附加,"ATSU"表示压力)是一种安全有效的运动和康复形式,于1966年在日本发明。该训练方法通过附加的充气压力带,在某种程度限制或减少手臂和腿部的静脉血流，从而产生一系列积极的生理效应，故也被称为血流调节（blood flow modification，BFM）或血流量限制（blood flow restriction，BFR）训练技术。

BFR训练是一种运动模式，其使用对身体循环系统调整与轻量级运动相结合，以实现类似于高强度训练（传统重型举重）的训练结果。系统的主要优点是：轻重量，较少的肌肉劳损或关节损伤风险；轻负荷，酸痛少，恢复快；便携性，力量训练可随处进行；可进行特定运动动作，实现功能性力量改善。

（2）加压训练的作用

对于运动员而言，加压训练主要在两个方面有积极作用。在运动表现、性能提升方面：提高原始速度，缩短反应时间；增加肌肉力量和大小；提高耐力和VO_{2max}；通过特定的运动动作改善精细运动控制。在恢复与健康方面：减少伤害恢复时间；修复、建立和重新平衡肌肉、韧带、肌腱；避免肌肉萎缩；非低冲击力和低冲击力的运动不会对受伤的骨骼、肌肉、韧带和肌腱造成压力。

（3）加压训练提高力量的原理

在适度限制血液循环的状态下进行运动，会使肢体内因运动产生的乳酸等致疲劳物质无法排除而大量堆积，甚至有时还会远远超过大负荷训练时的局部浓度。乳酸等致疲劳物质浓度的增高，会强烈刺激该部位的感受器，使大脑误认为身体承受了很大的负荷，进而命令生长素等有利于身体组织再生的物质大量分泌，使肌肉合成得到加强，力量得到大幅度提高。

（4）加压训练提高耐力的原理

当血液循环受限时，与有氧代谢等耐力关键因素密切相关的毛细血管密度和线粒体数量会发生适应性改变。这是因为当局部肌肉中血液循环受到限制时，为了增加氧的供应，机体会适应性地增加毛细血管密度和线粒体数量来促进血液循环和有氧代谢。此外，当加压限制血液循环导致的局部肌肉组织和血液中乳酸堆积时，为了适应当前的高乳酸环境，避免机体酸中毒，肌细胞膜上会适应性地增加乳酸转运酶的数量，以此来提高将快肌产生的乳酸转运到慢肌和心肌分解利用的能力。运动员的耐乳酸能力和消除乳酸能力会得到大幅度提高。

（5）适用越野滑雪运动员的加压训练方法

通过气压递增间歇式加压循环练习和气压恒定式间歇性加压循环练习等方法分别对上肢、下肢不同部位进行加压训练；采用不同负荷强度、负荷量组合的各种训练手段进行加压训练，负荷强度一般为 20%～50%1RM，重复次数6～15 次，2～4 组；通过对上肢、下肢加压进行滑轮、滑雪训练，提高专项力量、有氧耐力和无氧耐力等；针对康复需要的特定加压训练可促进康复效果等。

3.6 本章要点提炼

(1) 有氧耐力是越野滑雪的核心体能要素，要常年系统地坚持不同负荷强度组合的有氧耐力训练，临近赛季要逐步增加高有氧耐力训练，有氧耐力训练占年度训练总比例的 90% 左右，长距离项目比例要高于短距离项目的5%～10%。

(2) 无氧耐力是越野滑雪的重要体能要素，主要包括耐乳酸能力训练和速度训练，需全年坚持有关训练，临近赛季逐步增加其比例，无氧耐力训练占年度训练总比例的 3%～5%左右，其中短距离项目比例更高。

(3) 对于我国运动员而言，要十分重视核心、专项力量训练，对于肌肉力量薄弱的队员也需要适度加强基础力量训练，特别是在基础准备期。在专项力量训练方面，应特别重视专项爆发力和专项力量耐力训练。年度力量训练占比5%～10%左右，越临近赛季越需要提高专项力量训练比重。另外，加压训练是有效提高绝对力量、力量耐力、爆发力的有效手段。

(4) 高原训练对于提高越野滑雪运动员有氧、无氧耐力均具有显著效果，年度训练中可以在基础准备期、专项准备期、赛前期分别安排不同时长、不同训练内容的高原训练或模拟高原训练（如模拟低住高训、高住低训等），适宜的高原训练海拔高度为 1 500～2 500 m，每次训练周期为 2～6 周，每年可安排 2～3 次高原训练，高原训练占年度训练总量的 20%～30%较好。

(5) 对于越野滑雪运动员而言，专项爆发力是提高动作推进效能的最关键力量素质，核心力量是提高其身体姿态控制能力的关键要素，力量训练要紧密结合专项技术特点实施基础与专项力量训练结合模式，加压力量训练是提高力量训练效果的有效手段。

4 越野滑雪科学化训练方法

4.1 越野滑雪体能训练有关概念

速度训练：指运动员全力加速的训练，一般单组加速在 30 s 以内，两组的间隔时间在单组训练时长的 3 倍以上。速度训练常作为独立的训练课内容，也会穿插在低强度的耐力训练中进行。

力量训练：指以提升肌肉收缩能力为目标的训练，一般在独立的力量训练课中组织。

耐力训练：指以提升运动员耐力能力为目标的训练，强度在 60% VO_{2max} 以上。

低有氧训练（low aerobic intensity training）：也称低强度训练（LIT），一般强度在第一通气阈或者有氧阈以下，强度在 60%～82%最大心率之间。

中等有氧强度训练（middle aerobic intensity training）：也称中强度训练（MIT），一般强度在第一通气阈和呼吸补偿点之间，血乳酸浓度在 2.5～4 mmol/L，也常称作节奏训练，强度在 82%～87%最大心率之间。

高强度有氧训练（high aerobic intensity training）：也称高强度训练（HIT），或高强度间歇训练（HIIT），强度或速度在无氧阈强度以上，休息时间一般小于或者等于训练时间，单组训练时间一般在 1～8 min 之间，强度在 87%最大心率以上。

训练强度分布（training intensity distribution）：不同训练强度（低、中、高强度）训练时长的分布方式。训练强度分布是对耐力表现影响最大的因素之一，仅次于训练量的影响。

金字塔模型（pyramidal model）：是最传统的耐力强度分布模式，其主要特征是大量低强度训练量，在 Z2 和 Z3（中等强度和高强度区域）的比例逐渐下降。

极化模型（polarized model）：极化模型是一种训练强度分布的模式，其特点为，乳酸阈强度的使用要少于低强度与高强度，形成低强度和高强度训练量多于乳酸阈强度的强度分布特征，即 Z1＞Z3＞Z2 的分布。

极化指数（polarization index，PI）：判定训练是否具有极化特征的指标，公式为

$$Z2 \neq 0 \text{ 时：} PI = \text{Log10}(Z1/Z2 \times Z3 \times 100)；$$

$$Z2 = 0 \text{ 时：} PI = \text{Log10}(Z1/0.01 \times Z3 - 1)。$$

板块周期（block periodization）：是基于运动分期理论的中小周期安排方式，将不同的训练能力安排在不同小周期中进行，并采取集中目标和集中训练负荷的原则，依序发展运动员不同的能力。

一般体能训练期（general preparation period，GP）：也称一般体能准备期或体能储备期，通常重视一般体能的发展，越野滑雪的 GP 期一般在 10 月份雪季前，GP 期又可分为 GP1 和 GP2 期，其中 GP1 期更重视一般体能的训练，GP2 期则会大量增加滑轮等专项训练内容，平均强度高于 GP1。

专项准备期（specific preparation period，SP）：在越野滑雪周期训练中一般在基础准备期与竞赛期之间安排 2 个月左右的陆上和雪上的专项训练，进一步强化比赛所需的有氧无氧耐力、专项力量、参赛技战术及竞技状态诱导等，为参赛做好专项能力准备。

竞赛期（competition period，CP）：一般在每年 11 月～次年 3 月举行不同规格的国际比赛，如 FIS 积分赛、洲际比赛、世界杯、世锦赛等。平均每周一赛，共计 30 次左右。

越野滑雪专项训练（XC-ski specific training）：滑雪或模拟滑雪的训练模式，主要包括了传统式滑雪、自由式滑雪、传统式滑轮和自由式滑轮四种训练模式。

4.2 越野滑雪有氧耐力科学化训练方法

4.2.1 越野滑雪有氧训练的意义

通过心肺功能、血液供氧、肌肉有氧利用能力的改善而提高有氧耐力；可提高乳酸等代谢产物的清除、再利用能力而促进疲劳恢复；提高运动员连续多场重复比赛能力；提高竞速项目的后程比赛冲刺能力；提高神经系统的稳定性、改善注意集中能力、提高健康水平及免疫力等；对于各项目的无氧耐力起重要支撑作用。

4.2.2 提高越野滑雪运动员有氧耐力的训练

4.2.2.1 基础与专项有氧耐力训练

基础与专项有氧耐力训练指中低强度基础有氧训练，心率I1～I3级。

主导训练方法及要求：保持速度稳定的大幅度、低频率的持续性中低强度滑雪、滑轮、耐力跑、自行车、山路持杖走及高原训练或模拟低氧训练等。每次长距离不间歇训练持续时间2.0～3.5 h，基础训练阶段每周4～5次，平均负荷强度60%～80%，平均心率130～175 bpm，血乳酸2～4 mmol/L。此类训练旨在改造肌肉线粒体、微循环、心肺功能，亚高原训练旨在提高血红蛋白量。作为基础准备期的主要训练手段，有氧供能比例达95%以上，占基础准备期负荷量的90%左右，专项准备期的70%～85%。

4.2.2.2 基础与专项有氧强度训练

基础与专项有氧强度训练指有氧为主的混合代谢供能训练，心率I2～I4级。

主导训练方法及要求：中长距离的恒速或变速持续性、重复性或间歇性中-较高强度耐力训练，技术要求为中大幅度、中等频率、加阻与减阻结合，主要具体训练手段包括中-较高强度的滑雪、滑轮、耐力跑、自行车、山路持杖模仿、循环力量训练、专项拉力器及亚高原训练等。此类训练旨在改善有氧为主的混合代谢供能系统，其中有氧供能比例占75%～90%。该训练手段占基础准备期的

10%～15%，专项准备期的20%～30%。

主要手段包括以下几种。

(1) 持续性有氧训练(高有氧训练，I3级负荷强度)：1次持续性训练时间为1～2 h，负荷强度80%～85%，平均心率165～180 bpm，血乳酸水平为4～7 mmol/L。

(2) 重复性有氧训练(有氧强度训练1，I3～I4级负荷强度)：每组持续时间30 min～1 h，重复2～4组，间歇时间控制为心率恢复到90次以下，间歇时间3～5 min，平均负荷强度85%左右，平均心率175～185 bpm，血乳酸水平为5～8 mmol/L。

(3) 间歇性有氧训练(有氧强度训练2，I4级负荷强度)：每组持续时间5～15 min，重复3～8组，间歇时间约为1～2 min(不全恢复，心率恢复到100～130 bpm)，平均负荷强度90%左右，平均心率180～190 bpm，血乳酸水平为6～10 mmol/L。

4.3 越野滑雪无氧耐力科学化训练方法

4.3.1 越野滑雪无氧训练的意义

无氧或混合代谢适度高强度训练对于运动员的心肺功能及刺激肌肉高强度有氧代谢能力有积极促进作用；无氧或混合代谢适度高强度训练可直接提高运动员无氧代谢能力(无氧酵解或磷酸元代谢)，有助于提高运动员的速度耐力或速度能力；无氧耐力训练可提高运动员的耐乳酸能力，提高高强度速度耐力或高强度对抗能力；提高运动员神经肌肉抗酸性环境能力，即抗肌肉神经疲劳能力；可在强大有氧耐力支撑下提高竞速项目后程冲刺能力等。

4.3.2 提高越野滑雪运动员无氧耐力的训练

4.3.2.1 专项速度耐力训练

专项速度耐力训练指耐乳酸能力训练，I4～I5级负荷强度。

主导训练方法及要求：300～1 000 m的高速或变速间歇性训练，持续时间

30 s～5 min。具体手段包括滑雪、滑轮、冲刺跑、冲坡、快速跑台阶、自行车等，技术要求为中大幅度、中高频率、加阻与减阻结合，训练与间歇时间比为(1∶1)～(1∶5)(根据训练距离不同)，旨在提高耐乳酸能力。此类训练主要安排在比赛前2～6周开始进行(根据比赛性质而定)。平均负荷强度90%～95%，心率190 bpm以上，乳酸累积到高于10 mmol/L。该训练手段占基础准备期的3%～5%，专项准备期的15%左右。

4.3.2.2 绝对速度训练

绝对速度训练指磷酸原供能系统训练或无氧酵解供能，I5级负荷强度。

主导训练方法及要求：100～500 m的重复性全速训练，持续时间10～60 s，重复6～10组。具体手段包括滑雪、滑轮、冲刺跑、冲坡、自行车等，技术要求为中大幅度、中高频率、加阻与减阻结合，间歇时间2～5 min(根据训练距离不同)，旨在提高绝对速度能力(磷酸原供能系统或无氧酵解供能)。此类训练主要安排在比赛前2～4周开始进行(根据比赛性质而定)。平均负荷强度100%，心率185 bpm以上，乳酸累积3～8 mmol/L。该训练手段占基础准备期的1%～3%，专项准备期的10%左右。

4.4 越野滑雪专项力量科学化训练方法

4.4.1 专项力量训练思路

结合技术结构选择针对性的基础力量训练手段与方法分阶段、分步骤实施不同力量训练任务。力量训练的步骤：①通过多组次的中等负荷强度力量训练增加肌肉围度及增加力量耐力；②通过少组次的极限重量刺激改善神经肌肉的募集能力及神经传导速度，增加绝对力量；③专项速度爆发力训练。

初期主要以强化基础力量训练为主(增加肌肉围度、肌肉耐力及绝对力量)，并将基础力量与专项力量有机结合(每次力量训练先基础后专项，避免肌肉硬化、促进力量训练效果在大脑内的专项化记忆)，中后期以专项力量训练为主(突出支点反应性速度力量及动作全程的充分发力等)，主要训练手段有各种加阻训练、增加难度训练等。该训练手段占基础准备期的15%左右(每周3次基础＋专项力量，2 次核心力量，其中专项力量训练融合在耐力训练过程中)，专项准备期的 10%左右(每周 2 次基础＋专项力量，1 次核心力量)。

4.4.2 越野滑雪国家队不同阶段力量训练主要手段与目标

(1) 基础准备期(新赛季开始后的体能恢复与提高，一般 3～4 个月)

训练目标：适度增加肌肉围度，提高绝对基础力量、爆发力、力量耐力，提高专项力量，促进基础力量向专项的转化，提高运动员核心稳定性、功能性力量、促进伤病康复等。

主要手段：基础力量训练手段、结合专项的力量训练、核心稳定性训练等。

(2) 专项准备期(基础准备期与赛季之间的专项能力提高准备阶段，3 个月)

训练目标：保持肌肉围度与绝对基础力量，结合专项进一步提高专项爆发力、力量耐力，促进基础力量向专项的转化，保持与提高运动员核心稳定性、功能性力量、促进伤病康复等。

主要手段：结合专项的力量训练、核心稳定性训练、基础力量训练手段等。

(3) 赛季期(赛季前、赛季中的专项体能保持，4 个月)

训练目标：保持与提高运动员核心稳定性、功能性力量、促进伤病康复，继续保持专项爆发力、力量耐力等。

主要手段：核心稳定性训练、结合专项的力量训练、基础力量训练手段等。

4.4.3 主要的力量训练方法

4.4.3.1 发展最大力量的训练方法

发展最大力量的主要途径：加大肌肉横断面(提高肌肉围度)；增加肌肉中磷酸肌酸的储存量，加快 ATP 的合成(提高爆发力)；提高肌肉间及肌纤维之间的协调性(提高绝对力量和专项力量)；力量训练专项化(改进和完善运动技巧与效能)。发展最大力量的主要训练手段：单杠引体、负重半蹲或深蹲、卧推、卧拉、强力皮条等。

(1) 重复训练法：负荷强度为 75%～90%1RM。每项训练中完成的组数为 6～8 组，每次重复 3～6 次，组间间歇 3 min。

(2) 阶梯式极限用力法：又称金字塔训练法。一次课的练习从较低的负荷开始，逐渐加大负荷而减少练习次数。

(3) 静力练习法：负荷强度为 90%1RM 以上，每次持续时间为 3～6 s，练习4 次，次间歇 3～4 min。

4.4.3.2 提高肌肉体积的训练方法

以 60%～70%1RM 的最大负荷强度进行多组次的重复，每次练习 4～6 组，每组练习 10～15 次，每周进行 3～4 次同样训练可有效增加肌肉横断面积、体积及力量耐力。如果仅关注力量耐力而对肌肉体积要求不高的话，可以采取 30%～50%1RM 的负荷强度，每次练习 6～8 组，每组练习 15～20 次，每周 3～4 次的同样训练可有效提高肌肉的基础力量耐力及体积。

4.4.3.3 提高快速力量的训练方法

快速力量是指肌肉在尽可能短的时间内发挥出尽可能大的力量的能力。通常以所表现出的最大力量(N)与所用时间(ms)的比值作为测定快速力量大小的指标。

快速力量的决定因素：除与最大力量的决定因素具有相同的要求之外，完成动作的速度是决定快速力量大小的突出因素。此外，由于快速力量具有相当专项化的特点，所以要特别注意完成动作时是否符合正确技术的要求。

发展快速力量的主要训练手段：快速平推、纵跳、跳深、蛙跳、立定跳远等。

4.4.3.4 提高力量耐力的训练方法

力量耐力是指运动员在静力性工作中长时间保持相应强度的肌紧张，或在动作性工作中多次完成相应强度的肌收缩的能力。前者称为静力性力量耐力，后者称为动力性力量耐力。动力性力量耐力又包括最大力量耐力(重复表现最大力量的能力)、快速力量耐力(重复快速表现大力量的能力)以及长时间力量耐力(多次重复表现一定力量的能力)。

力量耐力的决定因素：运动员的力量耐力间有力量与耐力的双重特点，既要求肌肉具有较大的力量，又要求肌肉能长时间地坚持工作。可见，力量耐力的决定因素也表现出双重的特点。

发展力量耐力的途径与练习方法：发展力量耐力首先要根据专项特点认真分析究竟需要什么样的力量耐力，进而选择训练方法，确定训练负荷的基本要求。

（1）持续训练法：如越野滑雪的持续性负重或加阻力滑，滑行距离 5 km 以上，持续时间 15 min 以上。

（2）间歇训练法：如 30%～60%1RM 负荷重量，每组重复 12～15 次，重复 6～8 组。

（3）循环训练法：如多种轻器械或徒手方式按一定顺序循环组合训练，每次持续时间 3～5 min，每组组合项目 4～8 项。

4.4.3.5 提高核心稳定性力量的训练方法

采用非稳定界面支撑的力量训练、克服自身体重及皮条等手段的力量训练提高运动员的髋关节及肢体两侧力量均衡性，促进大小、深浅肌肉的协同发展，提高运动员的核心稳定性、结合越野滑雪技术特征的力量链协同发力功能，促进伤病康复与预防伤病的发生等。

可采用的方法很多，包括 TRX 悬吊带、瑞士球、平衡垫、平衡板、Bosu 球、平衡气垫、榴梿球、万向腹肌滑板及振动台等。训练组织方式通常采取循环组合训练法，一般安排 4～6 项组合。

4.4.3.6 加压力量的训练方法

通过专用加压设备给肢体近端施加不同压力，一定程度限制动脉血流，以相对更小的训练负荷强度和负荷量达到常压下更高强度、更大负荷量的力量训练效果，进而提高肌肉爆发力、肌肉围度、绝对力量和力量耐力的训练方法。该方法还可有效提高运动员的有氧耐力、无氧耐力，促进康复及预防伤病的发生。一般采取压强为 200～400 Pa，20%～50%1RM 负荷强度，重复次数、组数为常压下的 30%～50%1RM 即可。对于越野滑雪而言，可以采用的训练手段包括引体、负重半蹲、卧推、卧拉、俯卧撑等常规力量训练手段，还可结合专项滑行进行轻度加压的有氧耐力、无氧耐力训练等。需要注意的是，每组加压训练时间不宜超过 10 min，必须减压放松，间歇 3～5 min 再重复进行加压训练。

4.4.4 不同阶段力量训练比例安排

强大的力量素质是越野滑雪的重要素质之一，其价值主要体现在提高上坡、平地等环节快速推进能力，对于短距离选手尤为重要。北欧外教普遍认为越野滑雪运动员主要应发展专项力量，不宜过多采用基础力量训练方法，优秀的滑雪运动员不需要很大的肌肉围度。对此，我们有不同看法。

首先，北欧优秀运动员普遍自幼即开始从事越野滑雪训练，且其优越的自然条件（丰富的不同难度的训练场地资源）使其从小就在越野滑雪训练中逐步提高其专项力量，加上北欧白色人种的身体条件遗传优势，其多年的系统化训练已经帮助其产生了强大的专项力量基础，进入国家队层面的运动员几乎为精英选手，其力量储备已经足够了，故这些队员只要采用恰当的专项力量训练方法即可满足其比赛所需的力量。但我国运动员几乎都是12岁以后才开始进行越野滑雪训练，其力量基础储备相对不足。尽管采取专项力量训练方法也能提高其力量素质，但所需周期较长，而基础力量训练则可以在较短时间提高其力量素质，只要合理处理基础与专项力量训练关系，则既能短期促进专项力量提高，也可有效控制基础力量训练过度可能对滑雪能力的负面影响。

就国家集训队现有队员而言，相当部分队员的基础力量较差，在较大程度上制约了其上坡及平地的推进效能，迫切需要通过系统化的基础结合专项力量训练提高基础与专项力量，并通过躯体自尊效应提高其比赛自信。不同阶段时力量训练安排计划见表4-1。

表4-1 不同阶段时力量训练安排计划

阶段	训练时长	训练性质	占比
基础准备期	周力量训练时3～4 h	基础力量	40%
		专项力量	40%
		核心力量	20%
专项准备期	周力量训练时2～3 h	基础力量	30%
		专项力量	50%
		核心力量	20%

（续表）

阶段	训练时长	训练性质	占比
赛前期	周力量训练时 1.5～2.5 h	基础力量	25%
		专项力量	55%
		核心力量	20%
竞赛期	周力量训练时 1～1.5 h	基础力量	20%
		专项力量	60%
		核心力量	20%

另外，力量训练的安排可以采取基础力量训练后紧接着进行爆发力及专项力量训练，可避免肌肉僵硬及促进力量记忆由基础向专项的及时转化。

4.4.5 越野滑雪专项力量训练要点

将基础力量训练与专项力量训练有机结合；将基础大力量、速度力量、力量耐力有机结合；将基础力量与核心力量训练有机融合；突出强化速度爆发力训练及专项力量耐力训练；紧密结合滑雪技术特点选择力量训练手段；力量训练与耐力、技术训练结合；力量训练课组织模式创新；一些创新的力量训练手段科学应用，如加压训练、加阻训练等。

4.5 越野滑雪高原训练方法

4.5.1 高原训练主要共性手段与方法

（1）高住低训法（HiLo）：由美国学者 Levine 于 1991 年提出，高住的目的在于通过低氧暴露提高机体运输和利用氧气的能力；低训的目的在于解决运动员在高原训练中运动量和强度无法保证、骨骼肌工作能力下降问题。

（2）低住高训法（LoHi）：由 Hoppeler 于 2001 年提出，该方法是让运动员在相当于 2 500 米的高原环境运动数小时，而居住在常氧环境，如此连续数周。

（3）高住高训法（HiHi）：即居住和训练都在海拔相对较高的地方。

（4）高住高练低训法（HiHiLo）：即居住和低强度训练都在海拔相对较高的

地方，而高强度训练在低海拔地区进行。这是一种较为全面的提高运动员体能的方法，原因在于低氧暴露提高机体运输和利用氧能力以及心肺能力，又能保持正常强度。

(5) 间歇性低氧训练法(IHT)：该方法实施过程中将缺氧负荷的总量分为若干个独立的组，每组包括若干次，在每次低氧刺激的间歇时间内恢复正常大气压下的自由呼吸，使低氧负荷训练表现出脉冲式或间歇性的特点。

越野滑雪高原训练合适的海拔高度为 1 800～2 500 m，训练时长为 3～6 周。目前通常可采取的高原训练手段包括自然环境下的高原训练、平原环境下的通过低压氧舱、低氧帐篷或低氧呼吸面罩等各种模拟低氧环境的模拟高原训练。前者属于自然环境的高原训练，训练条件环境更真实，更利于专项化训练方法选用，可采用的方法主要为高住高训法等；后者则不需要上高原，在平原采用各种模拟高原训练，成本更低、操作更方便，特别是可以根据不同训练目的模拟各种不同类型及性质的高原训练，但其最大的问题是模拟高训(模拟低氧环境)时受低压氧舱等空间的局限性较大，难以进行专项化训练，且对模拟低氧环境的设备要求较高，投入较大。

4.5.2 越野滑雪高原训练目标与训练方法

对于越野滑雪而言，高原训练的主要目标在于提高运动员的有氧耐力、无氧耐力和参赛竞技状态。针对不同的训练任务或目标，高原训练必须采取不同的合适训练方法或组合达到较好的训练效果。

4.5.2.1 提高有氧耐力训练方法

通过高原或模拟高原环境进行前述 5 种不同类型的高原训练来提高运动员的血红蛋白、VO_{2max}水平。可选用的训练方法包括：持续时间超过 1 h 的长跑、北欧持杖走、登山、夏季滑轮、冬季滑雪、自行车及游泳等。其中中低强度的有氧训练(I1～I3)占比 80%以上，中高强度的有氧训练(I3～I4)占比 10%左右，强度越高持续时间相对缩短；其他为无氧耐力训练和力量训练。力量训练应特别强化核心力量训练和速度爆发力训练，以克服高原低氧环境对肌肉力量，特别是爆发力的负面影响。

4.5.2.2 提高无氧耐力训练方法

在高原低氧环境下(包括模拟环境),同等负荷强度乳酸堆积更多,有利于提高运动员的耐乳酸能力。在专项强化周期及赛前高原训练阶段可适度安排无氧耐力,特别是耐乳酸能力训练内容,每周 1～2 次高强度间歇训练(I4～I5),具体可采用的训练手段包括:冲坡跑、30～120 s 95%强度的短距离滑行或冲刺跑、自行车等,如 6 次 200 m 跑或 6～8 次 500 米滑行,间歇时间为训练用时的 3～5 倍,平均乳酸值应高于 10 mmol/L。

4.5.3 不同训练周期高原训练安排

根据阶段训练目标,可在不同阶段分别安排不同性质、时长的高原训练。一般可分为:一般准备期的高原训练、专项准备期的高原训练、赛前期的高原训练等。不同周期的高原训练时长、负荷量与强度、训练方法应有所差异。

4.5.3.1 一般准备期的高原训练

在一般准备期的中期后可以安排 4～6 周的高原训练(海拔 1 800～2 000 m),进一步提升运动员的有氧耐力储备。主要训练手段可采用中低强度的长时间持续有氧训练(占比 90%),每周可安排 1 次绝对速度训练及高强度间歇训练(占比 5%),以保持运动员的耐乳酸能力及速度感。鉴于高原训练时不利于运动员的疲劳恢复,该阶段的高原训练总负荷量及每次中低强度有氧训练时长相对于平原训练适度减少或压缩 15%～20%。

该阶段的高原训练期间,要重视核心力量训练、专项力量的保持训练及较高比例的速度爆发力训练。

4.5.3.2 专项准备期的高原训练

在专项准备期可以安排 3～4 周的高原训练(海拔 2 000～2 300 m),进一步提高运动员的有氧耐力和强化耐乳酸能力。主要训练手段可采用中低强度的长时间持续有氧训练为主(占比 85%),每周可安排 2 次绝对速度训练及高强度间歇训练(占比 10%),以保持运动员的耐乳酸能力及速度感。为避免疲劳积累,该阶段的高原训练总负荷量及每次中低强度有氧训练时长相对于平原训练适度减少或压缩 20%～25%。

该阶段的高原训练期间，继续重视加强核心力量训练、专项力量的保持与提高训练及较高比例的速度爆发力训练。

4.5.4　参赛状态调控的高原训练安排

如前所述，高原训练的一个重要目的是通过赛前期的高原训练提高运动员的参赛竞技状态，通常可根据参赛地的海拔高度采用不同的赛季前高原训练。原则上可分为高原参赛的参赛前高原训练与平原参赛的参赛前高原训练。

4.5.4.1　高原参赛的参赛前高原训练

根据比赛地点海拔高度，赛前可选择略高于参赛地海拔的高度进行高原训练，训练周期为 2～3 周。期间中有两个策略安排有关高原训练，一是先进行 2～3 周的高原训练后回到平原调整 1 周左右，强化专项速度力量、技术发力特征训练等，然后上高原参赛(一般要提前 3～5 天上参赛地进行适应性训练)；另一个策略是赛前高原训练 2～3 周(海拔高度略高于参赛地海拔)后直接赴参赛地适应 2～3 天参赛。期间的训练安排类似于专项准备期的高原训练，只是负荷量进一步适当压缩，负荷强度进一步适当提高。

4.5.4.2　平原参赛的参赛前高原训练

赛前可选择海拔高度 1 800～2 000 m 进行高原训练，训练周期为 2～3 周。先进行 2～3 周的高原训练后回到平原调整 3～5 天或 2～3 周，强化专项速度力量、技术发力特征训练等，然后到平原参赛；另一个策略是赛前高原训练 2～3 周后直接赴参赛地适应 2～3 天参赛。期间的训练安排类似于专项准备期的高原训练，只是负荷量进一步适当压缩，负荷强度进一步适当提高。

4.5.5　高原训练效果评价方法

4.5.5.1　高原训练监控主要指标及变化趋势

鉴于高原训练的独特环境对人体机能的不利影响，运动员易于产生疲劳并导致身体机能下降，通常可采用 HB、CK、T/C、BUN、VO_{2max}、BLA 等指标评价运动员高原训练期间的训练适应与机能状态变化。

一般情况下的总体规律是：上高原 1 周后，RBC、Hb 水平接近平原时的水平，3～4 周时 RBC、Hb 水平显著下降，有时低于平原水平，回到平原后，则比训练前的水平高。

高原训练中，海拔 1 500 m 是一个阈值，超过此高度，VO_{2max} 将随着高度的升高而直线下降，每升高 100 m 其值将下降 1%。机体为了产生适应，乳酸代谢系统工作能力加强，从而使机体耐乳酸能力提高，无氧代谢加强。

在平原环境下，肌酸激酶的正常值男子为 10～100 IU/L，女子为 10～60 IU/L。高原环境下，缺氧对机体的影响引起细胞的通透性增高，使血液中肌酸激酶的含量明显高于平原正常值，男子可达 260.0 ± 64.08 IU/L，女子可达 257.2 ± 72.66 IU/L。

系统的高原训练使机体的消耗过大，睾酮(T)的分泌功能产生抑制，睾酮含量发生非中枢性下降，同时伴有皮质醇(C)值的升高，进而易于导致 T/C 的下降。

4.5.5.2　高原训练对最大摄氧量影响评价

最主要且敏感的指标为 HB 和 VO_{2max}。上高原前及下高原后 3 天、1 周、2 周、3 周分别同时测试 HB 和 VO_{2max}，可根据有关指标的变化趋势动态评价高原训练的有氧耐力训练效果。一般情况下，下高原的 3～5 天及 15～21 天有两个高峰，提示在这两个时间段参加比赛，运动员的机能状态(有氧耐力水平)最佳。对于越野滑雪运动员而言，建议下高原后 3 天内参加比赛或 2～3 周期间参加比赛可能状态最好，但个体差异很大，需要通过前期的研究了解把握运动员的高原训练适应及状态变化特征来设计其下高原参加比赛的时间区间。

4.6　越野滑雪运动员竞技状态调控方法

竞技状态是竞赛中运动员竞技能力表现水平的折射，是运动员体能、技能、智能和心理能力的综合表现。运动训练的核心问题就是通过有目的、有计划的系统训练使运动员获得较高竞技能力，以最佳状态参加重大赛事，并获得优异的竞技成绩。

4.6.1 竞技状态的有关概念

“竞技状态”这一概念涉及“竞技”和“状态”两个事物特征的归纳和概括，是对运动员参加竞技活动时的总体表现状况的归纳。马特维耶夫最早认为：竞技状态是“运动员在竞技完善的每一个新的台阶上，通过相应的训练所获得的对运动成绩的最佳准备状态”，他后来又定义成“运动员在每个大周期的一定条件下获得的对运动成绩的最佳准备程度状态”。1991 年他又提出，竞技状态是“运动员在训练大周期范围内形成，在一定时间限度内保持和规律性变化的对运动成绩的最佳准备状态”。普拉托诺夫认为竞技状态是“运动员对取得该训练阶段的最好成绩的总的最佳准备状态”。田麦久更加明确地限定了“竞技状态”的范围，他认为竞技状态就是“运动员在创造优异运动成绩时所处于的适宜的准备状态”。徐本力认为，“竞技状态是指赛前为参加比赛所需要的，由较高训练程度所形成的高水平运动状态；最佳竞技状态是指为参加重大比赛所需要的最高水平区段的竞技状态，是运动员在赛前各项训练活动的直接结果”。叶羽认为“竞技状态是运动员在参与竞技的过程中身心所表现出来的一种阶段性的综合状态”。熊焰认为，“竞技状态就是运动员参加训练和比赛的准备与现实状态，而最佳竞技状态则是运动员创造优异成绩所处于的适宜的准备状态”。刘建和认为，竞技状态为“运动员经过一定时期的训练形成的状态”。这种状态在时间维度上指比赛前的特定时间至比赛结束，在空间维度上则为训练学、心理学及生物学指标的集合。

与上述学者不同，哈雷等人在定义竞技状态时给出了“训练状态”的定义，而不是“竞技状态”，他把提高了的竞技能力的状态称为训练状态，而最佳训练状态则是竞技能力中各因素和谐的统一和结合。博姆帕较为详尽地对竞技状态进行了描述，他重点提出了“最佳竞技状态”。他认为，竞技状态是运动训练向最佳竞技状态发展的基础，是创造最佳竞技状态的前奏或组成部分，最佳竞技状态是竞技状态的最高阶段；最佳竞技状态是一种以中枢神经系统的高度适应能力、运动神经与生物系统充分协调、技能充分动员，有很强的承受不利影响的能力、能接受比赛的内在危险性，以及很高的自信心等特点的特殊训练状态，将“竞技状态”和“最佳竞技状态”同归于“训练状态”之下，并将竞技状态分为“最佳竞技状态”“一般竞技状态”“较差竞技状态”和“最差竞技状态”。阿·博达丘克对竞技状态也是以“最佳竞技状态”来定义的，指身体、技术、心理以及战术上最适宜的准备状态，并且这一状态只能够应用于一个主要的训练周期。

一般来说，运动员围绕重大比赛的竞技状态形成和出现，由准备阶段、竞技状态形成阶段、竞技状态出现阶段、竞技状态消退阶段等组成。在这些阶段中，赛前训练的成功与否将直接影响运动员的竞技状态和比赛结果。

“最佳竞技状态”是指为参加重大比赛所需要的最高水平区段的竞技状态，是运动员在赛前各项训练活动的直接结果。博姆帕把最佳竞技状态界定在达到去年最高成绩的98%以上，这一状态可以在整个比赛期保持1.5～2.5个月。“最佳竞技状态的最高水平”，是指在最佳竞技状态区段中的最高水平，也即该年赛季的最高水平的成绩。这一成绩大约只能保持7～10天。

姒刚彦在应用研究与实践工作的基础上，从应用运动心理学的角度提出理想竞技表现(peak performance)的新定义：在竞赛中对各种逆境的成功应对。从该定义出发，他构建了运动员的逆境应对训练模式。这一训练模式由4个阶段组成：①确认或预见典型逆境；②找出合适的应对逆境方法；③实施个人化的训练；④评价训练效果。这种训练模式可以使运动心理学家在实践中的干预体现出更强的可操作性与有效性。姒刚彦认为个体对逆境的意识和认知能力是可以被评价和训练的，所学到的应对行为的效果也是可以被评价和再建的。通过逆境应对训练模式，理想的竞技状态就向“通过训练可获得”的境界迈进了一步。逆境应对训练模式直接植根于竞技运动实践，以众多实例为依据提示了高水平运动员系统心理训练的一个新导向。

4.6.2 围赛期竞技状态新概念

根据竞技状态调控的过程、特点和规律，我们提出围赛期竞技状态概念。围赛期是指以适应参加竞赛、完成竞赛任务为目标，实施竞技状态定向调控的从赛前调控开始到比赛结束的阶段性周期过程。在此周期内的竞技状态形成、演化、波动状态我们称之为围赛期竞技状态。

作为开放性系统，受围赛期训练、竞赛环境的影响和个体自身生物学特点波动性的影响，运动员的竞技状态呈现出非线性波动特征。围赛期竞技状态包括：赛前状态、赛区状态、赛时状态、赛后状态。

4.6.2.1 赛前状态

赛前周期是指以参赛目标为依据开始实施系统化、个体化竞技状态综合调控到比赛出发前的时期。在该周期内，运动员的综合竞技状态一般呈稳步递增趋势，从综合竞技能力的诱导、集成到比较理想状态的形成是该周期竞技状态动态变化的基本演变特征，包括体能、技战术、心理、智能的亚理想状态形成。该周期竞技状态的变化主要受训练安排的合理性影响以及个人自身生物机能波动的影响。该过程为训练应激适应过程。

4.6.2.2 赛区状态

赛区状态是指到达赛区后到比赛开始前的一段小周期。该周期的主要任务是把良好的赛前状态进一步引导至最佳比赛状态，并保持理想状态的相对稳定。赛区环境、赛区训练安排、个体赛区的生理、心理波动等因素将影响该过程的变化趋势。由于环境的改变和运动员心理的波动，赛前形成的状态并不一定在赛区能继续保持或发展，如环境干扰过强或自身应对不当则可能导致赛前形成状态呈逆向变化。

4.6.2.3 赛时状态

赛时状态指比赛过程中的竞技状态波动。该过程主要受比赛心理准备、身体准备的程度、方法、比赛指挥方式和效果等影响。由于赛时的条件刺激过强，运动员对比赛应激适应能力差异巨大，赛时状态可能呈现出巨大波动，该阶段的状态稳定性最差。比赛环境的任何条件刺激均可能导致运动员状态的巨大波动。赛前和赛区状态只能为保持赛时状态起到基础的支撑作用，但决定不了其变化趋势。

4.6.2.4 赛后状态

赛后状态特指每场比赛结束后的竞技状态波动。根据竞赛规程，一些项目运动员需要在一天的时间内或几天内重复多场比赛而决定比赛名次。每一场比赛的结果都会直接影响运动员的下一场竞技状态，在这过程中，心理因素是最主要的影响和决定性因素。若运动员心理能力不足或调控不当，每一场比赛后心理状态的波动将直接影响下一场综合竞技状态的稳定。比赛过程与结果是最主要的调节因素。

围赛期的每个前一小周期的状态对后一小周期的状态有一定影响，但不是决定性因素。赛时、赛后状态的决定性因素主要是个体竞赛应激适应支配下的心理状态和身体状态。其中身体状态相对比较稳定，而心理状态稳定性较差，同时心理状态对生理状态有较大影响。围赛期状态概念的提出提示我们必须根据不同阶段的状态波动特点及时实施针对性的调控（图 4-1）。

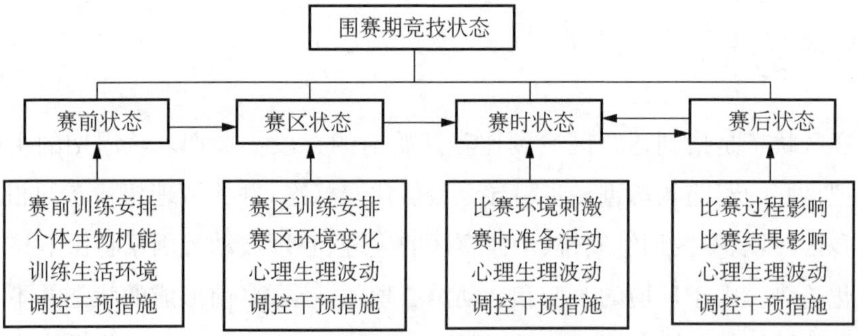

图 4-1　围赛期竞技状态示意图

4.6.3　运动员竞技状态结构

运动员竞技状态是运动员通过赛前训练、为比赛而做的全方位竞技准备（生理、心理、社会、训练与管理等）所达成的，在比赛中所表现出的综合竞技能力状态。竞技状态包括：体能状态、技术状态、战术状态、智能状态、心理状态。这些构成要素彼此互相影响、互相支撑，共同发挥作用影响并决定了总体竞技状态水平（图 4-2）。其中，体能状态是基础，其直接影响技战术状态的发挥，也间接影响到心理和智能状态；智能状态直接决定、支配或影响技战术状态的发挥，同时也可一定程度上影响体能和心理状态；心理状态则通过智能而决定或调控技战术状态，同时对体能也有较大影响；技战术是综合竞技状态的集中体现，技术和战术密不可分，在其他要素的调控、支撑下捆绑式发挥作用。对运动员而言，竞技状态的调控必须从体能、技战术和心理智能等方面进行综合调控。这种调控需要相关的能力来支撑，而这种能力是需要系统培养的，特别是心理和专项智能的培养就显得尤为重要，这种能力的培养与状态调控是需要系统进行的，而不是到了赛前才开始进行。

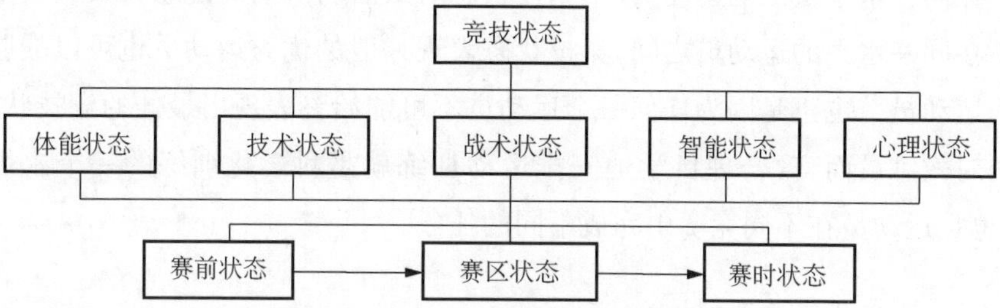

图 4-2　竞技状态构成要素

4.6.4　竞技状态的主要特征

4.6.4.1　竞技状态的时相性

竞技能力的获得有其渐进发展过程，即获得、稳定与消退三个阶段。在一个赛季、一个中周期或一个大周期中，竞技能力也有这样一个渐进过程。与此相适应的就是竞技状态也出现相应的周期性变化。

在比赛过程中，运动员的竞技状态可以因为非可控因素的作用而产生波动。如对手的竞技表现水平、场地条件变化、观众的影响、突发事件的出现等都可以对运动员的竞技状态产生一段时间（比赛关键时刻，如隔网对抗项群局盘赛点期）的作用，也可能对整个比赛产生负面影响。不同项群在竞技状态的时相性和波动性上也有不同表现。尽管现代运动竞赛中季节等自然因素的作用在减小，但是，冬季项目、水上项目等仍然是受制于自然。那么，竞技状态就很明显地表现出时相性。

4.6.4.2　竞技状态的相对性

竞技状态的“周期性”特征决定了它的“相对性”。对个体它是绝对的，对比赛、对对手来讲却是相对的。进入最佳竞技状态，并不一定获得优异成绩，这就是竞技状态的相对性。因为，对手的竞技状态水平对其会产生影响。如果竞技能力高于对手，一般情形下具有一定的但不一定是最佳状态就可以战胜对手，反之则不然。所以说，竞技状态水平高低最终取决于竞技能力整体和整合水平的高低。

在同一水平层次的运动员中，竞技状态对最后名次的决定意义较大。如果是不在同一水平的运动员之间，竞技状态表现一般的优秀运动员也可以战胜非优秀运动员。也正是因为任何一个运动员不可能始终表现出最佳的竞技状态，所以对教练员而言，合理科学地安排运动训练就是科学化训练的一个永恒主题，也是运动员在不同竞赛中完成不同的任务。

4.6.4.3 竞技状态的可控性

竞技状态是需要培养和调控的，也是能够控制的。否则，运动训练就失去意义，运动训练过程的调控就失去了意义。这也是竞技状态的周期性所决定的。周期训练可控性的自然基础是人体运动的周期性，客观基础是运动竞赛日程的安排。所以，在这种情形下，就应当解决竞赛系统的周期与运动训练周期之间的同步化（在时间方面）的问题。

竞技状态的可控性也表现出明显的项群特征。技能主导类中技心能主导类的项目竞技状态的可控性要远低于技战能主导项目的可控性。这一类项目或者说是一次性的比赛，或者说是非可控因素影响率要高，情绪影响使然，而不能自主性调整竞技状态。所以许多运动员在紧张激烈的赛后都有“拼意志”的感受。

4.6.5 竞技状态的形成与发展

叶家宝、郭晓春指出，最佳竞技状态的形成主要是由两个因素决定的：一个是教育学过程中的运动训练因素，另一个是生物学变化过程中的生物节律因素。这里运动训练因素是第一位的，是形成最佳竞技状态的基础。一方面，在训练过程中通过训练作用能使运动员产生适应性变化，从而改变生物学变化过程。另一方面，生物学变化过程中的生物节律又无时无刻不在影响着训练过程的展开。因此最佳竞技状态的形成是教育学过程和生物学变化的互助作用、互相渗透的结果。博达丘克认为，运动成绩的水平主要受“教学过程”和“生物学过程”的影响。前者强调的是训练所施加的作用，后者则是有机体器官系统的适应过程，这一过程有短期和长期之分。

徐本力指出，竞技状态的形成是一个连续的发展变化过程，必须通过运动训练才会获得。从竞技状态形成与发展过程来看，它主要经过初步形成竞技状态阶段，进一步提高和保持竞技状态阶段以及竞技状态暂时消失阶段。其中第一个阶段的主要任务是运动训练，第二个阶段的主要任务是赛前训练和比赛，最佳竞技状态的形成和保持主要是通过这两个阶段来完成的。

竞技状态形成的类型因运动项目，运动员的个体差异，比赛日程安排不同而异。按竞技状态出现的高峰次数，可将其分为单峰型、双峰型、三峰型和远双峰型四个基本类型。由于现代科技和经济发展对竞技体育发展的巨大推动作用，竞技体育的赛事之多可谓空前，在巨大的商业利益驱使下运动员要不断地参加各种比赛，而在竞技状态的形成类型上单峰型已逐渐减少，双峰型、三峰型甚至多峰型的使用正在增多。竞技状态形成的类型并不是一成不变的，而是因人而异的，教练员要根据运动员的项目特征，对运动员前期运动成绩进行分析。

4.6.6　影响竞技状态的主要因素

运动员竞技状态的形成与发展受多种因素的影响，若能对这些因素有所认识，便会有机会对这些因素加以调控与调节，从而保证运动员在重大比赛中发挥出好的状态。影响运动员赛前最佳状态的因素主要是以下几点。

（1）赛前训练安排：涉及赛前训练期间的时间安排、训练内容、训练方法与手段以及训练负荷的控制。

（2）心理因素：主要包括运动员的比赛动机、情绪状态和运动员的个性心理特征。

（3）客观环境：各种始料不及的变化，如气候反常、抽签变化、裁判不公正判罚以及带有偏激情绪的观众对比赛的干扰等，都有可能会影响到运动员最佳竞技状态的形成，影响竞技水平的发挥。

（4）教练员的训练与临场指挥水平：包括教练员对训练计划的制定、训练内容的选择、训练负荷的安排、训练过程的控制是否合理，以及在比赛中，综合把握局势，及时调整战术并有效控制运动员情绪的能力。

4.6.7 竞技状态评定方法与标准

由于竞技状态受到多方面因素的影响，所以围绕竞技状态展开的研究多数是定性研究。但是也有一部分学者进行了定量研究。

马特维耶夫认为：98%以上为好成绩区，能延续 1～2.5 个月。在这一阶段有可能出现 2～3 次最佳竞技状态。奥佐林认为：最佳竞技状态可以持续 7～10 天，因为神经细胞的最适工作能力可以保持这么长的时间。通常，运动员的能力由赛前水平提高到 98%以上的好成绩区所需要的时间平均为 4～6 个小周期，在最初的 3～4 个小周期，可能不会出现明显的变化，因为以强度为主的大运动量训练的结果是高度的疲劳，这样会限制优异成绩的出现。但经过最后的 1～2 个小周期后，运动员已经适应这种训练量，并出现超量补偿。一般说，运动员需要经过大约 200 天的训练才能获得最佳竞技状态所需要的身体能力和心理适应能力。曹庆华、鹿培成在利用“运动竞赛状态焦虑量表”(CASI-2)的一项研究中，通过方差分析得出结论：不同运动成绩的运动员认知状态焦虑、躯体状态焦虑、状态自信心之间差异具有显著性。黄强、梅林琦的研究表明：散打运动员最适宜的唤醒水平应在 3～4 级之间，就运动员个体而言，唤醒水平是存在差异的，唤醒水平的高低直接影响到散打运动员的竞技状态和比赛的结果。康凯用生化指标去解释竞技状态，他认为优秀帆船运动员赛前一周最佳竞技状态模式为：男子血红蛋白不低于 14.1 g/dL，血清肌酸激酶不高于 216 U/I，尿素氮不高于 6.1 mmol/L。女子血红蛋白不低于 12.6 g/dL，血清肌酸激酶不高于 118 U/I，尿素氮不高于 5.4 mmol/L。柔韧、协调、平衡、力量、耐力、爆发力是优秀帆船运动员最重要的六项专项身体素质。

竞技状态主要的评价指标是运动员在运动竞赛条件下展示的运动成绩。通过研究，马特维耶夫划分出评价竞技状态的两组标准：递进性标准和稳定性标准。

所谓递进性标准是运动员在训练大周期中成绩增强的程度和绝对水平来评定运动员的竞技状态，包括：①上一大周期(全年或半年型)中个体最好成绩与本训练周期中该运动成绩之间的差值，该运动成绩超过上一周期的成绩越多，运动员处于竞技状态的概率就越高，反之则相反；②监督性在比赛中的成绩与该训练大周期中开始时几次成绩之间的差值，超开始时成绩水平越多，运动员接近竞技状态的概率就越高。

所谓竞技状态的稳定性标准可以由以下指标结合而成：①运动员在比赛中展示的、在竞技状态计算区域内的成绩数量，高级运动员在这一区域的下限不应当距离他的个人最好成绩很远，如在周期性项目中（除长距离项目之外）竞技状态区域下限可假定为不低于个人成绩的 98.0%～98.5%，而在一些非周期性速度力量性项目中，不低于个人纪录的 95.0%～97.0%；②达到竞技状态计算区域的成绩之间的平均间隔时间（即运动员展示的不低于该区域下限的成绩值的频率），运动员在训练大周期中展示的这样的成绩越多，间隔时间越短，竞技状态的稳定性就越好；③在系统参加比赛时，运动成绩不低于竞技状态计算区域下限的总的持续时间。

博姆帕研究认为，可把运动员前一年的个人最好成绩作为参考点，然后以低于该成绩的 2.0%划为第一区域，成为好成绩区域；低于该成绩的 2.0%～3.5%是中等成绩区域；3.5%～5.0%是差成绩区域；5.0%以上是劣成绩区域。如果运动员达到了最佳竞技状态，往往会容易获得第一区段内的成绩。郝燕、樊卫兵指出最佳竞技状态可以从生理和心理两个角度来定性判断。从生理角度看最佳竞技状态的特征有：运动员的各器官机能水平以及中枢神经系统的调节能力，相对达到了最高水平，机体能以低耗进行长时间的工作，有较强的无氧工作能力，因而能最大限度地承受大强度或极限强度的比赛，并能缩短恢复期。从心理角度看最佳竞技状态形成的特征有：心理因素稳定，自我控制能力强，能克服外界影响和急于求成的心理障碍，做到完全放松，能充分发挥其技术水平。各种感觉，特别是特殊感觉能力提高，运动员注意力容易集中，并明显表现出强烈的参赛欲望和对胜利充满信心。此外，还可以从训练角度判断最佳竞技状态，其特征是：运动员的运动素质和专项技术的发挥达到了本人的最佳水准，能通过专项技能、战术把运动素质最大限度地发挥出来，在高强度下准确、熟练、协调地完成动作。

4.6.8 竞技状态共性调控模式与方法

竞技状态一般调控总模式见图 4-3、赛前中周期调控模式见图 4-4。

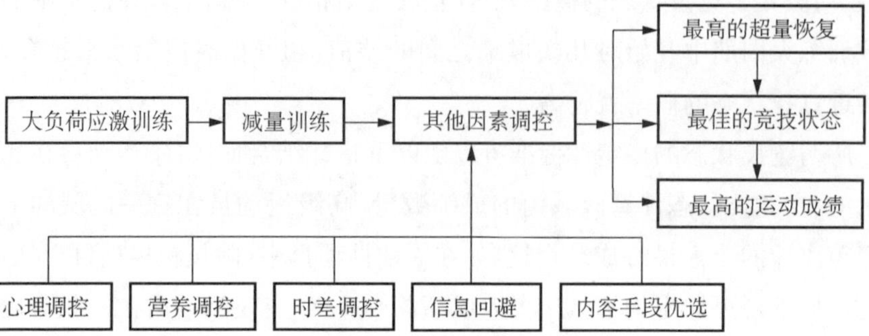

图 4-3　调控总模式

资料来源：徐本力.关于竞技状态最优调控原则体系的初步构想[J].成都体育学院学报，1994，2：25-27，57.

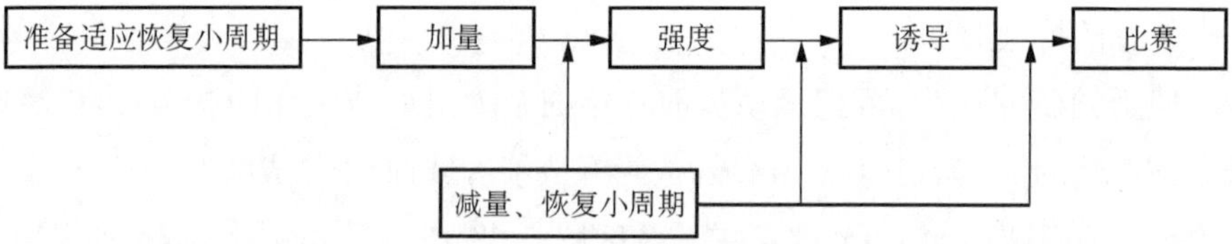

图 4-4　赛前中周期调控模式

资料来源：徐本力.关于竞技状态最优调控原则体系的初步构想[J].成都体育学院学报，1994，2：25-27，57.

最佳竞技状态的科学调控原则：大负荷高强度强化训练原则、适时的恢复与训练原则、跳跃式训练原则、全方位综合调控原则、心理调控优先原则、实战训练调控原则。在赛前训练的前期，应首先给运动员一个冲向极限边缘的大负荷应激强化刺激，以促使运动员的机体产生对这一大负荷应激的训练适应和更高的超量恢复效果；在大负荷应激训练之后，应立即安排中小负荷的减量训练，以调节机体因大负荷训练后所造成的疲劳，同时安排高强度小量的赛前训练等各种方式，诱导、激发运动员在比赛中出现最高水平的竞技状态。

4.6.9　越野滑雪赛前竞技状态调控系统

根据有关竞技状态调控原理，结合项目特点，研究建立了一个运动员赛前竞技状态调控的综合系统（图 4-5）。

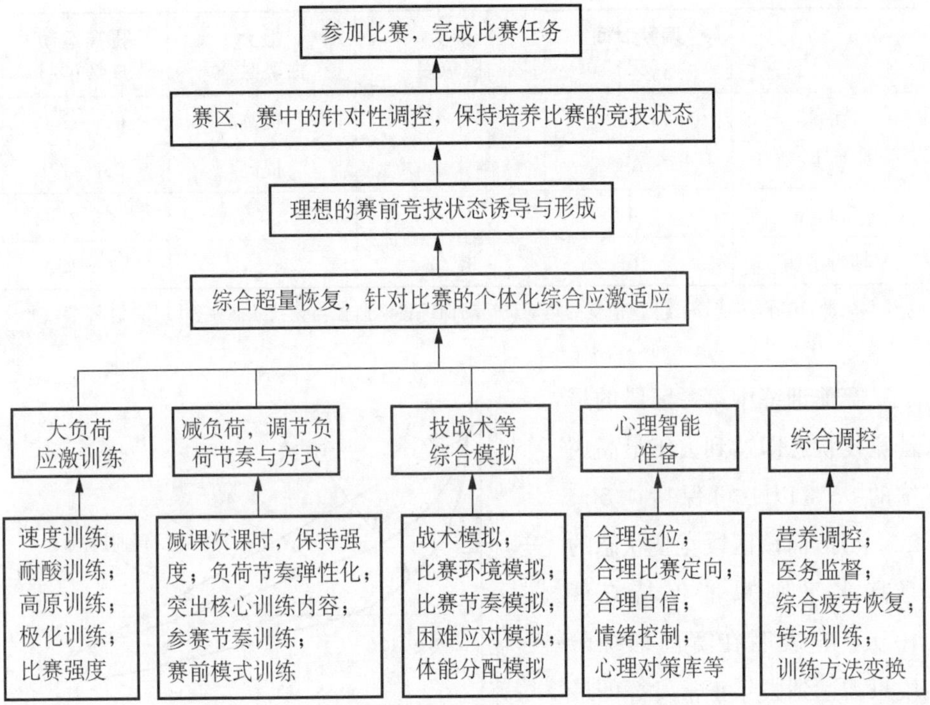

图 4-5　越野滑雪运动员赛前竞技状态调控系统

4.6.10　赛前训练负荷调控方法与思路

比赛前的负荷调整根据运动员特点和专项特征而有所不同，一般安排在比赛前的 4～28 天或更长。调整运动负荷的最明显效果是肌肉力量增加，这是获得最佳运动状态的重要基础。有研究提示跑步和游泳运动员在比赛前的 15～20 天负荷量减少 60%，但最大摄氧量不变；减量后游泳运动员完成同样强度的负荷，且血乳酸水平降低，表明有氧代谢能力提高，游泳成绩提高 3%，肌肉力量和爆发力提高 17%。表 4-2 总结了不同研究者关于赛前减量对运动能力影响的研究结果。

表 4-2　赛前调整运动负荷对运动能力的影响一览表

	调整时间（天）	最大摄氧量	最大血乳酸值	提高运动成绩（%）
游泳	14～21	—	提高	0.5～2.1
跑步	6	—	提高	0.4～1.9
自行车	14	提高	—	7.2
越野滑雪	16	提高	—	1.6～13.6

资料来源：田野，王清，冯连世，等.优秀运动员运动训练科学监控与竞技状态调整[J].体育科学，2008，9：3-11.

赛前训练中第一区段的最佳竞技状态即达到去年最高成绩的 95% 以上可保持 1.5～2.5 个月，而该区段竞技状态的最高水平则只能保持 7～10 天。这表明在赛前训练阶段只需达到去年正常发挥的最高水平成绩的 98% 以上状态即可，在最高竞技状态水平的 7～10 天的时间范围内参赛是明智的选择。不同项群赛前训练周期时间应有所不同，赛前调控减量模式也有所不同（图 4-6）。

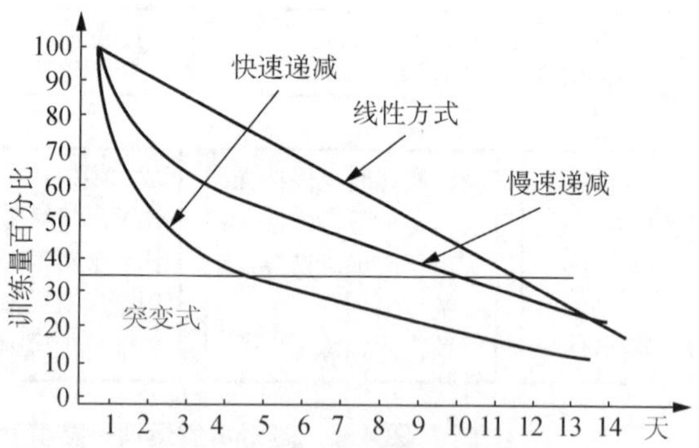

图 4-6　赛前减量不同模式

资料来源：原丽英.基于元分析视角对赛前训练影响最佳竞技表现的研究[J].成都体育学院学报，2010，36(9)：51-54.

4.7　越野滑雪训练负荷科学安排模式与方法

4.7.1　训练效应的可逆性

经过系统训练引起的心脏结构功能的改变，是对训练的一种适应性反映，如果停训后，原来训练时对心脏的刺激消失后，心脏的结构和功能便会产生相应的变化。埃萨尼（Ehsani）等观察 36 名长跑运动员停训 3 周期间心脏形态结构的变化结果显示，仅仅停训 4 天，就可见到左心舒末内径明显减少，并在整个停训期间继续减小，左心壁厚度在停训3周后测量可见到显著性减小。他还对停训后又恢复训练的游泳运动员进行了为期9周的追踪研究，发现仅1周训练就引起左室舒末内径显著性增加，但后8周的训练中未有进一步的变化，左心室后壁厚度直到第五周才发现显著性增加，左室重量和心搏量的增加于第2周出现并一直保持，射血分数在整个观察期间不变。由此可见，运动员心脏结构的变化是可逆的、具有不稳定性。

4.7.2 训练设计的超量补偿原理

超量恢复现象是苏联学者雅科夫列夫和雅姆帕里斯卡娅根据对动物进行不同活动量刺激后的肌糖原消耗与恢复实验结果而提出的，并由此得出了消耗与恢复过程的4个阶段(图4-7)：①运动时物质的消耗过程占优势，恢复过程虽也在进行，但消耗大于恢复，所以使能源物质减少，各器官系统的工作能力下降；②运动后消耗过程减弱，恢复过程占明显优势，这时能源物质及各器官、系统的机能能力逐渐恢复到原来水平；③在运动时消耗掉的能源物质及各器官、系统的机能恢复到超过原有水平，这个阶段也叫超量恢复阶段；④超量恢复保持一段时间后又回到原有水平。

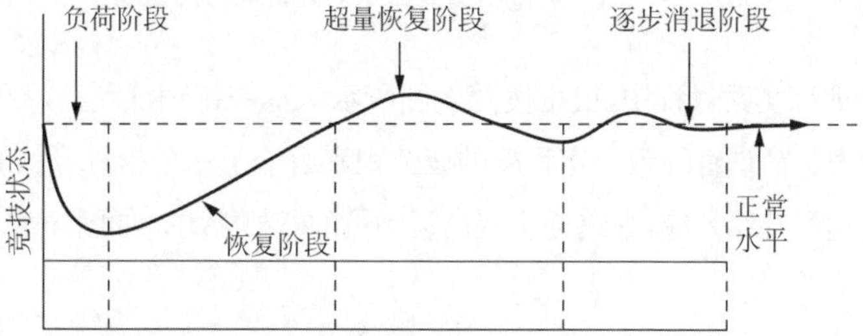

图4-7 超量补偿示意图

超量恢复现象的特点表现为运动负荷量大时，消耗的能源物质越多，出现超量恢复的程度越明显，但出现的时间延迟；反之，消耗的能源物质亦少，超量恢复效果也就不显著，但出现得较早。有关学者又提出了超量恢复的异时性原理，即不同训练负荷后，能量物质的恢复速度与时间是不一致的(图4-8)。

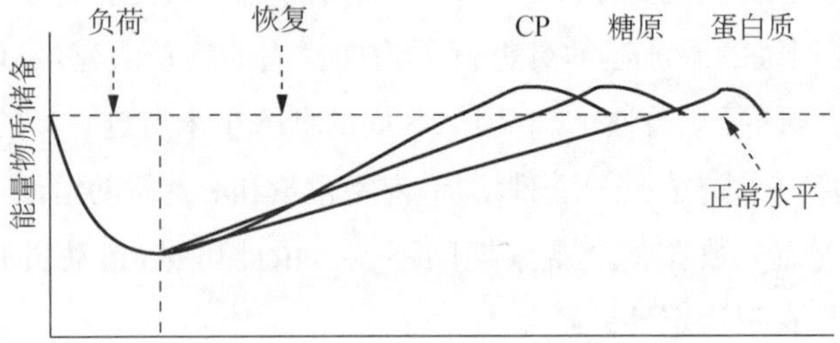

图 4-8　超量恢复的异时性

如训练安排不当，连续地进行大负荷训练而恢复不足则会导致运动员竞技能力的持续下降；如训练安排较科学，每次训练都能实现有效的恢复则会导致运动员竞技能力的持续提高。如图 4-9 所示。

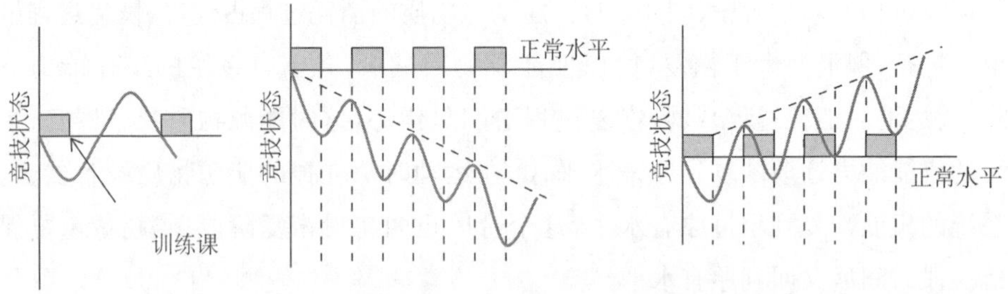

图 4-9　训练安排不当或合适对竞技能力的影响

但运动训练实践过程中，很难按照上图所示节奏安排训练负荷，更多的是采用利用多次的大负荷训练导致一定程度的疲劳积累后给予一个相对更长的恢复时间，实现累加的超量补偿效应，最终逐步提高运动员的竞技能力。如图 4-10 所示。

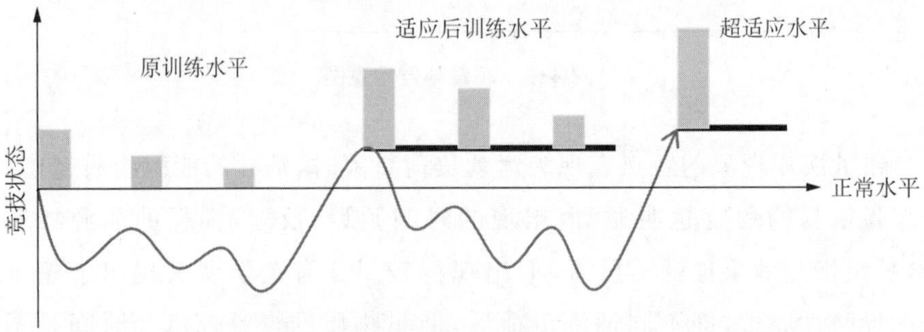

图 4-10　通过疲劳的累加超量补偿实现竞技能力提升的训练安排示意图

从训练实践层面看，很多教练员都是依据超量恢复原理安排训练计划，其中最具代表性的现象就是每周训练计划中都要安排1～2次调整课，1～3周大负荷训练后习惯性安排一周左右的小负荷训练，即赛前竞技状态调控过程中普遍采用赛前一周左右时间实施减负荷训练，安排培养运动员的最佳竞技状态。上述训练安排措施均能得到较为积极的训练效果。

我们应该如何解读该理论所蕴含的科学化训练价值及在训练实践中应用该理论的科学精髓合理设计训练负荷，追求训练质量效果最大化？首先，我们要清楚认识到训练负荷过程是消耗与破坏过程，训练负荷本身并不能导致能力的提高，能力提高过程是在负荷后的恢复过程中实现的。训练过程中不要一味追求大负荷量及大负荷强度，而应该特别注意合理把握负荷节奏，只有负荷量、强度及节奏的合理匹配才能真正实现累积的"超量恢复"效应。其次，在长期系统训练框架下，我们无法也没有必要追求单次最大的超量恢复。制定训练计划中科学把握训练负荷的基本原则是如何保证每次训练负荷刺激的有效性、高质量及训练负面作用的可控制性。

为了实现较高的超量恢复效果，可以将不同方式与性质的负荷交替安排，同一负荷训练内容采取隔日或隔2～3次训练课重复安排的方式进行，或采取多元化的训练方法来执行同一训练内容，如某一技术训练可以采取不同强度交替进行及常规训练与表象训练交替进行的方式安排。尽量控制周训练课次在10次左右，每周安排2～3次调整课，每次训练课安排尽量紧凑。高强度的体能与技术训练应安排在运动员具有较好的身心训练状态时进行，切忌在身心疲劳情况下进行有关训练，否则只能导致疲劳的不断积累、加深、提高伤病概率及产生较多错误的反效训练，欲速则不达。

4.7.3　训练设计的应激适应原理

20世纪30年代，被誉为适应理论之父的塞利（Selye）从病理学的角度提出了生命的"应激"和"适应"问题。1965年，塞利出版了著名的《生命的应激》一书，标志着适应理论的问世。

塞利的应激-适应理论一经问世就受到竞技训练领域的关注。1960年，美国《径赛技术》杂志主编威尔特（Wilt）发表了题为"应激与训练"的文章。在文章中，他认为塞利提出的人体具有一个有限度的适应能力的观点，为人们探索和解释运动能力在训练中变化的机制提供了一个崭新的视角。随后，澳大利亚游泳国家队教练，悉尼大学讲师卡尔利勒（Carilie）也发表了《运动员与应激适应》的文章，认为运动员的训练是一个机体对训练负荷的适应过程，适宜的训练负荷可以提高运动员的运动能力，而不足或过大的训练负荷都会降低运动员的运动能力。20 世纪 50 年代，在美国印第安纳大学担任游泳教练的康希尔曼，在塞利适应理论刚一问世就将这一思想迅速引入他的训练，以该理论作为指导思想建立了被称为“印第安纳系统”的游泳训练体系。1968 年，在他撰写的被誉为当代“游泳训练圣经”的《游泳的科学》一书中，就将最大适应应激、循序渐进和动机作为制定训练计划的三大原则，并将运动员训练后的机体最大适应进一步分为不适应、疲劳、适应和超适应 4 个等级（图 4-11）。他以 1 周的训练为例，描述了运动员的训练负荷和机能表现可能出现 3 种不同的结果：如果运动员的训练负荷从周一到周五始终保持在“中等”水平的话，他的机体能力则处于“疲劳区域”，经过周六和周日的恢复其能力可以恢复到“适应区域”（A 曲线）；如果运动员的训练负荷较高，机体疲劳程度处于疲劳区域的下限（但没有达到不适应区域），经过周末的恢复机能能力则可能出现“超适应”的水平（B 曲线）；如果运动员的训练负荷过大，机能能力下降到不适应区域，尽管他也经过了周末的休息，但他的机能能力水平仍然无法达到“适应区域”或“超适应区域”（C 曲线）。显然，康希尔曼的训练引入了塞利适应理论的核心思想，基于适应理论的“预警、抵抗和衰弱”三段论将运动员的训练结果分为提高（超适应）、保持（适应）和下降（不适应）3 种不同的结果，而这些不同的训练结果取决于训练负荷的适时和适量的投入。

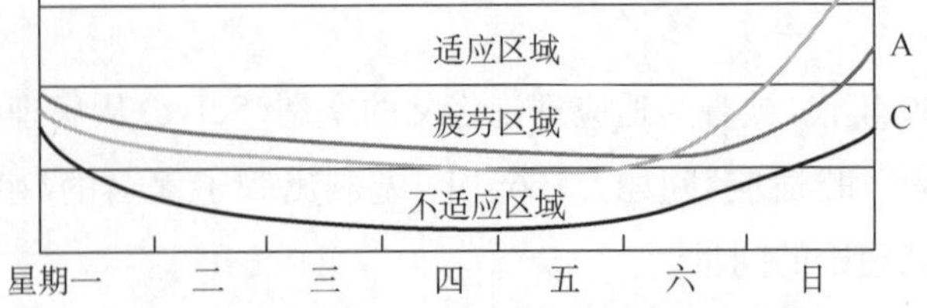

图 4-11　应激与疲劳、适应程度关系示意图

维禄认为，肌肉收缩的停止并非意味着机体运动结束，运动后的恢复同样应纳入运动训练的范畴，应该关注各种重要能量物质运动后的恢复和超量恢复。在宏观上，他将运动后机体的恢复分为 2 个阶段和 5 个层面(图 4-12)，在运动后几分钟到几小时的快速恢复阶段，机体一些主要功能指标，如心率、血压、乳酸等，首先快速恢复到训练前的安静水平，之后机体内环境平衡也恢复到运动前的状态，一些重要的在运动中大量消耗的能量物质储备，如 ATP-CP 和糖原等，也在该阶段被重新补充甚至出现超量恢复。

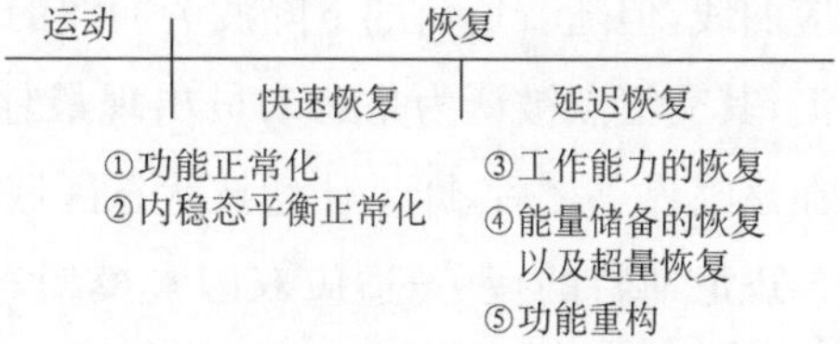

图 4-12 运动后机体恢复阶段划分

在被称为延迟恢复的阶段，运动能力和机能将得到恢复和重建。关于延期恢复问题，维禄在书中强调，“关于身体机能和工作能力的延期恢复，一种错误的理解是该阶段开始于第 1 阶段的结束，然而该阶段实际上应开始于运动的结束”。也就是说，对于一些能量物质或机体能力来说，它们的恢复也同样开始于运动结束的即刻，但它们的恢复和重建比那些在短时间内能够快速恢复的功能和能量物质需要更长的时间，因此贯穿快速和延迟恢复 2 个阶段。

1982 年，班尼斯特正式提出了具有一般训练意义的“疲劳-适应模型”(图 4-13)，与雅克夫列夫提出的“超量恢复”这一运用疲劳单一因素解释运动训练效果的模型比较，该模型也被称为运用疲劳和适应 2 个指标描述机能能力

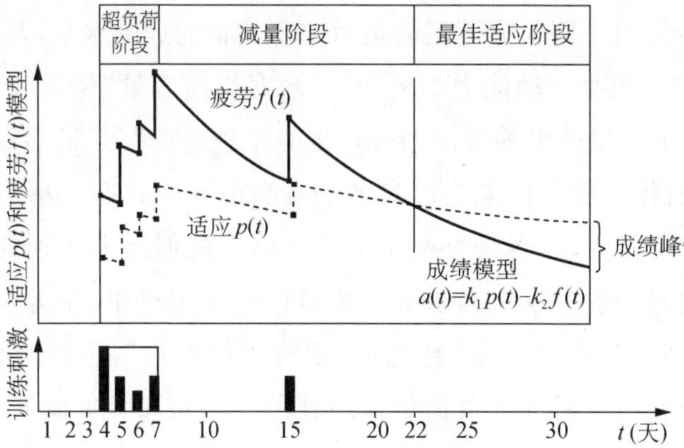

图 4-13 疲劳-适应模型

资料来源：Banstier E W. Modeling elite athletic performance[M]//Physiological Testing of Elite Athletes. Champaign：Human Kinetics，1982：403-425.

发展的双因素模型。班尼斯特认为，人体在负荷的刺激下会同时出现机体疲劳和适应2种反应，这2种相互对抗的反应会根据负荷的变化而变化，且二者之间存在某种关系。在高负荷训练的情况下，疲劳的上升快于适应，其曲线高于适应曲线，但随着负荷的下降疲劳曲线的下降速度加快并逐渐与适应曲线出现交汇，其交汇点被认为是运动员出现最佳竞技状态的临界点，重大比赛应该出现在该临界点之后，即最佳竞技状态区域出现。

班尼斯特的疲劳-适应双因素模型对赛前减量训练具有重要指导意义，在某种意义上开启了赛前训练量化研究的先河。在其问世之后，人们运用该模型的思想或方法对多个运动项目进行了赛前训练的研究，同时也在其基础上对模型本身进行了研究，提出了诸如“非线性模型”等改进型赛前训练模型。20世纪80年代后期，人们开始意识到，人体运动能力的增长、保持和消退与人体运动生理学，尤其是能量代谢系统紧密相关，不能仅从投入（负荷刺激）和产出（能力改变）2个端口进行研究，而必须深入到训练过程中探求其各个器官、系统的变化。在这方面，较为典型的研究成果是德国马德尔的“机能储备模型 ”和诺依曼的“转变-适应模型”。“最大机能容量”“适应储备”“现时机能容量”“机能储备”和“现实生理负荷”是机能储备模型的5个关键元素。“最大机能容量”是人体已经具有的各种能力和一个尚未开发的“适应储备”的总和，既反映了运动员当前已经具备的总体最高运动能力，也显示出运动员的最大潜在能力储备。“适应储备”是一个受遗传限制并可以枯竭的能力区域，它的空间越小表明运动员能力的可塑性越小，其下限代表着运动员目前所具备的运动水平，其上限是最大机能能力的顶端，也是运动能力的极限。“现时机能容量”是运动员各种子能力目前所具有的可供开发的潜能，它由“现时生理负荷”和“机能储备”两部分构成，前者是机体各种不同能力已具备的各自的现时状态，也是至今为止机体对训练的适应程度，后者是这些子能力可以支配但还未达到的机能储备。上述三者之间的关系形象地揭示了训练负荷的运用规律，在运动训练中，如果运动员的“现时生理负荷量”越逼近“现时机能容量”，也就是说，“机能储备”的余留量越少，说明训练负荷量是最佳的。如果训练负荷低于或超过了供支配的“现时机能”储备，则表明训练负荷的安排不正确。这两种情况均会影响训练的效果，过低的负荷不会引起机体的反应，机体也不会出现相应的适应，而过高的负荷同样不会给机体带来良性的适应，甚至造成过度训练和损伤。

对不同机能储备的挖掘，即生理负荷的不断增长，也是对整个机体“适应储备”上限的逼近(图 4-14)。

诺依曼在 1991 年提出了人体的“转变-适应”模型。该模型从时间的角度对机体细胞和组织在运动训练负荷作用下的适应性变化进行了解释，提出了机体各器官系统受到足够大的外来刺激时会产生“转变”，在反复施加负荷的条件下则出现“适应”，具体表现为机能能力的提高。同时，该理论还根据各器官系统的适应形成在时间上的不同，将适应的过程划分为 4 个阶段并为各个阶段的实现给予了明确的时间期限(图 4-15)。

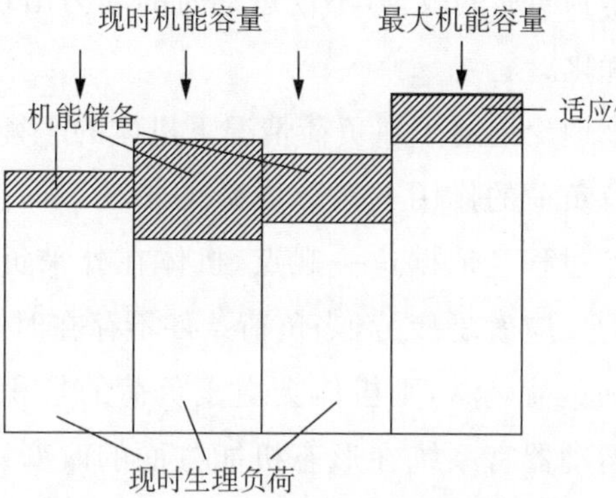

图 4-14　人体机能容量和储备模型

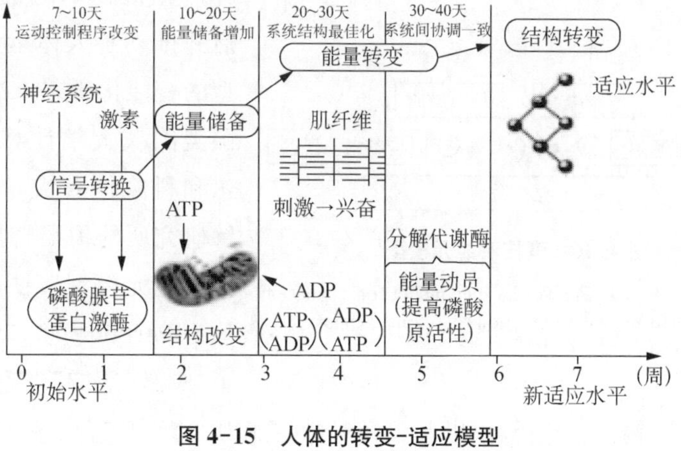

图 4-15　人体的转变-适应模型

由图 4-15 可见，人体对运动训练产生适应性改变首先发生在神经-肌肉系统的层面，在 7～10 天的训练中，肌肉细胞中的底物和神经对肌肉的支配程序出现相应的变化。在之后的 10～20 天训练中，机体的能量储备出现显著性增加，肌肉蛋白质的结构也同时出现变化。随后，运动适应进入第 3 个阶段，具体表现为能量物质的动员和转换速度加快，肌肉的募集和收缩速度也得到相应的提高。当训练进行到 6 周左右的时候,机体适应进入到第 4 个阶段,这也是运动适应过程的最后阶段,参与运动的各个不同器官和系统之间的协调得到明显的改善,不仅运动时的动力出现明显增强,而且其经济性也得到显著优化。

该理论描述了在负荷情况下机体的平衡状态被破坏而产生“转变”,在连续适宜负荷的作用下又形成新的平衡,即一个从量变(积累作用)到质变的“适应”过程。依据这一观点,机体在外来负荷的作用下其平衡状态被破坏,具体的反应就是疲劳,当负荷条件不存在时,机体会得到恢复,如果反复对机体施加负荷刺激,则机体会由于负荷的累积效果对该刺激产生适应,具体表现为运动器官系统在形态机能方面的改变。这种适应是以刺激的累积效应为基础,首先实现机体器官形态的“代偿”性改变,然后产生功能上的适应。例如,力量训练使神经对肌肉的支配作用得到改善和骨骼肌面积得到增加,从而增大了力量。

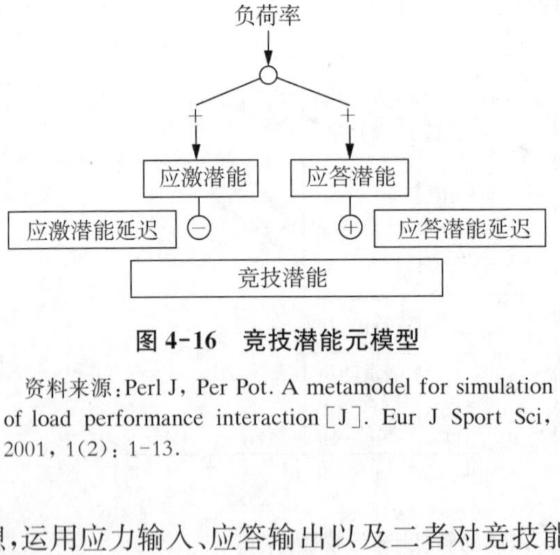

图 4-16　竞技潜能元模型

资料来源:Perl J, Per Pot. A metamodel for simulation of load performance interaction[J]. Eur J Sport Sci, 2001, 1(2): 1-13.

20 世纪 90 年代之后,世界计算机技术的快速发展开启并推动了人体运动适 应模型的智能化研究。2000 年,德国美因茨大学计算机系的珀尔和科隆体育大学运动与训练研究所的梅斯特提出了“竞技潜能元模型”(图 4-16),简称为 PerPot 模型,其仍然秉承了“应激-适应”理论的核心思想,运用应力输入、应答输出以及二者对竞技能力的影响三者之间形成的若干交互作用,以各种“元”,即不同的系统和功能的形式模拟竞技能力的适应过程。该模型认为,运动能力的改变是机体抵抗外来刺激的结果,该结果具有滞后效应的特点,不仅表现为正面的能力提高,而且也会出现负面的能力下降。

与之前的竞技能力模型比较,PerPot 模型的突出特点在于构建了一个基于计算机和相关数学建模技术的模拟平台。在该平台上,人们可以通过一些已经被研究证明的刺激(训练)与应答(适应)之间的关系,如滑行强度与心率之间的关系、血红蛋白增长与耐力训练时间之间的关系等，模拟或预测竞技能力的发展趋势。

4.7.4 训练设计的周期理论与板块理论

4.7.4.1 周期训练理论

在1964年马特维耶夫对参加1952年第15届奥运会（赫尔辛基）的苏联国家队游泳、举重和田径队的训练，以及其后至20世纪60年代初备战世界大赛的训练计划进行了总结与分析，在此基础上，将这些训练的经验理论化，建成了一个科学的理论-周期训练理论。

马特维耶夫根据人体竞技状态具有周期性、阶段性的规律，即运动员竞技状态的形成需经过“获得”“保持”和“消失”阶段，把运动训练过程以年度为单位，作为训练的大周期，并分为准备期、比赛期和过渡期等三个时期。同时，他又针对不同时期的点提出各个时期的训练目标、训练任务和训练内容，即在训练的不同时期训练手段（一般训练与专项训练）和负荷（量与强度）的点不同，而在全年的周期中比赛安排呈现出单高峰特征。

周期训练的基石是由周期式循环往复的训练单位层级系统构成（表4-3）。上层属于每4年举行一届的奥运会或与之处于相同级别的世界级大型赛事。接着是通常持续一年，但也可以缩短至半年甚至更短的大周期。大周期可以分为两个主要部分：第一部分是更多的一般和初步的训练（准备期）；第二部分是比赛期（该阶段是在赛前进行更多的专项训练）。此外，还有一个短时间的积极性恢复和调整的第三部分。

表4-3 训练周期的层次和训练时间

训练周期	持续时间	计划模式
4年一次循环（奥林匹克）	4年一次奥林匹克周期	长期
大周期，可能是年周期	一年或者几个月	中期
中周期	几周	
小周期	一周或者几天	
训练课或训练	几小时（通常不多于3 h）	短期
训练练习	几分钟（一般情况下）	

4.7.4.2 板块周期训练理论

在竞技体育商业化与职业化发展趋势下，运动员在一年中不只参加一到两次的重大比赛，一些学者开始对传统周期理论提出了一些质疑，其中最具代表性的人物是苏联著名训练学专家博伊科和维尔霍山斯基，他们对马特维耶夫的训练周期理论进行了长期和深入的探究，提出了新的“周期训练理论”，即被称为“板块训练模式”。

板块训练集中在3～4周内有选择性地确定较少的素质和能力加以训练，使高水平运动员在相对集中的时间内，接受单一的，或者两个比较大的训练刺激，并且便于在每个训练板块中通过身体素质、比赛结果和生理、生化医学指标测试检查训练效果。3～4个这样的板块构成了训练准备期，同时在年训练周期中，完成不同的训练负荷和目标的转换。

板块周期理论运用了中周期自身原有的分类，它包括3种类型：积累，即发展基础运动和技术能力（主要为有氧能力、肌肉力量和基本技能）；转换，即发展专项能力（主要为无氧能力、有氧-无氧结合能力和更加专项化的技术能力）；实现，即发展最大速度、专项技术和充分的赛前适应准备（该训练阶段非常类似于赛前减量训练）。这3个中周期-板块是一个整体，它们构成了训练阶段，其主要特点见表4-4。

表4-4 三种中周期-板块训练安排的主要特点

主要特点	中周期类型		
	积累	转换	实现
训练目标	基础能力、有氧耐力	专项能力、专项耐力	综合准备、比赛模式
训练内容	肌肉力量、一般协调	力量耐力	最大速度，专项技战术
量、强度	高训练量，低强度	训练量减少，强度增大	低、中训练量，高强度
疲劳恢复	促进合理恢复	不可能提供足够的恢复	全面恢复
后续工作	基础能力监测	运动专项能力监测	最大速度，专项战术监测

资料来源：Issurin，V. Psychology of Sport Training[M]. New York：Meyer & Meyer Sport Ltd.，2007：216-234.

在“板块结构”理论中，准备期同样安排比赛，在比赛期也安排主要的基础训练（如最大力量）。因为在高水平运动训练中，通常训练的刺激已达不到对运动员的强度要求和兴奋点，这必须通过比赛来实现。“板块结构”的系列成果将通过训练的滞后效应以及身体器官的适应性来完成。周期与板块训练模式特点比较见表 4-5。

表 4-5 周期训练与板块训练模式特点比较

训练准备的特点	周期训练模式	板块结构模式
训练负荷特点	不同训练效果综合利用	集中 1～2 项重点素质
阶段训练的战略构想	主要平行发展	阶段性突出重点发展
训练计划的组成部分	准备—比赛—过渡	多种板块组合
比赛	在比赛期参加	在每个训练阶段之后

资料来源：李庆，李景丽，顾扬.现代运动训练周期理论的思考和讨论[J].体育科学，2004，6：52-55.

4.7.5 越野滑雪训练负荷科学安排方法

根据越野滑雪主要的不同阶段，训练负荷安排有不同的模式。德国学者根据越野滑雪训练规律及欧洲国家常年训练计划特点，提出越野滑雪不同训练强度分区及其训练效应如表 4-6 所示。其中区间 1 强度为低强度训练，旨在发展基础有氧耐力，即有氧阈强度训练；区间 2 为中等强度有氧耐力训练，相当于无氧阈强度训练；区间 3 为高强度训练，旨在发展运动员的混合代谢能力。其还归纳总结了越野滑雪 8 种不同类型的强度分布训练模式，见图 4-17；根据赛季不同周期建议采取的不同负荷强度分配模式及不同性质训练方法比例安排模式见图 4-18、图 4-19。

表 4-6 可应用的训练强度区间及生理反应表

强度区间	生理反应
区间 1(Zone1)	乳酸＜2.0 mmol/L 55%～82%最大心率
区间 2(Zone2)	2.5mmol/L＜乳酸＜4.0 mmol/L 82%～89%最大心率
区间 3(Zone3)	4.0mmol/L＜乳酸＜10.0 mmol/L ＞89%最大心率

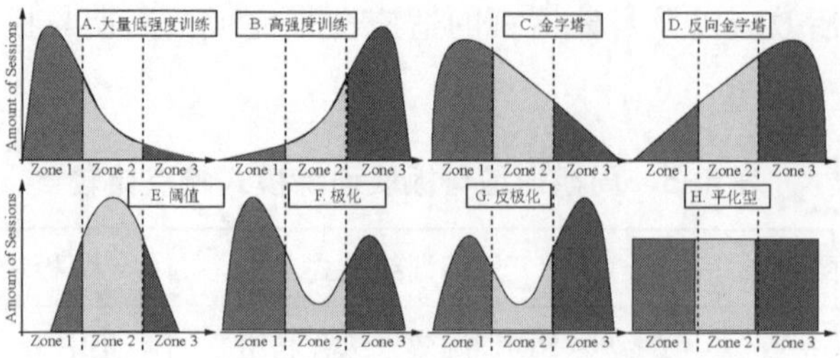

图 4-17　可应用的训练强度分布类型

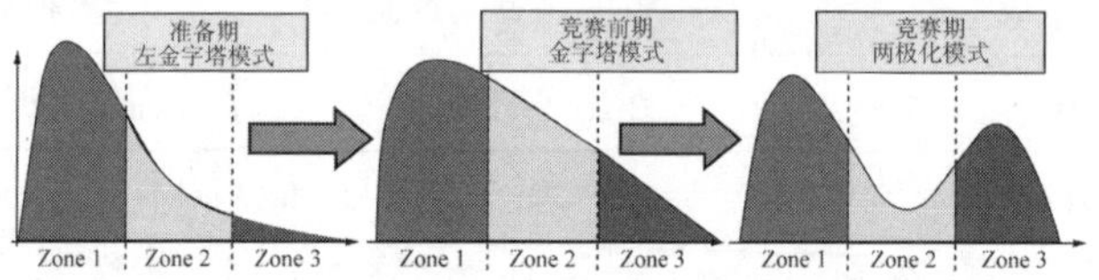

图 4-18　不同阶段建议的强度分布模式

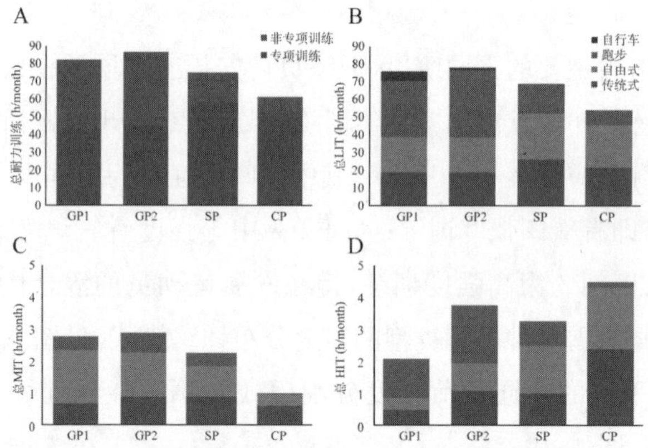

图 4-19　不同阶段主要训练方法负荷比例安排

4.7.5.1　基础准备期训练负荷科学安排方法

基础准备期一般在 5 月～8 月，约 4 个月。

训练目标：提高运动员的基础有氧耐力、技术水平、综合力量等。

训练负荷：负荷量大，平均周训练时间在 15～25 h，采取两大一小周负荷安排，负荷强度分布为 1～2 区为主(图 4-18 模式 1)，占比 90%以上。

训练手段：持续性中低强度有氧耐力训练方法，如长跑、滑轮、自行车、北欧持杖走等；另外结合有氧训练完善个人技术，提高基础力量与核心力量。

4.7.5.2　专项准备期训练负荷科学安排方法

专项准备期一般在9月～11月，约3个月。

训练目标：继续强化运动员的基础有氧耐力、提高运动员的中高强度有氧耐力（包括混合代谢能力），继续完善专项技术水平、提高专项爆发力等。

训练负荷：负荷量较大，平均周训练时间在15～25 h，采取两大一小与一大一小周负荷安排，中低强度负荷（1～2区为主）占比80%左右，2～3区中高负荷强度训练占比10%左右，越临近赛期高负荷强度训练比例越高（图4-18模式2）。

训练手段：持续性中低强度有氧耐力训练方法结合部分中间歇性高强度混合代谢能力训练，如长跑、滑轮或滑雪、自行车、北欧持杖走等；另外结合有氧训练完善个人技术，保持基础与核心力量，提高专项力量，特别是专项爆发力。

4.7.5.3　竞赛期训练负荷科学安排方法

竞赛期一般为12月～次年4月，约5个月。

训练目标：保持运动员的基础有氧耐力、强化提高运动员的中高强度有氧耐力（包括混合代谢能力），提高运动员的专项速度，高强度训练与参赛，完善比赛条件下的专项技术应用能力、提高专项爆发力、促进比赛疲劳恢复性训练。

训练负荷：负荷量较小，平均周训练时间（含参赛）在5～15 h，采取弹性周负荷安排，除比赛外，每周安排1～2次中高强度训练，其余以中低强度训练为主（1～2区为主），中低强度负荷占比85%左右，2～3区中高负荷强度训练占比5%左右，比赛及高强度（3区）训练占比5%。赛季前2～3周采用极化训练模式（图4-18模式3），赛季中采用模式图4-17模式G。

训练手段：通过持续性中低强度有氧耐力训练保持有氧耐力与促进比赛疲劳恢复，每周赛后第2～4天安排1～2次间歇性高强度混合代谢能力训练，1～2次绝对速度训练，主要训练手段包括跑步、滑雪、自行车、北欧持杖走等；另外，根据比赛暴露出的问题完善个人技术，保持基础与核心力量，提高专项力量，特别是专项爆发力。

越野滑雪不同参赛项目在比赛中的能量供应系统有所不同，但无论何种比赛项目，有氧供能系统都是主导能量代谢系统，另外越野滑雪比赛中经常面对上坡、途中变速、后程冲刺等，无氧代谢也不容忽视，再者越野滑雪对专项力量也有很高要求。故针对不同参赛项目在不同训练周期的不同性质训练安排需要结合项目代谢特征和专项竞技需要来科学组织，如表 4-7 所示。

表 4-7　不同距离越野滑雪不同训练周期不同性质训练安排

距离	有氧供能比例	基础准备期			专项准备期			竞赛期		
		有氧	无氧	力量	有氧	无氧	力量	有氧	无氧	力量
短距离	80%～85%	80%～90%	3%～5%	7%～10%	75%～80%	5%～8%	8%～15%	70%	20%	10%
中距离	85%～95%	85%～92%	2%～3%	5%～10%	75%～85%	3%～5%	8%～15%	75%	15%	10%
长距离	95%～98%	90%～95%	1%～2%	5%～8%	85%～90%	2%～3%	8%～10%	80%	10%	10%
备注	需要根据运动员个体情况有所差别来安排不同比例。									

4.8　运动员身心疲劳状态调控方法

4.8.1　运动员生理疲劳调控方法

早期对于运动疲劳认知是经过长时间的运动人体能源物质不足和体力的消耗导致机体不能维持运动。因此对于疲劳的解决办法就是最基本的就是补充能源物质和休息。能源物质是否充足是疲劳的一个非常重要的影响因素，运动中需要消耗大量的水、电解质、维生素、糖等物质，因此运动前、中、后都要根据具体的运动项目、运动强度、运动时间来选择合适的补充物质来满足机体需求，保证机体的正常运转。目前建议的常用基础营养干预疲劳措施包括科学膳食、补充适当的能源物质、水和电解质、维生素和矿物质等营养成分。

随着人体疲劳机制研究水平的提高发现，简单地补充能源物质和通过休息恢复体力已然不能完全有效保证运动员的竞技状态。人们对疲劳防治的要求开始不满足于仅仅停留在能源物质的补充和休息，研究者尝试从多个不同视角进行防治。对目前常用的运动生理疲劳恢复手段进行分类归纳见表 4-8。

表 4-8 常用生理疲劳恢复手段

恢复方法	具体手段
局部疲劳恢复方法	拉伸、按摩、冷敷、热敷、理疗、电疗、针灸、水疗等
心肺机能疲劳恢复方法	休息、高压氧舱、功能营养补剂(如二磷酸果糖、ATP)等
营养学手段疲劳恢复方法	蛋白质、脂肪、碳水化合物、维生素、矿物质等基础营养素，各类功能性补剂(补血、提高睾酮、神经调理、强化肌力)等
中枢疲劳恢复方法	音乐疗法、睡眠、意念放松、生物反馈、心理学手段等
训练学恢复方法	放松整理活动、训练负荷节奏的调整、不同训练方法与强度的科学安排等
中医药疲劳恢复方法	中医临床疲劳恢复技术、中药制剂(补中益气、养血补血方剂等)、药膳等
抗氧化措施	如超氧化物歧化酶(SOD)、补充抗氧化剂等
未来疲劳恢复技术发展	超低温冷疗、基因技术、消除自由基技术等

表 4-8 所列的干预调控方法为目前在运动队得到广泛使用的方法，针对不同性质的疲劳可选择不同的干预方法或方法组合，还可根据自己的经验实施个体化、针对性的有效干预。

4.8.1.1 训练方法学手段

训练方法学手段是指在运动训练过程中，通过合理安排训练内容、训练手段、运动负荷、恢复时间和促进恢复过程的方法。科学地安排训练计划，力争实现在训练过程中的即时性恢复；如从比赛出发，压缩准备活动时间，适度提高准备活动的强度和专项准备程度，高强度的核心训练内容前移，留出足够的时间安排较低强度的整理恢复性训练，培养训练课上的放松按摩习惯，训练课上的恢复是最直接最有效的内脏与局部疲劳的即时性恢复；在力量训练后，可对承受负荷的肌群做一些伸展、放松练习；在速度和耐力练习后可做一些慢跑和徒手操练习；在训练结束时，可结合整理活动安排积极性恢复的练习内容，如慢跑、基本体操、游戏、游泳等。

训练和赛后做一些轻微的运动，对机体的恢复较之完全静止性的恢复的血乳酸消失要快，整理活动的内容与准备活动相似，但顺序的安排正相反，可由专门性练习到一般性练习，例如跑步运动员在训练或比赛后要继续慢跑几圈，或慢滑 15～20 min，最后进行充分的拉伸、放松。

4.8.1.2 静止性休息

在睡眠时，体内以合成代谢为主。这时蛋白质和糖原合成加快，利于促进超量恢复。睡眠是一种周期性生理现象，它可以消除疲劳，恢复精力和体力。在运动训练中要更好地提高训练水平和运动成绩，必须保持充足的睡眠。因为人体在睡眠状态时机体各器官的运动下降到最低的水平，物质代谢减弱，能量的消耗仅维持人体代谢的基础水平。这时的合成代谢有所增强，运动时消耗的能源物质逐渐得以恢复。另外，睡眠对大脑皮质细胞来说也可以起到保护作用。大脑皮质细胞比较脆弱，容易因长期兴奋而损耗，所以睡眠能防止大脑皮质细胞机能过度消耗，同时还能促进人体器官机能的恢复。因此，运动员或经常进行体育运动的人要养成按时睡眠的良好习惯，保证充足的睡眠时间，这样才能加速疲劳的消除，保证正常的训练和比赛活动，为保持充沛的体力，提高运动成绩创造良好的身体条件。

4.8.1.3 积极性休息

因为体内消除疲劳的主要途径是血液循环，通过血液循环可以补充氧气及其他营养物质，排除废物。所以，消除疲劳的积极性方法就是促进重点转换部位的血液循环，如高强度训练疲劳后的积极活动、按摩、淋浴等，都属于积极性消除疲劳的手段，可以达到活动休息的目的。另外，适当变换运动练习的形式也可能达到积极性休息的目的。因为人在运动时，大脑中不是所有的运动神经细胞都参与工作。为积极性休息安排的练习活动，必须注意强度要小、时间要短，这样在神经细胞内产生的兴奋才能集中，对疲劳的神经细胞方可起到诱导的作用，使后者抑制加深，促进恢复。由于静止性休息和积极性休息对恢复都有良好的效果，因此应该将两种方法科学地结合起来。在保证睡眠的情况下，采用积极性休息效果可能会更好。人们在休息时，进行一些欢愉身心的游戏、娱乐等有益活动，从体力和心理上减轻疲劳程度，也可以从事一些和原来机体用力方式不一样的轻微的运动，这里强调的是强度要小，动作容易做或为自己过去所掌握的。

4.8.1.4 营养与药物

为了尽快消除运动员的疲劳，适量地用些药物也是非常必要的。例如，维生素 B_6 对消除肌肉疲劳、恢复肌肉功能就有积极的作用。具有补气健脾、补肾、益血、活血等功效的中药有利于运动性疲劳的恢复，可能与其改善消化功能、改善肌肉能量代谢、提高免疫力，以及防治贫血有关。以补肾阳为主的中药改善运动能力的原因可能在于它对下丘脑-垂体-靶腺轴功能的促进作用，使之处于较高水平，由此导致机能代谢也在高水平进行，而这些变化恰恰是机体在更大强度的运动中表现出高水平的能量输出与迅速的代谢产生物清除的基础与保障。另外，一些合成类药物或营养补剂对缓解或消除疲劳也有积极作用。如果糖可以降低 CK 值，有助于肌肉疲劳恢复；蒺藜皂苷等可以帮助提高睾酮水平，改善身体机能状态；肌酸可以增加肌肉力量；左旋茶氨酸、磷脂酰胆碱、神经肽、支链氨基酸等有助于改善脑功能状态；合理补充复合糖可以提高抗疲劳能力；生物铁剂及阿胶制品、叶酸等可以提高血红蛋白量；大剂量维生素 C 的补充可以对抗氧化应激，保护红细胞等。

4.8.1.5 生物医学与物理疗法

采用按摩、洗热水澡、电兴奋等都能加速疲劳的消除，促进恢复过程。按摩是一种简单易行的疲劳恢复方法。在进行大运动量训练后，对运动员进行按摩，对消除疲劳和恢复体力是非常有益的。它可以增强神经系统的调节机能，从而影响其他器官、系统，使呼吸、循环等机能和物质代谢过程得到改善，增强肌肉组织的营养，促进新陈代谢，使乳酸更新，合成糖原排出体外，达到消除疲劳的目的。按摩还能缓解肌肉负荷后的紧张度，舒筋活血，使局部的血液供应加强，提高神经、肌肉及器官的活性，并可加速疲劳肌肉中的乳酸的排出速度，因而可以起到消除疲劳的作用。按摩部位可根据运动项目所涉及的肌肉群的不同和疲劳程度的情况而定。一般是按摩运动负荷最大的部位，当运动员极度疲劳时可进行全身按摩。全身按摩一般先按大腿，后按小腿，再依次按摩臀部、腰背、上肢，必要时还可按摩头部。全身按摩时间需 0.5～1 h，肌肉酸痛的部位可将按摩时间适当延长。其他医学手段，如气功、针灸、中药泡脚或泡澡、各种医学康复、恢复与治疗仪等。

4.8.1.6 心理学恢复手段

采用心理恢复训练方法对于及时消除心理疲劳具有积极效果。常用的心理恢复方法主要有：心理诱导——谈话法；想象放松；神经-肌肉的自我心理调整练习；心理诱导放松训练；催眠；音乐放松；其他，如文娱活动、气功等。

4.8.2 运动员心理疲劳调控方法

越野滑雪运动员训练环境艰苦，远离城市，生活单调，加之长期进行缺乏乐趣的长时间持续性耐力训练，极易发生运动员心理疲劳，进而影响运动员的训练、竞赛状态，严重的可能导致心理健康问题。特别需要针对不同诱因和性质的心理疲劳，在科学分析与诊断基础上制定系统的个体化的调控方法。

4.8.2.1 建立合理的生活制度

心理疲劳和神经系统的机能状态有着密切的联系，而良好睡眠在促使体力恢复和心理及神经系统保持良好状态方面具有重要的不可替代的作用。大量的科学研究和运动实践都已证明，任何恢复手段都不如充足的睡眠效果好，任何恢复手段都必须在充足睡眠的基础上才能发挥作用。因此，应建立科学的生活制度，合理地安排训练、比赛、学习和休息的时间，养成良好的生活习惯，以起到运动员心理疲劳恢复的作用。

4.8.2.2 认知重建和积极思维

帮助运动员消除以往的一些认知偏见，只看到自己的不利因素，如某一次失败的教训或受过伤，或过于注重外界评价等。教会运动员用积极的思维来克服消极的思维，用有序的思维来代替杂乱的思维，用理性的思维来代替非理性的思维等，以达到调整心态，消除心理疲劳的目的。竞技性情境本身只是引起心理疲劳的间接原因，对竞技性情境所持的信念、看法、解释才是引起心理疲劳的更直接原因。如果认知发生偏差，导致不合理信念，如“我必须打好比赛”“拿不到冠军就是失败”“我是老队员，打不好对不起关心我的领导、教练和亲朋好友”等，继而就会产生消极的情绪和行为，如过度焦虑、注意力不集中、动作变形，导致心理疲劳。

4.8.2.3 注意训练手段的多样化

长期单调的跳远训练刺激是运动员产生心理疲劳的主要诱因。运动员在长期的运动训练过程中，产生不同程度的厌烦情绪和不良的心理状态是难免的，但一旦发现运动员产生了心理波动，应根据运动员的具体情况及时采取措施进行调整，同时应根据运动员心理疲劳产生的时机和规律有计划地进行专项训练。在训练过程中丰富运动员的听觉和视觉，如在准备活动和放松阶段可以利用轻松愉快的音乐以及幽默诙谐的谈话帮助运动员进行放松。一方面，可通过减少运动负荷、改变训练方式、变换训练环境等手段，让运动员不断接受新异的刺激，进一步提高训练兴趣，使不良心理状态得到及时的调整和控制；另一方面，最大限度地满足运动员在个性、心理、生理上的不同需要，使运动员在紧张的训练和比赛之余，有一个宽松的调节身心状态的环境促进训练动机水平的提高。

4.8.2.4 丰富社会活动，转移注意力

在训练之余让运动员适当参加有益的社会活动，让社会给予更多的关注，让运动员感受到艰苦训练带来的巨大满足感，使运动员对今后的训练充满希望，并产生良好的心理预期。因此，适宜的社会活动不仅有利于运动员的正常的训练，而且还会弱化运动员的不良训练动机，以达到消除心理疲劳的效果。

4.8.2.5 运用有效的激励方法和技巧

有效的激励方法和技巧，可以唤起较高动机努力，使运动员化压力为动力，为集体或个人目标的实现而努力训练，并给运动员营造一个宽松的、充满人文关怀的大环境。因此，必须重视激励的方法，处理好物质奖励的关系，提倡社会媒体的宣传和荣誉激励，最终调动运动员积极主动地投入到训练竞赛之中。

4.8.2.6 确立客观的训练目标，端正训练目的

运动员的一切训练活动都是围绕着实现训练目标而进行的，但是经过长时间的努力仍然无法实现预定的训练目标，运动员就会产生心理疲劳。因此，在为运动员确定目标的时候一定要充分考虑可行性，确立合理的长、短期训练目标和良好的心理预期，这有助于提高运动员思想的认识水平，以消除因期望不能实现导致的心理疲劳，帮助运动员在主观上树立一个客观的训练目标，并通过实现训练目标获得需要的满足。

4.8.2.7 借助先进的仪器设备来消除心理疲劳

如运用恩师™（MC² Study™）和生物反馈仪等仪器进行心理训练。该系统通过大脑活动频率波的刺激来调节个体的意识状态，帮助迅速进入与工作任务相适应的脑生理环境，如心理的放松、注意的高度集中、神经活动的激发等状态。也可采用肌肉功能刺激法进行恢复放松训练，使运动员的肌肉得到放松，以达到消除运动员的生理、心理疲劳的目的。

4.8.2.8 注重训练性恢复

运动训练不仅要注重训练的刺激，同时也要注重机体的恢复。恢复是训练必不可少的环节，它的重要地位要等同于训练刺激。当运动员因生理机能下降产生心理疲劳时，教练员应重新审视训练内容和节奏，丰富恢复手段，避免中枢神经系统不断加工训练信息产生自我保护抑制。此时，教练员应鼓励运动员将休息时间投入到自己喜欢的休息活动中，或组织一些有益身心的集体活动。

4.8.2.9 加强运动员的心理训练

有效的心理训练和手段可以提高运动员的心理技能，预防心理疲劳的发生，降低心理疲劳的负面影响。如采取谈话法缓解心理疲劳、利用想象放松（运动员想象自己处在某种使他们感到放松和舒服的环境之中）、神经-肌肉的自我心理调整练习（借助语言暗示以及与语言一致的思维形象作用于自身，改变情绪反应及各系统和器官的机能状态）、心理诱导放松训练（通过语言暗示诱导进

行肌肉和神经的放松训练)等。

4.8.2.10 合理的营养干预

一些食物有助于心理疲劳的恢复。如黑芝麻、核桃仁等坚果类食物可以提高抗抑郁的能力;适当补充高糖类物质有利于血糖的稳定;一些碱性食物,如蔬菜水果等,可以有效地控制中枢神经抑制递质的增高。必要时可以采取特殊营养补剂。

不同性质疲劳需要采取不同的恢复方法,疲劳恢复的综合措施归纳如图 4-20。

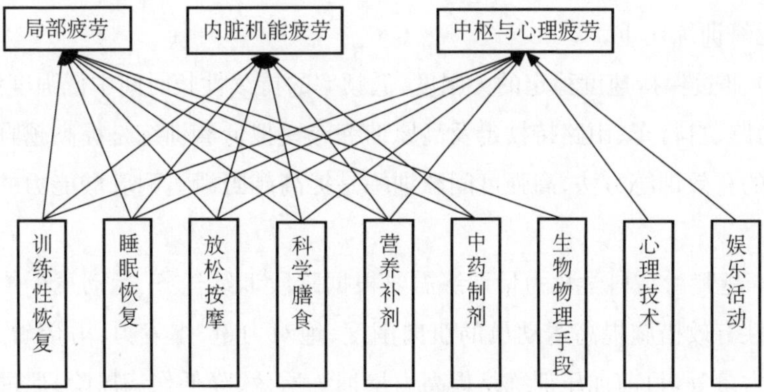

图 4-20 综合疲劳恢复措施

4.9 本章要点提炼

(1) 在运动训练实践过程中必须经历负荷刺激—恢复过程—负荷适应—能力获得这一重复性循环过程。这一过程的实质是一典型的生物学机能反应过程,而且,它是一种应激反应性的生物学效应过程。就训练效果而言,它来源于训练的负荷刺激过程,而实现于负荷后的恢复过程,负荷施加过程本身是对原有能力储备的动员与消耗,而不能直接产生能力的提高,其最直接的效果就是能力下降、疲劳与负荷应激记忆。从训练的生物学效应角度而言,能力提高产生于负荷终止后的恢复过程,这种能力提高过程有两个基本前提条件:负荷应激记忆、合理有效的恢复时间与手段。故在训练负荷设计时,根据训练周期及阶段训练目标不同可分别采用一大一小或两大一小的负荷量安排模式较好。

（2）在一周至多周的训练负荷设计原理方面应综合采取超量补偿原理、应激适应原理来设计周或多周的训练负荷设计。在训练周期安排方面可采取基础准备期、专项准备期、赛前期、竞赛期和恢复期的周期结构，其间可以灵活采用短周期的板块式周期安排。

（3）在不同训练阶段可分别安排不同模式的训练强度分布模式，基础准备期和专项准备期采用以中低强度有氧训练为主的金字塔式强度分配模式，赛季前期采取极化强度分配模式（中低强度有氧和高强度无氧为主）。不同周期的模式均需保持中低强度有氧训练占比较高，只是临近赛期适度增加中高强度的有氧、无氧训练比重。

（4）通过保持速度稳定的大幅度、低频率的持续性长时间中低强度滑雪、滑轮、耐力跑、自行车、山路持杖走及高原训练或模拟低氧训练是提高越野滑雪有氧耐力的有效训练方法，高强度间歇训练是提高越野滑雪耐乳酸能力的主导训练手段。

（5）越野滑雪科学化力量训练需要根据阶段训练任务、运动员个体特征采取针对性有效措施提高运动员的肌肉围度、绝对力量、爆发力、力量耐力、核心稳定性力量等，目前加压训练是提高力量训练质效、降低伤病风险、促进康复的新型有效手段，通常采取20%～50%最大负荷强度、不同加压条件的更少负荷量即可达到更高的训练效果。

（6）从基础准备期、专项准备期到竞赛期越野滑雪训练负荷安排应遵循负荷量逐步减少、负荷强度逐步增加的趋势；赛前竞技状态调控主要通过减少负荷量来实现。

（7）运动员生理疲劳、心理疲劳可分别通过针对性干预方法进行有效调控。

（8）高原训练可有效提高运动员的有氧耐力、耐乳酸能力，针对参赛海拔不同可分别采取赛前高原训练方法及合理把握下高原参赛时机有助于提高运动员良好参赛竞技状态。

5 越野滑雪科学化训练的训练质效评价与监控

5.1 越野滑雪关键效能(KPI)指标体系

5.1.1 越野滑雪运动员综合竞技能力模型

越野滑雪是以体能为主导、技术为支撑的近周期、半开放技能、竞速类竞技运动项目。从体能角度看，其主要体能特点为有氧能力为主导、无氧耐力为重要支撑的混合代谢供能类运动，对运动员的身体形态、身体机能、基础与专项力量、专项本体感觉(雪感等)、灵敏柔韧性、平衡能力、身体姿态控制能力要求均较高；从技能角度看，其技术操作具有重复性特点，同时又必须适应场地变化等条件的变化而适度变化，每一次的动作重复不可能完全一致，故属于半开放技能类项目。另外，运动员的专项智能(项目认知、领悟、顿悟等)将直接影响运动员的技能学习与掌握、专项训练规律及原理的理解、比赛中的战术合理应用等，心理能力及状态也将直接影响其训练、比赛状态。越野滑雪运动员的综合竞技能力模型如图 5-1。

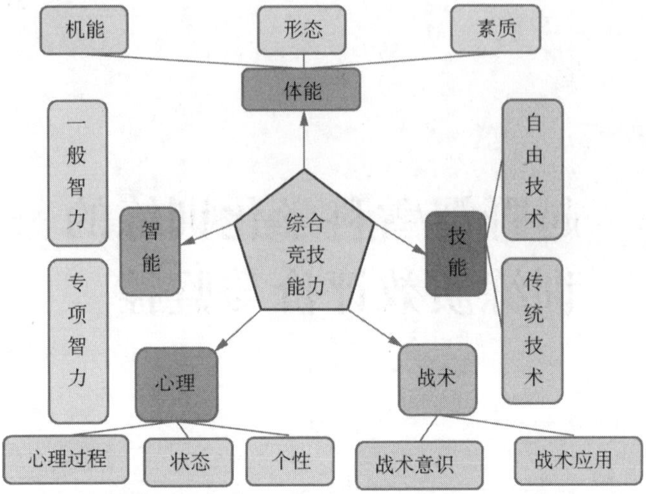

图 5-1　越野滑雪运动员综合竞技能力模型

5.1.2　越野滑雪运动员效能指标体系

运动员关键效能指标（key performance indexs，KPI）是指直接影响运动员竞技表现的关键因素的指标。制定越野滑雪运动员关键效能指标应该基于上述综合竞技能力模型来选择、确定其 KPI。上述综合竞技能力模型中对越野滑雪运动员竞技表现影响最大的要素主要是体能和技战术能力，智能主要为比赛中的体能、技战术的合理应用与执行，训练与专项学习过程提供智力支持作用，而心理要素主要对越野滑雪的训练、比赛过程起不同程度的调控、影响作用。另外，关键指标还必须是可以进行定量、半定量测量，且相对稳定并可以通过针对性训练而得以提高的有关关键指标。故越野滑雪运动员的关键效能指标体系的确定我们认为应该包括 3 个层次：①核心 KPI 指标体系，包括体能指标（可定量，最关键）、技战术能力指标（半定量）；②核心 KPI 的个体内部影响要素指标体系，主要包括心理、专项智能指标等；③对核心 KPI 起支撑或影响作用的外部要素，包括管理、训练竞赛资源保障、专项器材支持、复合团队构成与运转机制等。

越野滑雪 KPI 及影响、支撑其实现要素的框架模型见图 5-2。针对运动员 KPI 特点系统进行针对性训练，提高运动员的专项运动能力，进而提高其竞技表现水平（图 5-3）。

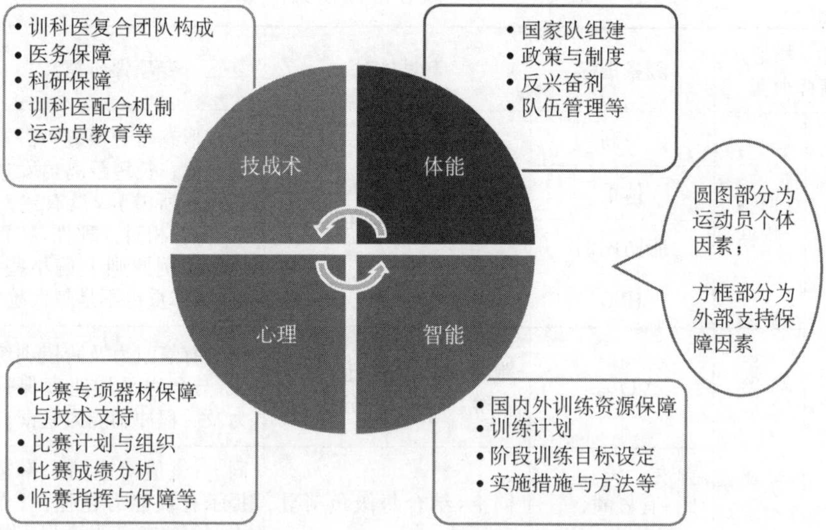

图 5-2 越野滑雪 KPI 及影响、支撑其实现要素的框架模型

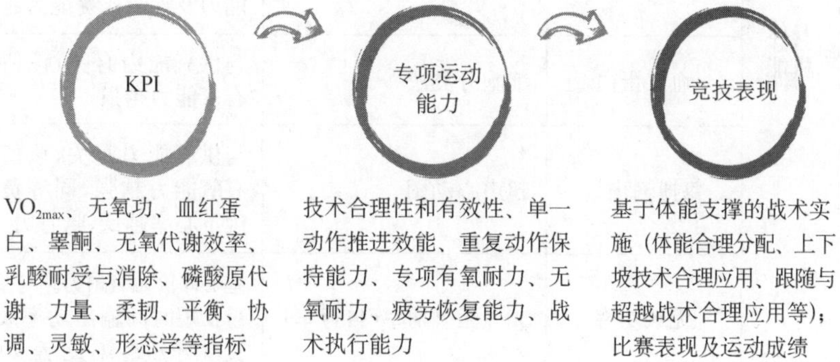

图 5-3 KPI 与专项运动能力、竞技表现的关系

5.1.3 KPI 核心指标

越野滑雪运动员 KPI 核心指标分类、测量指标、测试方法及专项评价意义见表 5-1。

表 5-1　KPI 核心指标相关内容

KPI 核心指标分类		测量指标	测试方法	专项评价意义
体能类	形态指标	身高	体成分仪测试(电阻法)	身体形态与专项能力需求的契合度。长短距离男女选手需求有所差异,没有绝对标准,但有相对合理性,特别是体脂比例原则上偏小些,身高、瘦体重也不是越大越好
		体重		
		脂肪比例		
		BMI		
	身体机能	VO_{2max}	跑台递增负荷跑、持杖走等,气体代谢分析	评价有氧耐力及阶段训练效果,与全程平均速度保持能力及后程冲刺能力紧密有关
		有氧阈、无氧阈心率	同上,结合每级负荷乳酸测试	同上;该值对应的心率越高提示有氧能力越强;可作为不同等级负荷强度界定的依据及阶段训练效果评价
		乳酸清除率	高强度训练后 1～10 min 血乳酸测试	与有氧代谢能力及耐乳酸能力有关,该值越高疲劳恢复能力及连续比赛能力越强
		血红蛋白	细胞分类法	与供氧能力有关,该值越高有氧能力越强
		每搏输出量	超声心动图	与供氧能力有关,该值越高有氧能力越强,同等负荷强度下心率越低,越省力
		无氧功率	30 s 无氧功率(自行车)	主要评价无氧耐力。与基础力量及短时间输出功率效能有关;对于短距离选手意义更大
		血睾酮	放免法或荧光法	反应机体合成代谢能力,与力量发展及负荷承受能力有关
	身体素质	单杠引体	单杠 + 壶铃	上肢及躯干上部力量
		最大卧推或 50% 体重重复次数	卧推架	上肢绝对力量、力量耐力
		次最大深蹲	深蹲架	下肢力量耐力
		悬垂仰卧起坐	悬木	腰腹肌力量
		立定跳远、立定 3 步或 5 步跳远	沙坑或室内平地	下肢爆发力

（续表）

KPI 核心指标分类		测量指标	测试方法	专项评价意义
体能类	身体素质	3 000 m 跑	田径场	有氧及无氧运动能力
		平衡能力	单板滑行稳定性；闭眼单脚站立	专项平衡性，对自由技术意义更大，与下坡、弯道等技术执行能力有关
		灵敏性	反应时、六边形跳跃	头脑反应及下肢动作灵敏性，对于短距离选手评价意义更大
		协调性	结合专项技术教练评价	动作协调能力，该能力越好技术越合理有效、省力
		八级腹桥	健身房标准化测试	身体姿态控制能力，对于上下坡、弯道技术合理性意义较大
		FMS	健身房标准测试（7 个动作）	评价肢体运动功能，与柔韧性、关节灵活性关系较大
技战术类	自由技术特点	不同速度、上坡、下坡、弯道、出发条件下的技术特点；包括一步一撑、两步一撑、刨镐等	现场观察、录像分析；教练主观赋分评价	评价自由技术特点
	传统技术特点	同上；包括交替步、同推、跑板等	现场观察、录像分析；教练主观赋分评价	评价传统技术特点
	实验室技术分析	不同速度下传统、自由技术量化分析；包括单一动作周期时间、单一动作滑行距离、推进/回杖比、推动力量特征	递增负荷跑台轮滑 + 视频 + 技术分析软件	不同技术的动作结构特点，力学特征，可用于技术效能及阶段训练效果评价
	技术效能	静止态 10 m 单杖推进速度	平直柏油路面滑轮或雪道单杖推进，10 m 处秒表计时	与技术合理性、专项推进力量有关

（续表）

KPI 核心指标分类		测量指标	测试方法	专项评价意义
技战术类	战术能力	体能分配战术	分段计时结果分析	综合评价运动员的战术意识、战术合理应用能力；特别重要的是体能合理分配能力
		跟随、超越战术	观察，教练评价	
		弯道战术		
		战术意识		
		战术应变		

越野滑雪运动员 KPI 核心指标分类权重、评价标准及原则见表 5-2。

表 5-2 KPI 核心指标分类权重、评价标准及原则

KPI 核心指标分类权重		测量指标	评价标准及原则			
			长距离选手		短距离选手	
			男子	女子	男子	女子
体能类	形态指标权重：10%[a]	身高（cm）	≥176 较好	≥165 较好	≥182 较好	≥170 较好
		脂肪比例（%）	≤10 较好	≤16 较好	≤9 较好	≤15 较好
		体重（kg）	74～78	60～64	76～80	62～66
		BMI	/	/	/	/
		说明	身高体重没有绝对的最优标准，并不是越高就越好或肌肉越多就越好，关键是比例适中、身材匀称、体脂比例相对较低			
	身体机能权重：30%	VO_{2max}[mL/(kg·min)][a]	优：≥83 良：≥80 中：≥77	优：≥70 良：≥66 中：≥63	优：≥80 良：≥78 中：≥75	优：≥66 良：≥63 中：≥60
		有氧阈心率（bpm）[a]	优：≥155 良：≥150 中：≥145	优：≥145 良：≥140 中：≥135	优：≥150 良：≥145 中：≥140	优：≥140 良：≥135 中：≥130
		无氧阈心率（bpm）[a]	优：≥175 良：≥170 中：≥165	优：≥170 良：≥165 中：≥160	优：≥170 良：≥165 中：≥160	优：≥165 良：≥160 中：≥155
		乳酸清除率（10 min 清除率%）[b]	优：≥85 良：≥80 中：≥75	优：≥85 良：≥80 中：≥75	优：≥85 良：≥80 中：≥75	优：≥85 良：≥80 中：≥75

（续表）

KPI 核心指标分类权重		测量指标	评价标准及原则			
			长距离选手		短距离选手	
体能类	身体机能 权重:30%	血红蛋白 (g/dL)[a]	优:≥16.5 良:≥16 中:≥15.5	优:≥14.5 良:≥14.0 中:≥13.5	优:≥16.0 良:≥15.5 中:≥15.0	优:≥14.0 良:≥13.5 中:≥13.0
		最大每分 心排血量 (L/min)[f]	优:≥42 良:≥40 中:≥38	优:≥25 良:≥24 中:≥23	优:≥40 良:≥38 中:≥36	优:≥23 良:≥22 中:≥21
		Wingate 峰值功率 (W/kg)[b]	优:≥18 良:≥17 中:≥16	优:≥14 良:≥13 中:≥12	优:≥20 良:≥19 中:≥18	优:≥16 良:≥15 中:≥14
		Wingate 平均功率 (W/kg)[b]	优:≥15 良:≥14 中:≥13	优:≥12 良:≥11 中:≥10	优:≥17 良:≥16 中:≥15	优:≥14 良:≥13 中:≥12
		血睾酮(ng/dL)[b]	合理范围内 越高越好	合理范围内 越高越好	合理范围内 越高越好	合理范围内 越高越好
	身体素质 权重:30%	单杠引体(次)[a]	优:≥50 良:≥45 中:≥40	优:≥35 良:≥30 中:≥25	优:≥60 良:≥55 中:≥50	优:≥40 良:≥35 中:≥30
		最大卧推(kg)[a]	优:≥115 良:≥110 中:≥105	优:≥75 良:≥70 中:≥65	优:≥135 良:≥130 中:≥125	优:≥85 良:≥80 中:≥75
		次最大深蹲(次)[a] 男:体重 150% 女:体重 120%	优:≥35 良:≥30 中:≥25	优:≥35 良:≥30 中:≥25	优:≥45 良:≥40 中:≥35	优:≥45 良:≥40 中:≥35
		悬垂仰卧起坐 (次)[c]	优:≥25 良:≥22 中:≥18	优:≥20 良:≥18 中:≥15	优:≥40 良:≥35 中:≥30	优:≥30 良:≥25 中:≥20
		立定跳远(cm)[d]	优:≥270 良:≥265 中:≥260	优:≥230 良:≥225 中:≥220	优:≥295 良:≥285 中:≥275	优:≥245 良:≥240 中:≥235
		3 000 m 跑[d]	优:≤9′10″ 良:≤9′20″ 中:≤9′30″	优:≤10′10″ 良:≤10′20″ 中:≤10′30″	优:≤9′30″ 良:≤9′40″ 中:≤9′50″	优:≤10′30″ 良:≤10′40″ 中:≤10′50″

（续表）

KPI核心指标分类权重		测量指标	评价标准及原则			
			长距离选手		短距离选手	
体能类	身体素质权重:30%	闭眼单脚站立(s)[e]	优:≥200 良:≥180 中:≥160	优:≥200 良:≥180 中:≥160	优:≥200 良:≥180 中:≥160	优:≥200 良:≥180 中:≥160
		六边形跳(s)[b]	优:≤10:50 良:≤11:10 中:≤11:30	优:≤11:30 良:≤11:50 中:≤12:10	优:≤10:30 良:≤10:50 中:≤11:10	优:≤11:10 良:≤11:30 中:≤11:50
		协调性	/	/	/	/
		八级腹桥[b]	得分越高越好			
		FMS[b]	得分越高越好			
技战术类	技能类权重:20%[b]	自由技术特点;教练主观评价	/	/	/	/
		传统技术特点;教练主观评价	/	/	/	/
		CT(单动作时间,s)	不同技术、不同速度下不同,每周期时间相对长些更好			
		CL(单动作距离,m)	不同技术、不同速度下不同,每周期距离相对长些更好			
		推杖/回杖	不同技术、不同速度下不同,比例须适中			
		最大推力	不同技术、不同速度下不同,峰值越大越好,达峰值时间越短相对越好(表示初始启动爆发力较好)			
		静止态10 m单次同推滑行时间(s)	优:≤2.20 良:≤2.40 中:≤2.60	优:≤2.70 良:≤2.90 中:≤3.10	优:≤2.00 良:≤2.20 中:≤2.40	优:≤2.60 良:≤2.80 中:≤3.00
	战术能力权重:10%	体能分配战术	全程速度平均,后程加速能力较强			
		跟随、超越战术	教练评价			
		弯道战术	教练评价			
		战术意识	教练评价			
		战术应变	教练评价			

注:a,标准依据国外优秀选手文献报告结合国家队队员测试结果制定;b,标准依据国家队队员测试结果就高原则制定;c,标准依据挪威国家队铁人计划制定;d,标准依据挪威国家队铁人计划结合国家队队员测试结果制定;e,标准依据优秀运动员常模制定;f,标准依据国外文献报告的世界级运动员数据制定。

5.1.4 KPI 影响因素指标

越野滑雪运动员 KPI 影响因素指标的测量指标、测试方法及专项评价意义见表 5-3。

表 5-3 KPI 影响因素指标相关内容

KPI 影响因素指标		测量指标	测试方法	专项评价意义
心理类	认知	注意集中	专用仪器(定量)	综合评价运动员的一般与专项认知能力，对于技术学习、训练比赛中的认知加工、阶段训练效果有一定影响
		选择注意	选择反应时(定量)	
		专项感知觉	教练员主观评价(定性)	
		时空位置记忆	时间、空间位置记忆(定量)	
		心理表象	心理表象问卷(定量)	
	情绪情感	心境状态	POMS 问卷(定量)	评价阶段心情，个体情商及情绪管理，对于训练比赛心理状态有影响，进而影响训练比赛效果
		情商	情绪管理问卷(定量)	
	意志	运动员意志	运动员意志力问卷(定量)	评估运动员的意志力及压力应对能力，对训练、比赛有影响
		压力应对	压力应对问卷(定量)	
	心理状态	状态焦虑	状态焦虑问卷(定量)	焦虑、心理疲劳、唤醒水平会影响训练、比赛状态
		心理疲劳	心理疲劳问卷(定量)	
		唤醒水平	唤醒水平问卷(定量)	
	个性特征	人格特征	大五人格问卷(定量)	人格特征、思维方式、动机水平、自信心将影响运动员训练、比赛状态、团队合作能力等
		动机	运动员动机问卷(定量)	
		自信	运动员自信问卷(定量)	
		思维方式	斯氏思维方式问卷(定量)	
	心理健康	心理健康	SCL90 问卷(定量)	心理健康或亚健康水平将影响运动员阶段训练、比赛过程及竞技表现
		心理亚健康	心理亚健康问卷(定量)	

（续表）

KPI 影响因素指标		测量指标	测试方法	专项评价意义
智能类	一般智能	智商	瑞文推理测验（定量）	运动员的一般与专项智能将支持或影响训练效果、比赛能力，特别是比赛战术合理应用能力等
		学习能力与方式	学习能力与方式问卷（定量）	
	专项智能	专项认知水平	教练或科研人员评价（定性）	
		专项领悟力	教练或科研人员评价（定性）	
		专项灵感	教练或科研人员评价（定性）	

越野滑雪运动员 KPI 影响因素指标测试频度、评价标准、原则及意义见表 5-4。

表 5-4　KPI 影响因素指标测试频度、评价标准、原则及意义

KPI 影响因素指标		测量指标	测试频度	评价标准	评价原则及意义
心理类	认知类	注意集中测试	3 月 1 次	得分越高越好	得分高提示注意集中能力好
		选择反应时	3 月 1 次	得分越高越好	反映信息判断正确及反应速度
		专项感知觉	每 6 个月	主观评价	包括雪感、专项本体感觉好坏
		时空位置记忆	每 6 个月	得分越高越好	反映时间、空间位置记忆力
		心理表象问卷	随机需要	得分越高越好	心理表象能力好有助于技能学习、自我心理调控等
		心理定向倾向	赛前 1 个月	任务倾向得分越高越好	任务倾向得分高反映队员在训练、比赛中关注操作任务而非结果，有助于训练及比赛发挥
	情绪情感类	POMS 问卷	1 月 1 次	得分越低越好	得分低反映阶段心情好
		情绪管理问卷	2 月 1 次	得分越高越好	得分高提示其情绪管理能力强
	意志类	运动员意志测评	6 月 1 次	得分越高越好	得分高反映其克服困难能力强
		压力应对测评	4 月 1 次	多维度得分综合评价	压力应对方式及策略合理提示其抗压及应对压力能力强
	心理状态	状态焦虑测评	2 月 1 次	得分越低越好	适度焦虑是需要的，但不宜过高
		心理疲劳测评	1 月 1 次	得分越低越好	中度以上心理疲劳需要调控
		唤醒水平测评	赛前 1 月或随机	多维度得分综合评价	唤醒水平适度较好，过低或过高均不利训练比赛发挥

（续表）

KPI影响因素指标		测量指标	测试频度	评价标准	评价原则及意义
心理类	个性特征	大五人格特征	1年1次	多维度得分综合评价	人格无明显缺陷即可，无所谓好坏，个体问题个体分析
		动机测评	4月1次	多维度得分综合评价	内部动机强者更好
		运动员自信测评	6月1次或赛前	得分越高越好	自信有助于训练及比赛发挥
		斯氏思维方式	6月1次	多维度得分综合评价	开放性、逻辑思维、顿悟思维得分高更好；不宜教条化评价
	心理健康	SCL90问卷测评	3月1次	得分越低越好	各维度得分低示心理健康，发现问题须及时干预或治疗
		心理亚健康测评	3月1次	得分越低越好	发现心理压健康须干预调节
智能类	一般智能	瑞文推理测验	6月1次	得分越高越好	得分高示记忆、逻辑推力能力好
		学习能力与方式	6月1次	多维度得分综合评价	学习能力及方式好者有助于提高训练效果及自我管理
	专项智能	专项认知水平	随机	定性评价	认知水平高有助于理解训练
		专项领悟力	随机	定性评价	领悟力高有助提高训练效果
		专项灵感	随机	定性评价	灵感好有助于训练、比赛表现

5.1.5　KPI核心指标测试方法

5.1.5.1　形态类指标测试方法

形态类指标主要包括身高、体重、体成分等指标。目前国际通用的有关指标的测量方法是电阻法身体成分分析仪。采用国内外都使用的生物阻抗检测技术(bio-impedance analysis，BIA)，主要参考因素有体重、性别、身高、年龄、阻抗。以全新双能X线吸收测定(DXA)法统计为基础，测量人体成分：体脂肪、体重、BMI、非脂肪量等各项健康指数，有效指示身体健康状况。在DXA法的基础上，动态散射模试(DSM)法成为更简单、更直接的测量方法，利用两种测量方法的测验结果呈现出98%的相似性。可测量躯干整体数据及上肢、下肢数据，采用节段分析法，测量精准有效；其中人体成分分析仪高端人体成分分析仪产品可以测量人体的内脏脂肪。具体测试方法依据有关型号产品的使用说明，按标准化要求及流程测量。

5.1.5.2 身体素质类指标测试方法

(1) 单杠引体：被测者双手正握，间距比肩宽(≥10 cm)，发力拉起过程中不允许突然发力或身体摆动，上拉至下颌过杆。

(2) 悬垂仰卧起坐：被测者小腿和足固定在悬垂架上，双手置于头后，左右手各用两手指勾住绳环，收腹使手肘触碰到膝部。每两次动作间隔不能超过1 s(第 1 次警告，第 2 次终止测试)，测试过程中保持臀部接触悬垂架。

(3) 次最大深蹲：男子以 1.5 倍自身体重杠铃标准蹲起次数；女子以 1.2 倍自身体重杠铃标准蹲起次数。

(4) 最大卧推：被测者负重应缓慢下降至胸部中心，并在不移动胸部的情况下再次推举起负重。在整个推举过程中，臀部必须挨着长凳。

(5) 立定跳远(沙坑)：被测者站于起始线，尽力向前跳出。测量起始线与身体离线最近的任何落地点间的距离。被测者有 3 次跳跃机会，测试前允许有 4～5 次尝试。

(6) 3 000 m：被测者标准 400 m 田径场跑 7 圈半，并计时。

(7) 闭眼单脚站立：被测者自然站立，当听到“开始”口令后，抬起任意一只脚，两腿不能接触，同时测试员计时，当被测者支撑脚移动或抬起脚着地时，测试员停表。测试 2 次，取最好成绩，记录以 s 为单位，保留小数点后一位，小数点后第二位数按非零进一原则进位。

(8) 六边形跳：测试滑雪专项的协调、灵敏和动作速度，主要器材有标准六角障碍、秒表、耐磨的铺垫(干的田径塑胶跑道，干沥青)。测试前充分热身，被测者进行 2～4 次热身尝试的特定热身。目标是尽快跳过障碍物。测试开始前被测者站在由长 20 cm，高 32 cm(女)或 35 cm(男)的跳栏围成的六边形内。听到开始信号后，被测者开始在障碍物周围用双腿跳跃，朝速度方向运动。一次尝试由 2 轮组成，然后当被测者在最后一次跳过 32 cm 或 35 cm 跳栏后双腿回到障碍物中间时，计时停止。被测者分别沿顺时针、逆时针方向以最快速度跳过 6 个栏架，共进行 3 轮，将每个方向上的最佳时间相加，并将总和记录为结果。不允许触碰跳栏。

如果跳栏被碰到，并且导致的跳栏震动大到足以让测试组长看出，这个尝试就被记为无效。（注意：除非是在尝试的前两次跳跃期间碰到围栏。在这种情况下，犯规不会被记下来，并且运动员可以重新开始。）抢先开始是不被允许的。

（9）八级腹桥：被测者呈俯卧姿势，以肘部及脚尖为支点，将身体撑起，骨盆处于中立位，头、肩、髋、膝、踝呈一条直线，肘关节屈曲 90°，前臂平行与肩同宽。八级腹桥测试的每一级别都有明确的动作和时间要求，被测者须按规定完成测试。第一级（1 分）：以肘部及脚尖为支点，将身体撑起，要求身体保持中立位，保持 30 s。第二级（3 分）：抬起右臂，要求直臂抬高，置于耳后姿势，保持 15 s。第三级（5 分）：右臂收回，抬起左臂，要求直臂抬高，置于耳后，保持 15 s。第四级（6 分）收回左臂，抬起右腿，要求直腿抬高，勾住脚尖，保持 15 s。第五级（10 分）：收回右腿，抬起左腿，要求直腿抬高，勾住脚尖，保持 15 s。第六级（15 分）：抬起右臂和左腿，要求右臂直臂抬高，置于耳后；左腿直腿抬高，勾住脚尖，保持 15 s。第七级（25 分）：收回右臂和左腿，抬起左臂和右腿，要求左臂直臂抬高，置于耳后；右腿直腿抬高，勾住脚尖，保持 15 s。第八级（35 分）：回到第一级的姿势，保持 1 min。

（10）FMS：用专用设备，以标准化的方法进行测试。

5.1.5.3 机能类指标测试方法

（1）VO_{2max}测试

1）芬兰越野滑雪专用测试方法：跑台持杖走＋气体分析法。男子起始速度为 5.5 km/h，女子为 5.0 km/h，3 min 递增一级负荷，跑台角度同步递增，3°为起始角度，此后每级递增 2°。每级负荷后即刻采集血乳酸。力竭后采第 1、4、7、10 min 的乳酸。结合乳酸判定有氧阈、无氧阈对应强度及心率。乳酸清除率＝（10 min 的值－1 min 的值）/9。气体分析采取闭式方法。

2）挪威越野滑雪专用测试法。①跑步机跑步法测试：在热身 10 min（轻松行走/跑步）后，VO_{2max}测试作为增量测试进行，以恒定的 10.5%（＝6°）倾斜运行，每 1 min 速度增加 1 km/h，直至被测者力竭。起始速度设定为低于测量的乳酸阈值（4 mmol/L）的一个工作负荷（男 5 km/h，女 4 km/h）。VO_{2max}定义为 1 min 内平均的最高 VO_2。最大心率定义为测试期间的最高 5 s 的测量值。完成测试后直接测定 RPE，并在测试后约 1 min 测定血乳酸水平。②跑步机自由滑轮技术测试最大摄氧量：恢复 10 min（轻松行走/跑步）后，在自由式滑雪技术滑轮测试期间进行

VO_2峰值和性能测试，作为增量测试，男性和女性分别倾斜 5%，速度分别为 14 km/h和 12 km/h。倾斜度保持不变，随后每 1 min 将速度提高 1 km/h，直至被测者力竭。VO_{2max}定义为 1 min 内平均的最高 VO_2。最大心率定义为测试期间的最高 5 s 测量值。完成测试后直接测定 RPE，并在测试后约 1 min 测定血乳酸水平。

3）BRUCE 法：跑台递增负荷跑，3 min 递增一级负荷至力竭。男子起始速度为 5.5 km/h，女子为 5 km/h，每级增加 1 km/h。气体分析采取闭式方法，跑台倾斜度起始为 10.5%（=6°），每级负荷增加 1°。

4）功率自行车法：功率自行车递增负荷法。起始功率为 50 W，每 90 s 均上升 25 W。每秒钟转速需要维持在 70～80 转，当被测者无法维持最低30 转/min 或力竭时测试停止。全程采集呼吸气体，气体分析采取开式方法。

除上述直接测评方法外还可采用 12 min 跑、功率自行车递增负荷等间接方法测评最大摄氧量。

（2）温盖特（Wingate）无氧功率测试

准备活动：受试者在功率自行车上蹬车 2～4 min，使其心率上升到 150～160 bpm，其间以 4～8 s 进行 2～3 次全力蹬车。准备活动后受试者休息 3～5 min。

开始测试：发出口令“开始”后，受试者尽力快骑，同时被测者逐渐地调整阻力（2～4 s 内调整好），达到规定负荷后，开始计算蹬圈数。被测者持续做 30 s 最快速度蹬车。一人读圈数，另一人每 5 s 记下圈数。

整理活动：测试结束后，被测者进行放松活动 2～3 min，同时运动负荷尽快减轻。

计算功率：用 Monark 功率自行车进行测试时，可用以下公式计算每 5 s 的功率：功率（W）＝负荷阻力（kg）× 圈数 × 11.765。

评定结果：①最大无氧能力（peak anaerobic power）：6 个 5 s 为一组的圈数中的最大圈数，反映 ATP、CP 分解供能（通常第 1 个 5 s 所算出的瓦特数为最大无氧能力）；②平均无氧能力（average power）：6 个 5 s 的瓦特数的平均数，反映非乳酸和乳酸分解供能；③无氧能力下降率（power decline）：6 个 5 s 组中的最大无氧能力值减去最小无氧能力值，然后除以最大无氧能力值，再乘以 100，其结果值反映疲劳指数。无氧能力下降率＝{（最大无氧能力值－最小无氧能力值）/最大无氧能力值}×100。

（3）血红蛋白测试

标准化的细胞分类法。

(4) 睾酮测试法

放射免疫法或荧光法，国际标准化的测试方法及设备。

(5) 最大心输出量测试

超声心动图标准化方法。

5.1.5.4 心理类指标测评方法

(1) 客观仪器测试类

注意集中、选择反应时、空间位置记忆测试、其他心理仪器测试。具体方法及评价标准见有关仪器或实验室操作指南。

(2) 主观问卷类(自陈报告)

运动员心境状态问卷(POMS)、运动员心理疲劳问卷(ABQ)、大五人格问卷、唤醒水平问卷、运动动机问卷、运动员心理表象问卷、心理定向倾向问卷、情绪管理问卷、运动员意志力问卷、压力应对方式问卷、状态与特质焦虑问卷、运动员自信问卷、斯氏思维方式问卷、躯体症状自评问题(SCL90)、心理亚健康问卷、其他问卷。有关评价方法及常模见问卷使用说明。

5.1.5.5 智力类指标测评方法

可采用瑞文推理测验、认知测试等客观软件测评，学习能力与方式等主观自陈报告问卷，以及其他问卷及软件。有关具体评价方法及常模见问卷使用说明。

5.2 越野滑雪训练质效评价方法

5.2.1 越野滑雪阶段训练效果评估方法

越野滑雪是一项以体能为主导、技术为支撑的周期体能项目。其关键的体能要素包括有氧耐力、无氧耐力、综合力量(包括基础大力量、力量耐力、爆发力及核心力量等)等。为有效评估阶段体能训练效果，有必要建立符合专项需要特点的综合素质、机能评价指标及参考标准体系。

本着紧扣核心体能要素、可操作性、可对比性、简洁有效的原则，并有机结合常用主要训练手段，确定如表 5-5 所示的阶段训练前后测试指标体系，评价阶段训练效果。

表 5-5　阶段训练前后关键基础体能要素评价测试指标

<table>
<tr><th colspan="2">核心指标分类</th><th>测量指标</th><th>测试方法</th><th>阶段训练效果评价方法</th></tr>
<tr><td rowspan="17">体能类</td><td rowspan="4">形态指标（阶段选测）</td><td>身高</td><td rowspan="4">体成分仪测试（电阻法）</td><td rowspan="4">每 2～3 个月测试一次，测试方法、设备及测试者前后统一，了解阶段训练对运动员身体形态的影响</td></tr>
<tr><td>体重</td></tr>
<tr><td>脂肪比例</td></tr>
<tr><td>BMI</td></tr>
<tr><td rowspan="4">身体机能（必测）</td><td>VO_{2max}</td><td>跑台递增负荷跑、持杖走等，气体分析</td><td>3 个月左右测试 1 次或特定训练阶段前后测，如高原训练前后；纵向评价 VO_{2max} 变化趋势及阶段有氧耐力训练效果</td></tr>
<tr><td>有氧、无氧阈心率</td><td>同上，结合每级负荷乳酸测试</td><td>同上；纵向评价有氧阈、无氧阈变化趋势及阶段有氧耐力训练效果</td></tr>
<tr><td>无氧功率</td><td>Wingate（30 s 无氧功率，自行车）</td><td rowspan="2">2 个月左右测试 1 次；评价运动员无氧耐力变化趋势及阶段训练效果</td></tr>
<tr><td>专项拉力无氧功率（输出总率 W）</td><td>专项拉力器，30 s 最大输出功率、3 min 最大输出功率</td></tr>
<tr><td rowspan="9">身体素质（必测）</td><td>单杠硬拉次数或单杠引体 3RM</td><td>单杠 + 壶铃</td><td rowspan="9">1～2 个月测试 1 次，前后比较观察阶段力量训练效果</td></tr>
<tr><td>最大卧推（kg）</td><td>卧推架</td></tr>
<tr><td>次最大深蹲（最大重复次数）</td><td>深蹲架
男子：体重 150%
女子：体重 120%</td></tr>
<tr><td>悬垂仰卧起坐</td><td>悬木</td></tr>
<tr><td>立定跳远或立定 3 步跳远</td><td>沙坑或室内平地</td></tr>
<tr><td>3 000 m 跑</td><td>田径场</td></tr>
<tr><td>核心稳定性</td><td>八级腹桥</td></tr>
<tr><td>FMS</td><td>健身房标准测试（7 个动作）</td></tr>
</table>

注：有关指标评价参考标准见 5.1.5 部分内容。

5.2.2 越野滑雪有氧耐力训练质效评价方法

5.2.2.1 最大摄氧量(VO_{2max})

VO_{2max}是指人体在进行有大量肌肉群参加的长时间剧烈运动中，当心肺功能和肌肉利用氧的能力达到本人极限水平时，单位时间内所能摄取的最大摄氧量，是衡量运动员有氧能力最重要的指标之一。它综合反映机体摄入O_2能力、血液运输O_2的能力、组织换气的效率以及机体组织利用O_2的能力。VO_{2max}与耐力性运动项目的运动成绩直接相关。通过阶段系统化的有氧训练后，可以用VO_{2max}有效评估有氧耐力训练效果，即最大摄氧量的提高幅度。

5.2.2.2 心率

正常人安静时心率在 60～100 bpm，它受很多因素影响，存在个体差异，在不同年龄，不同时期，不同性别的生理状况时，心率都有可能不同，但是健康者都会在 60～100 bpm 的正常范围。每个人的心率都有他们的极限值即最大心率(HR_{max})。Fox 于 1971 年提出了最大心率＝220－年龄。它是监控训练强度的有效指标。经常参加训练的运动员的基础心率会降低，是机体对心储备能力提高的结果。在运动中心率的增加目的是提高心输出量，而心输出量的增加有两种途径：一是提高心率，即心率加快增加心输出量来满足机体的需要；二是提高每搏输出量，即通过每次射血量增加来实现。训练有素的运动员安静时的心率只有 50 bpm 左右(甚至更低)，但是每分心输出量不变，因为训练能提高心脏的每搏输出量。同负荷下运动员的即刻心率降低，心率恢复加快，表明运动员机能状况有所提高。在同等负荷下，运动员心率越高，说明他的心肺能力越差，运动员心率越低，说明他的心肺功能越强。

随着最大摄氧量的提高，有氧阈、无氧阈对应的心率也会提高，提示有氧耐力的改善，即更高的运动速度才能达到相应的有氧阈(2 mmol/L)、无氧阈(4 mmol/L)乳酸水平和对应的心率水平。在同等运动速度下则对应的乳酸、心率会更低。

心率测试方法：PolarV800 或以上配置型号，全程遥测心率。

5.2.2.3 血乳酸

血乳酸既可用来评价有氧训练效果，也可用来评价无氧训练效果，同时也是评价训练负荷强度的敏感指标。将运动速度、心率、乳酸同步测试观察，可以有效评估不同速度下对应的乳酸水平及心率水平。如果通过一段时间的有氧训练后，在控制同样运动路线、速度前提下比较乳酸、心率的前后测值可以有效评价有氧耐力是否提高或下降，如果同等运动速度下对应的乳酸、心率下降提示有氧耐力提高，或者同等乳酸、心率水平下运动速度提高也提示有氧耐力的提高。另外结合最大摄氧量测试或专门的乳酸阈测试也可有效评价有氧耐力的变化。如有氧阈、无氧阈水平的提高均提示有氧耐力的改善。

血乳酸也是把控耐乳酸训练质量、评价无氧耐力水平的有效指标。如在极限或次极限强度的多组次间歇训练中，可以应用血乳酸指标把握血乳酸堆积水平，血乳酸水平越高则耐乳酸训练效果越好（包括负荷强度的合理设定及训练间歇的科学把握）；阶段训练前后的比较（可以从 2 个角度来评价）可以有效评估无氧训练效果及队员的无氧耐力水平，如果平均间歇负荷强度提高了，同时乳酸也提高，或者绝对速度提高了同时乳酸也提高，提示运动员无氧代谢能力的提高。另外，运动员在比赛全程的后程冲刺能力改善也可提示耐乳酸能力的提高。

常用的乳酸测试方法包括：酶膜法（YSI-1500 型）、掌上型乳酸测试仪。

5.2.2.4 无氧阈测试方案

跑步机跑步：完成 10 min 的低强度热身（Borg＝10）。使用分级方案以 10.5%（＝6°）倾斜度进行乳酸测试，包括 4～6 个 5 min 测试周期，逐步增加工作负荷（1 km/h），每个阶段之间恢复 30 s。女性和男性的起步速度通常应为 6 km/h 或 7 km/h。在每个阶段的第三和第四分钟之间收集呼吸记录，心率定义为每个阶段的最后 30 s 的平均值。在完成每个阶段后直接测量感知疲劳（RPE）和血乳酸水平的等级。当参与者达到＞ 4 mmol /L 的血乳酸浓度时，测试完成。

跑步机滑轮：完成 10 min 的低强度热身（Borg＝10）。在跑步机滑轮测试期间使用 5%倾斜的自由滑技术进行乳酸测试，包括 3～5 个 5 min 的周期，逐步增加负荷强度，每个周期之间有 60 s 的恢复。通常情况下，女性以 10 km/h 的速度开始，男性以 12 km/h 的速度开始，每个阶段的速度增加 2 km/h。在每个阶段的第三和第四分钟之间收集呼吸记录，心率定义为每个阶段的最后 30 s 的平均值。在完成每个阶段后直接测量感知疲劳(RPE)和血乳酸水平的等级。当参与者达到> 4 mmol/L 的血乳酸浓度时，测试完成。在工作负荷的最后60 s期间的视频记录确定运动学变量(即动作长度、周期时间、循环速率)。为了测量工作经济性和效率，在此阶段还包括 VO_2 记录。总效率(GE)用作功率的度量，并定义为功率和代谢率的比率。有氧训练过程监控指标及质量控制标准详见表 5-6。

表 5-6　有氧训练过程监控指标及质量控制标准

训练性质	主要手段	训练模式	持续时间	有氧比例	心率	乳酸
再生性有氧训练	滑轮、滑雪、慢跑、走	持续训练	30～60 min	95%以上	I1	<2 mmol/L
低强度有氧训练	滑轮、滑雪、跑步、自行车、持杖走	持续训练	120～240 min	90%～95%	I1～I2	2 mmol/L 有氧阈
中强度有氧训练		重复或持续训练	90～180 min	90%左右	I2～I3	3 mmolL 无氧阈下
高强度有氧训练	滑轮、滑雪、跑步、自行车	重复、持续或间歇训练	90～120 min，间歇 3～5 min	80%～90%	I3～I4	4 mmol/L 无氧阈
混合代谢有氧为主		重复、持续或间歇训练	60～90 min，间歇 2～3 min	75%～85%	I4	4～6 mmol/L 无氧阈上

5.2.3　越野滑雪无氧耐力训练质效评价方法

无氧代谢能力是运动速度和速度耐力的基础和关键。运动实践中，无氧功率是评定运动员机体无氧代谢能力的主要指标。研究认为，无氧功率代表运动员短时间内做功的能力，而 30 s 最大能力持续运动的测试均能测出运动员的绝对力量、速度耐力和耐力力量水平。

Wingate 无氧功率自行车试验指标主要包括：最大无氧功率(max power)、平均无氧功率(mean power)、无氧功率递减率、每 5 s 的平均功率。最大无氧功率是肌肉在短时间内输出功率最大值的能力，它的值越大，说明其爆发力越强。最大无氧功率反映磷酸肌酸系统的工作能力，它的值越大，ATP 的最大分解率和 CP 的最大合成率就越高。无氧功率递减率是测试过程中最大功量值减去最低功量值，除以最大功量值的百分比，这个值反映的是受试者的疲劳状况，数值越大说明受试者疲劳程度越大。

30 s ConceptⅡ滑雪机法：①受试者在测功仪上滑行 2～4 min，使其心率上升到 150～160 bpm，其间 4～8 s 进行 2～3 次的全力同推滑行；②准备活动后受试者休息 3～5 min；③发出口令“开始”后，受试者全力同推；④测试结束后，受试者进行放松活动 2～3 min，同时运动负荷尽快减轻；⑤输出结果：滑行距离、平均功率、平均速度。可带心率表采集全程心率，选测乳酸。无氧训练过程监控指标及质量控制标准详见表 5-7。

表 5-7 无氧训练过程监控指标及质量控制标准

训练性质	主要手段	训练模式	持续时间	无氧比例	心率	乳酸
中等强度混合代谢	滑轮、滑雪、跑步、自行车	持续、间歇或重复训练	5～90 min	10%～20%	I3～I4	4～6 mmol/L
高强度混合代谢		重复或间歇训练	30 s～60 min	15%～30%	I4～I5	6～10 mmol/L
耐乳酸训练		间歇训练	20 s～5 min	30%～80%	I5	10 mmol/L 以上
速度训练	滑轮、滑雪	重复训练	10～30 s	90%以上	I4～I5	6～10 mmol/L

5.3 运动员生理、心理疲劳监控方法

5.3.1 运动生理疲劳有关理论与学说

从 1815 年莫索(Mosso)的描述手指肌力和 1903 年谢诺切夫探索交替性、重复性力竭肌肉工作开始，运动生理疲劳研究已有百余年历史。早期的疲劳研究主要是劳动疲劳的相关研究成果。1904 年拉格朗日(Lagrange)首先提出工作过度时身体机能减退，伴有生病的感觉。1946 年查西伯特(Chailley-Bert)认为疲劳是组织器官兴奋性降低的现象，是一种防御反应。在研究的早期阶段，

因运动疲劳与劳动疲劳、心理疲劳等密不可分，故常用一般性的疲劳概念来解释运动疲劳。直至1982年在第5届国际运动生化会议上，首次将运动疲劳定义为：机体生理过程不能持续机能在某一特定水平上或各器官不再保持稳定的工作能力。

目前关于运动生理疲劳普遍认可的理论有“堵塞”学说、能源衰竭学说、内环境稳定性失调学说、自由基学说、细胞凋亡学说、过度训练理论、突变理论、中医疲劳理论等。

关于生理疲劳有多种理论学说解释，不同的学说都有不同的机制来提供支持。1935年西蒙森（Simonson）提出疲劳包括下列几个基本过程：代谢基质疲劳产物的积累、活动所需要基质耗竭、基质的生理生化状态改变、调节和协调机能失调等，即为“堵塞”学说、能源衰竭学说、内环境稳定性失调学说的起源机制研究。

1981年爱德华兹（Edwards）提出疲劳是运动能力的衰退，形如一条链的全或无断裂现象，突变理论相关研究就此开展。1956年德纳姆·哈曼（Denham Harman）认为生物体内具有一整套产生和清除自由基的平衡体系，随着年龄的增加机体出现退行性变化，这可能是受到内、外环境的影响和机体抗氧化酶的活性不断下降使体内的自由基物质过剩的结果即自由基学说的机制研究。细胞凋亡学说是由克尔（Kerr）等人于1972年首次提出，又称编程性死亡，是一种有别于坏死的细胞死亡形式，20世纪80年代威利（Wyllie）揭示了细胞凋亡独特的生物学特征，细胞凋亡的研究就此备受关注。我国研究者曾耀英总结了细胞凋亡分子机制研究进展。目前，细胞凋亡机制研究仍是运动疲劳研究领域的热点。

长期运动训练过程中常常会因训练负荷过大，超过机体适应能力，训练后又得不到充分恢复，机体就不能适应而导致运动员出现运动状态下降、综合疲劳感、机能紊乱并可能伴发各种不健康症状等综合疲劳症候群。直到1995年莱曼（Lehmann）将该状态定义为过度训练综合征。目前，国际运动医学界将过度训练综合征从时间维度分为长期过度训练和短期过度训练，从症状严重程度维度分为轻度、中度和重度过度训练。1997年我国研究者张世明等开始从中医理论研究运动疲劳，1999年潘珊珊等从中医理论的整体观念出发以中医脏腑学说为依据论述脾肾与运动疲劳、心与运动疲劳、肝与运动疲劳等，归纳总结了中医疲劳理论。运动中经常出现运动肌肉痉挛,俗称“抽筋”,指在运动中或运动后出现的骨骼肌疼痛和不自主收缩,2017 年张恩育对此现象的机制进行归纳。

不同的理论是基于不同研究者在其特定视角下解释疲劳形成的原因,都有其合理性和独到的适用范畴。有关疲劳机制、理论、学说的提出为运动疲劳的针对性诊断、评价与干预措施与方法的研究及实践应用奠定了重要基础和导向。

5.3.2 运动生理疲劳诊断方法

早期人们对疲劳这一状态没有具体标准的时候只能通过“不能维持某一状态下的运动”来去判断运动者是否疲劳。运动时人体产生疲劳是一种综合性的生理过程。人的疲劳主要反映在人体的神经系统、心血管系统以及骨骼肌的疲劳。一般将疲劳分为三个层次:轻度、中度和重度疲劳。欧阳萍把不同程度疲劳表征归纳如表 5-8。

表 5-8 不同程度疲劳表征对比表

表征	轻度疲劳	中度疲劳	中度疲劳
自我感觉	无任何不适	疲乏、腿痛、心悸	恶心呕吐等征象
血色	稍红	相当红	十分红,有时呈紫色
排汗量	较少	较多	非常多,整个躯干部,在颈部以及汗衫上可以出现白色痕迹
呼吸	中等轻快	显著加快	显著加快,有时呼吸急促节律紊乱
动作	步态轻稳	步伐摇摆不稳	摇摆现象显著,伴随动作不协调

单纯通过运动员的行为表现判断疲劳程度只是一种主观判断,结果可比性、客观性不足,且易于导致不同评判者评估结果的偏差,会较大程度影响评价结果的信度、效度及稳定性。故如何基于科学手段对不同性质运动疲劳进行更为客观的定量评价就成为有关研究关注的重要研究方向。随着运动生命科学理论发展与技术的进步,20 世纪后期,研究者分别探索、建立了应用生理生化指标来测评运动疲劳,常用的生理指标包括体温、晨脉、心率、心率变异性、血压、主观体力感觉等级、膝反射阈、闪光融合频率、血压体位反射、皮肤空间阈、最大

摄氧量、无氧功率衰减率、反应时、心电图、肌电图、脑电图、肌力测试等。基于有关文献，将部分生理生化指标归纳如表 5-9。

表 5-9　常用生理指标归纳

生理指标	诊断参考标准
晨脉	较非疲劳状态频次增加
心率	同负荷下较非疲劳状态频次增加或心率恢复速度变慢
心率变异性	恢复速率越快疲劳程度越低（目前尚不统一）
血压	与平时状态比较，脉压变大（目前尚无统一标准）
主观体力感觉等级	分值为 6～20 分，分值越高提示疲劳感越强
闪光融合频率	疲劳状态闪光频次至连续感光次数降低
血压体位反射	2 min 内完全恢复无疲劳，恢复一半以上为轻度疲劳，完全不能恢复为重度疲劳
皮肤空间阈	较安静时增加 1.5～2 倍为轻度疲劳，2 倍以上为重度疲劳
呼吸肌耐力测试	连续测试 5 次，间隔 15 s，记录肺活量值
最大摄氧量	最大摄氧量变化趋势、乳酸清除率（目前尚无统一标准，只是趋势分析）
反应时	疲劳后延长
心电图	疲劳时 S-T 段下移，T 波倒置
肌电图	疲劳表现为电机械延迟（EMD），积分肌电增大（IEMC），均方根振幅增加（EMS）等
脑电图	疲劳时表现为慢波成分增加、认知功能下降、自主神经系统紊乱等（目前尚无统一标准，只是趋势分析）
肌力测试	肌力下降，等速肌力测试疲劳指数变化等

就目前研究进展看，机体中与运动疲劳相关的生物标志物包括代谢产物、生化指标、中枢神经递质、自由基、血红蛋白、激素等，常用的生化指标包括血乳酸、肌酸激酶、尿素氮、血氨、尿胆原、血红蛋白、激素等可分别通过血液、尿液、唾液等采样来检测有关标志物综合判断疲劳。曹庆雷、罗明刚等分别将血液、尿液中与运动疲劳相关的生物标志物评价意义归纳如表 5-10、表 5-11。

表 5-10　血液中与运动疲劳相关的生物标志物评价

生物标志物	简介及功能	正常时	与运动疲劳关系
血红蛋白(Hb)	红细胞的主要成分，在体内输送氧和二氧化碳，维持体内酸碱平衡	正常时血红蛋白会输送机体足够的氧气	运动疲劳使红细胞破坏，血红蛋白从红细胞中逃离出去，影响运动能力
血清肌酸激酶(CK)	CK 可以催化 ATP 的形成，是 ATP 恢复的反应催化酶，与运动后能量的平衡有关	正常时下，血清 CK 主要由肌细胞中透过细胞膜进入血清，一般含量很低	运动疲劳使细胞膜的通透性增加，CK 从细胞内释放到血液，CK 含量升高
血清睾酮/皮质醇比值(T/C)	睾酮是雄性激素，皮质醇属于快反应型糖皮质激素，睾酮是激素体内合成的激素，皮质醇是加速体内物质分解代谢的物质	正常时，T/C 比值，代表了体内物质合成代谢和体内营养分解代谢平衡的指标	运动疲劳时，机体处于消耗的状态，游离睾酮浓度极显著降低，而皮质醇浓度有所升高，蛋白质分解超越合成水平
一氧化氮(NO)和一氧化氮合酶(NOS)	机体内的 NO 是在 NOS 的催化下，消耗左旋精氨酸和氧分子，同时也会产生左旋肌氨酸	正常时 NO 可以促进血液量的增加和血管的扩展，调节体内血液的供应	NO 的下降可以引起运动疲劳
琥珀酸脱氢酶(SDH)	琥珀酸脱氢酶(SDH)是线粒体内膜中参与的三羟酸循环的关键酶，可以用来评定运动员的有氧氧化能力	正常情况下 SDH 位于线粒体内膜上，不会进入组织液，从而进入血液	运动疲劳时，肌肉组织损伤，线粒体膜通透性增加，SDH 活性可以用来反映三羟酸循环的情况

表 5-11　尿液中与运动疲劳相关的生物标志物评价

生物标志	来源	正常条件	运动疲劳
尿液 pH 值	乳酸、丙酮酸等	pH 7	pH 下降 3～4
尿蛋白	肾小球滤出	微量 2～8 mg	增加 3～4 倍
尿隐血	红细胞滤出	检测不到	可以检测到
胆红素	血红蛋白分解	正常值	升高
尿胆原	血红蛋白分解	正常值	升高
尿肌酐	肌酸或 CP 分解	正常值	升高

生化指标能客观地呈现出运动员机体内环境情况，因此生化指标是国内外研究者普遍接受认可的客观描述疲劳的指标。目前主要应用的常规性生理生化指标评价运动员疲劳已被国际运动界广泛认可并在训练实践中得到有效且广泛应用，提示运动疲劳的生理生化常规监控方法已经比较成熟。

表 5-12 基本汇总了目前训练实践过程中常用的主要运动生理疲劳分类监测方法，其中绝大多数方法已经比较成熟并在运动实践中得到了较为广泛的有效应用，不同类别的监测方法具体监测手段和评价标准在不同实验室、运动队、科医人员中有所不同，有关测评人员可基于标准化的方法、评价标准结合运动员个体、训练实践和经验进行评价。但有些方法目前尚不成熟，仍在发展中，如脑疲劳有些具体测评技术的评价标准尚无常模，未来前沿技术仍在理论探索和方法应用有效性验证过程中。

表 5-12　常用生理疲劳检测方法归纳

常用疲劳检测方法	主要具体指标、方法
生理学疲劳监测方法	闪光融合频率、血压体位反射、皮肤空间阈、无氧功测试、等速肌力测试、肌电图、唾液 pH 值、氧分压、反应时等
生物化学疲劳监测方法	血乳酸、肌酸激酶（CK）、乳酸脱氢酶（LDH）、碱性磷酸酶（ALP）、乙酰胆碱（ACh）、超氧化物歧化酶（SOD）、过氧化氢酶（CAT）、过氧化物酶（POT）、免疫球蛋白、尿素氮、血氨、尿胆原、转铁蛋白等
局部疲劳监测方法	肌力等素质测试、膝反射阈、反向跳跃测试（CMJ）、队医医学诊断等
心肺功能疲劳监测方法	心率（晨脉）、心率变异性、最大摄氧量、呼吸肌耐力测试等
常用脑疲劳检测方法	脑电图、脑电地形图、脑波超慢涨落技术、ERP、Ω 脑波、认知行为学等
常用运动学疲劳检测方法	肌力测试、柔韧性（如 FMS）、协调性、灵敏性测试、主诉等
内分泌标志物监测方法	5-羟色胺、儿茶酚胺、血睾酮、皮质醇、血睾酮皮质醇比值、生长激素等
免疫学标志物监测方法	免疫蛋白 A（IgA）、免疫蛋白 G（IgG）、免疫蛋白 M（IgM）、细胞免疫指标等
组织学疲劳监测方法	白细胞、红细胞的数量与形态、血红蛋白、红细胞比容（细胞分类法）、肌红蛋白、肌糖原等

（续表）

常用疲劳检测方法	主要具体指标、方法
中医学疲劳监测方法	机能疲劳等的中医临床诊断方法
未来疲劳监测方法前沿	基因检测技术、DNA 端粒、细胞凋亡、自由基过氧化产物（如丙二醛）等

除前述常规生理生化监控指标体系外，随着生命科学理论与技术的进步，国内外研究者开始从运动疲劳的自由基、细胞凋亡、认知与脑疲劳等原理和技术角度探索运动疲劳的新的测评技术与方法。如自由基相关标志物丙二醛（MDA）、超氧化物歧化酶（SOD）、过氧化氢酶（CAT）、谷胱甘肽过氧化物酶（GSH-PX）等，以及中枢神经递质相关生物标志羟色胺（5-HT）、多巴胺（DA）、去甲肾上腺素（NE）、乙酰胆碱（ACh）、NO 和组织内皮素（ET）等。但受有关疲劳测评技术上不成熟、难以形成有效的疲劳界定标准，且由于有关技术操作复杂、设备价格较高等因素影响，目前尚停留在实验室研究阶段，难以推广到运动训练实践中应用。

由于运动生理疲劳性质的复杂性，不同生理生化指标的评价指向也不同，不同指标分别从不同生理生化机能角度对疲劳程度进行测评，都有一定局限性，尽管应用客观指标对运动疲劳状态进行判断是一大进步，但在实践应用过程中将多种指标及运动员的主观感受相结合的综合判断结果才能更有意义。

5.3.3 越野滑雪运动员生理疲劳监控方法应用

越野滑雪运动主导的训练方式为持续性中低强度有氧训练，年度训练负荷量占比高达 90%左右，在长期的大负荷量训练过程中，运动员难以避免会产生疲劳。通常表现为运动能力下降、素质测试水平下降、身体机能状态下降等，并可通过上述生理、生化指标进行有效监测评价。根据不同阶段的训练安排可以选择有关指标进行针对性、个体化评估其疲劳状态。根据多年来训练实践经验总结，我们将越野滑雪训练疲劳常用的主要测评指标及应用方法归纳如表 5-13。

表 5-13 越野滑雪训练疲劳最常用的测评指标及应用方法

主要指标	测试方法	测评安排频度	疲劳判断标准
血红蛋白(Hb)	细胞分类法	每 2～4 周一测	下降 10%
肌酸激酶(CK)	自动生化法	每周一测	反常升高
尿素氮(BUN)	自动生化法	每周一测	反常升高
睾酮/皮质醇(T/C)	荧光免疫法	每 4 周一测	减低 30%以上
最大摄氧量(VO_{2max})	气体分析法	每 2～3 个月一测	下降 10%以上
无氧功率	Wingate	每 2～3 个月一测	平均、峰值功率降低；衰减率升高
固定强度血乳酸	试纸法	阶段性选测	升高，且清除率变慢
运动负荷承受能力	负荷量、强度	阶段性选测	同负荷呈下降趋势
运动能力及素质	运动参数	阶段性选测	下降 10%以上
心率变异性(HRV)	Polar 疲劳测试	每天晨起	频域指标下降
疲劳指数	FIRSTBEAT	每天晨起	升高 10%以上
运动状态指数	FIRSTBEAT	每天晨起	下降 10%以上

运动疲劳必须结合个体基线值、阶段训练状态、有无健康问题、个体主观感受、训练观察等综合评价，不宜教条化解读个别指标的变化对疲劳诊断的意义。另外，还需结合有关心理状态测评来判断运动员是否有心理疲劳(ABQ)。

任何专业化训练都难以避免疲劳现象，甚至是有效训练刺激的必要条件，对疲劳的适应能力的提高也是运动员训练水平提高的现象，故在疲劳诊断与基于诊断结果进行训练计划的调整时必须慎重，不能一发现某指标呈现疲劳迹象就建议训练调整。但一定注意防范的是过度疲劳及疲劳的持续积累。

5.3.4 越野滑雪运动员心理疲劳与中枢疲劳监控方法

5.3.4.1 运动心理疲劳理论及监测方法

(1) 运动心理疲劳理论

运动性心理疲劳指在运动训练过程中，因各种内外部因素对运动员施加较大心理负荷而导致的运动员心理加工能力暂时下降或扰乱并伴有相应内、外部症状的脑功能状态。主要症状包括中枢疲劳、躯体与行为症状、负性情绪、动机水平下降、对运动负评价5个维度。

运动性心理疲劳产生过程：综合刺激负荷强度大、量大、密度大→恢复不足→机能下降→结构与机能紊乱→机能下降、情绪变化、中枢信息加工能力下降、中枢工作状态下降→认知加工能力下降、综合疲劳→新的刺激→加重疲劳→过度训练→心理耗竭→动机、认知、情绪稳定、行为控制能力下降。

运动性心理疲劳主要表现为以下几个方面。神经生理：信息加工能力下降、注意集中下降、转换能力下降、感知觉能力下降、运动控制能力下降等；认知评价：负评价倾向、动机水平下降；负性情绪：各种焦虑、心境状态、烦躁、郁闷、易怒、放弃等；体征：身心疲劳感、机能下降、头痛、头脑不清楚、睡眠食欲差、各种其他不适感、免疫力下降等；行为症状：训练比赛能力下降、训练抵触与逃避、恢复能力下降、素质技术水平下降、攻击行为等。

（2）运动心理疲劳检测方法

神经生理：脑波超慢涨落技术（ET）的脑电疲劳指数、事件相关电位（ERP）的认知加工等；心理量表：心境状态、运动员心理疲劳问卷、心理耗竭问卷、应激恢复问卷等；行为指标：任务操作能力下降（反应时等）、记忆、思维操作等。

上述检测评价手段根据具体情况综合应用，每个手段适用于检测不同的症状。如ET对中枢疲劳敏感，ERP对认知加工能力评价敏感，自陈报告量表对情绪、自我评价、动机状态、躯体症状较敏感，行为观察对行为状态较敏感，访谈有利于综合判断等。核心指标：中枢疲劳指标、心理量表（两种）+行为观察或访谈。辅助指标：反应时等心理测试仪器、有关生化指标等。

单一核心指标提示中度疲劳状态，即可判断有某种心理疲劳。如脑电疲劳指数超过30，原则上即可判断该队员脑功能处于疲劳状态；如疲劳指数25～30之间，结合量表或行为观察也可提示疲劳状态；有关心理量表测评为疲劳结合行为观察可提示精神疲劳；两个核心指标同时提示疲劳状态，可以认为疲劳较为严重；单一定量核心指标的轻度疲劳加上典型的躯体行为症状也可判断为心理疲劳；神经生理指标判断标准（以ET为例）：25～30为轻度疲劳，30～35为中度疲劳；35以上为重度疲劳。

在测评中要注意个体差异，最好纵向观察；定量测评结合定性判断（行为观察）。心理量表判断标准：依据不同量表的评价方法，结合量表常模、项目特点、个体特点进行纵向观察，评价时注意观察特殊敏感维度，并结合行为观察或访谈情况进行综合判断，某维度重复或持续出现异常值，如排除虚假情况或特殊原因也可视为疲劳状态出现。

5.3.4.2 运动中枢疲劳理论及监测方法

（1）运动中枢疲劳理论及相关研究

保护性抑制学说认为人体长时间重复运动或短时间进行强度大的运动，因神经细胞“能量消耗”多所产生的保护性抑制，出现中枢及机体活动能力下降的现象。

有关中枢疲劳机制的研究主要集中于氨基酸代谢与脑内神经递质方面。5羟色胺(5-HT)作为一种广泛存在的抑制性神经递质，参与情绪、食欲、睡眠、体温等神经活动调节，大脑5-HT被认为是中枢疲劳的可能性递质。r-氨基丁酸(GABA)的升高也是产生中枢疲劳的原因之一，在运动状态下，随运动时间的延长和强度的增加，大脑中的r-氨基丁酸显著增加，这意味着脑中保护性抑制的发展，大脑兴奋性降低，中枢产生疲劳。多巴胺(DA)也是与运动性疲劳发生有关的神经递质。研究证实大脑DA与激发、促动作用以及肌肉协调能力密切相关。长时间运动后中枢DA水平的明显降低可能是导致运动性疲劳的重要原因。乙酰胆碱(ACh)是人体内含量最多的神经递质，当ACh中枢浓度下降时，中枢疲劳就会发生。血氨在运动时主要由肌肉产生并释放到血液，可通过血脑屏障，并具有毒害作用，故有人认为NH3也是引发CNS疲劳的因素之一。其他还包括NO、乳酸等也可能与中枢疲劳有关。

在长期高压力、大负荷、封闭性训练过程中，运动员经常会进行各种认知操作任务，如训练与生活问题思考、注意集中、技术纠错、行为策略决策、制定与执行行为计划、感知觉、记忆、心算、信号识别、判断决策、语言表达等认知任务，在此过程中时刻离不开大脑基本与高级认知功能的参与，导致运动员经常处于高认知负荷状态。运动员运动性中枢疲劳（亦称脑疲劳）的诱因主要与大负荷训练或生活过程中运动员过度用脑，特别是与运动训练、竞赛及生活和学习思考过程中有关认知操作行为负荷偏大，导致大脑内兴奋性神经递质活力下降，抑制性神经递质活力升高有关。诸多研究已经证实大负荷训练及持续30 min以上的认知操作会导致运动员中枢疲劳的发生，进而影响其训练、竞赛、生活行为绩效和能力的下降。

随着神经生理学技术的发展，一些先进的脑疲劳测评技术开始应用于不同人群的中枢疲劳监测与相关研究，取得了比较丰富的研究成果。翟晴晴应用ET技术对不同强度训练对越野滑雪运动员脑功能影响的研究发现1 h的耐力训练及大强度训练可诱发运动员的中枢疲劳，林岭应用ET技术在射箭队进行的研究发现，长期训练会导致运动员的中枢疲劳并导致运动员的注意集中能力下降，刘建秀应用ET结合ERP的一项研究表明1 h的认知操作任务会导致大学生运动员的中枢疲劳并影响其认知能力，研究还发现持续30 min的心算任务、连线任务、记忆任务等会导致运动员的5-HT升高，诱发中枢疲劳。

（2）运动中枢疲劳监测方法

目前采用的神经生理技术主要包括脑电图（electroencephalogram，EEG）、脑电地形图、脑波超慢涨落技术（ET）、事件相关电位技术（ERP）、近红外脑功能成像技术（functional near-infrared spectroscopy，fNIRS）、功能性磁共振技术（fMRI）等。

1）脑电图技术。脑疲劳时脑电图变化特征：①脑电波出现15～18 Hz/s的快节律和6～7 Hz/s的慢活动，显示紧张并伴有焦虑现象。②中枢疲劳时大脑唤醒水平受到抑制，主要表现为在心理诱发条件下α波被抑制，可根据诱发条件下α波被抑制的程度评价大脑唤醒水平的高低及中枢疲劳。

2）脑Ω波技术。Ω波利用直流电的方法记录和分析运动员脑部的超低生物电活动来评价中枢神经系统的功能状态，直流电波的最佳范围在9～45 mV之间，大脑直流电位过低，表明运动员当前处于较低的唤醒水平，过高时表明运动员处于较高的焦虑状态。Ω波测试系统中的"综合准备状态""中枢神经系统准备状态""心肺调节系统功能状态""压力""功能储备"五项指标的得分情况可综合反映运动员的训练状态和中枢疲劳状态。得分为1～7分，得分越低提示运动员疲劳越严重。

3）心率变异性技术（heart rate variability，HRV），通过心率的检测评估中枢神经系统中的交感副交感神经功能匹配与稳定性而评价中枢疲劳。心率变异性指标包括时域指标（RMSSD等）和频域指标（低频、高频等）。RMSSD表示相邻心跳间期差值的均方根，在即刻训练后5 min时评价运动员的训练强度指标，是评价运动员疲劳的有效指标。LF、VLF：反映交感神经状态。HF：反映迷走神经状态。Total power：反映控制系统的活动水平。当训练负荷较大或身体机能不佳时，心率变异性降低，反映在交感神经的 LF、VLF 值升高，HF 值下降，反映心率变异性的总功率降低，不利于机体及时恢复，易造成疲劳的累积。另外可以应用博能遥测心率表中的疲劳测试方法，每天早晨起床前分别进行 3 min 静卧、3 min 站立姿态的 HRV 变化来判断运动员的中枢自主神经功能状态，如 RMSSD 值升高，提示运动员状态良好，若降低则提示中枢疲劳。

4）脑波超慢涨落技术（ET）。该技术可通过超慢波频谱的变化推算中枢神经递质活动水平和大脑的熵值。如 S4 谱系（代表 5-HT）、S1 谱系（r-氨基丁酸，GABA）活动增强，其他兴奋性神经递质有关谱系活动减弱，提示中枢疲劳，熵值升高可能也与中枢疲劳有关。

5）事件相关电位技术（ERP）。通过特定的认知操作任务诱发相应的脑电成分变化来评价认知功能状态。在认知性疲劳时有关认知操作任务诱发的相应脑电成分波形的波幅会降低，潜伏期会延长。

6）生物反馈技术（biofeedback technology，BT）。运动性疲劳发生时，BT 复合指标表现出 HRV 指数下降，HRV 时域指标（SDNN、SDSD、RMSSD、PNN50）、频域指标（LF 功率值、HF 功率值、F\HF）、SAa 上升，EEG 脑波（α 波、β 波、SMR 波、θ 波）功率谱值均上升等显著的规律性变化。BT 复合指标疲劳曲线主要呈现两型变化趋势图，且多表现为变化幅度或数值波动区间增加，曲线急剧上升、下降或四期变化以及周期改变、呈现三波峰等突出的特征性改变。

7）近红外光谱技术。可以用来检测脑部不同功能区活动时血流动力学参数的变化，是当前非常有潜力的脑功能检测技术。该技术可获得脑部相应区域在脑功能活动过程中 HbO_2 和 Hb 含量的变化，最后通过神经血管耦合的原理来反映脑部不同功能区的活动情况。在头部前额叶敏感位点测得的血液参数可以作为评估疲劳水平的一个潜在指标。

5.3.4.3 越野滑雪运动员心理状态监测方法系统

根据滑雪项目特征、阶段训练竞赛工作可能对运动员产生的心理状态影响，经过长期跟踪测试，建立了一套科学、系统、规范、可操作性强的心理监测制度和实施工作程序。筛选并确定 POMS、ABQ、大五人格、SCL90 为国家队运动员进行长期心理监测的指标。建立了可供纵向和横向比较的重点运动员心理测试数据库和评价方法。运动员心理监测体系如表 5-14。

表 5-14　运动员心理监测体系

工作程序	具体内容
检测工具	心境状态（POMS）、运动员心理疲劳（ABQ）、SCL-90 等
检测方法	纸笔测验、问卷星网上或手机填写
检测对象	国家队重点队员为主，兼顾其他队员
检测目的	了解把握运动员心理状态变化、人格特点及心理健康情况
评价标准	依据公布的常模结合队内数据分布
评价反馈	对总分、维度分级个别波动大的条目进行个体反馈评价
统计分析	个体、团队变化趋势的重复测量方差分析，组间差异对比分析等
检测计划	平均每月 1 次，特殊时间段（如高原训练、某重大比赛前后等）的针对性前后测

5.4　越野滑雪科学化监控指标测评方法系统

5.4.1　主要测试指标及评价意义

越野滑雪体能要素主要包括：身体形态、身体机能、主要运动素质三大类。故评价专项体能训练效果必须紧扣越野滑雪专项体能要素来去确定。主要体能训练效果的科学评价指标见 5.1.3 节。除上述专项体能要素评价指标外，还要考虑专项体能训练过程中的运动员训练负荷适应性及疲劳等有关生化、生理科研指标，见表 5-15。

表 5-15 训练监控常用检测指标、方法、频度及评价意义

测试项目	赛前频度	基础频度	测试方法	测试目的与作用
血常规	2周一次	每月一次	分类计数	健康评价
尿素氮	随机	每周一次	自动生化等	训练反应与状态评价
肌酸激酶	随机	每周一次	自动生化等	训练反应与状态评价
血睾酮/皮质醇	阶段	阶段	放射性免疫	训练反应与状态评价
血乳酸	随机	随机	试纸法或酶膜法	强度、质量、效果评价
免疫学指标	阶段	阶段	自动生化	健康评价
营养学指标	阶段	阶段	自动生化	健康评价
身体成分	阶段	阶段	电阻	体重控制
训练心率	每天	每天	遥测心率表	强度监控
心率变异性	每天	每天	遥测心率表	疲劳监控
超声心动图	阶段	阶段	医学成像	训练适应与机能评价
形态测试	阶段	阶段	人体测量	一般监控与效果评价
等动力量	阶段	阶段	MERACH 等	力量素质与训练效果
肌电图	阶段	阶段	肌电图仪	力量训练效果评价

5.4.2 越野滑雪训练的科学化监控体系

根据训练与竞赛周期中不同训练阶段对科研监控力度的不同需要，原则上可以将科研监控周期分为两个主要阶段：一是一般准备期的基础科研测试阶段；二是赛前准备期科研测试阶段。基础测试阶段的主要任务是全面掌握了解运动员的基础状况，个体规律，项目特点，群体比较，原始数据积累等；赛前测试阶段的主要任务是掌握了解重点运动员的赛前机能状态变化规律，训练适应、质量及效果评价，指导与评价赛前状态调整、恢复效果等。生理生化监控方向与内容见图 5-4。训练常用生理生化监控指标系统见图 5-5。

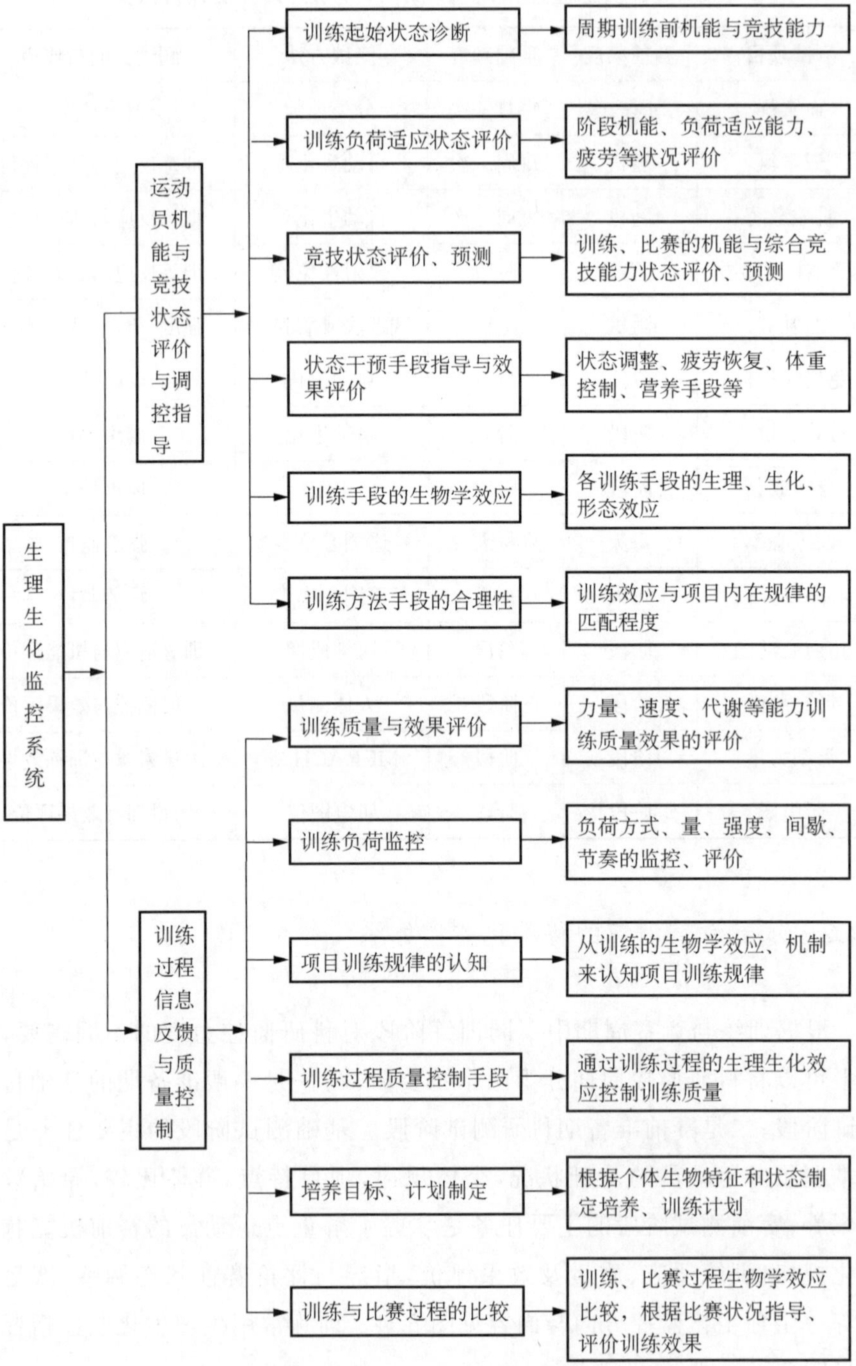

图 5-4　生理生化监控方向与内容

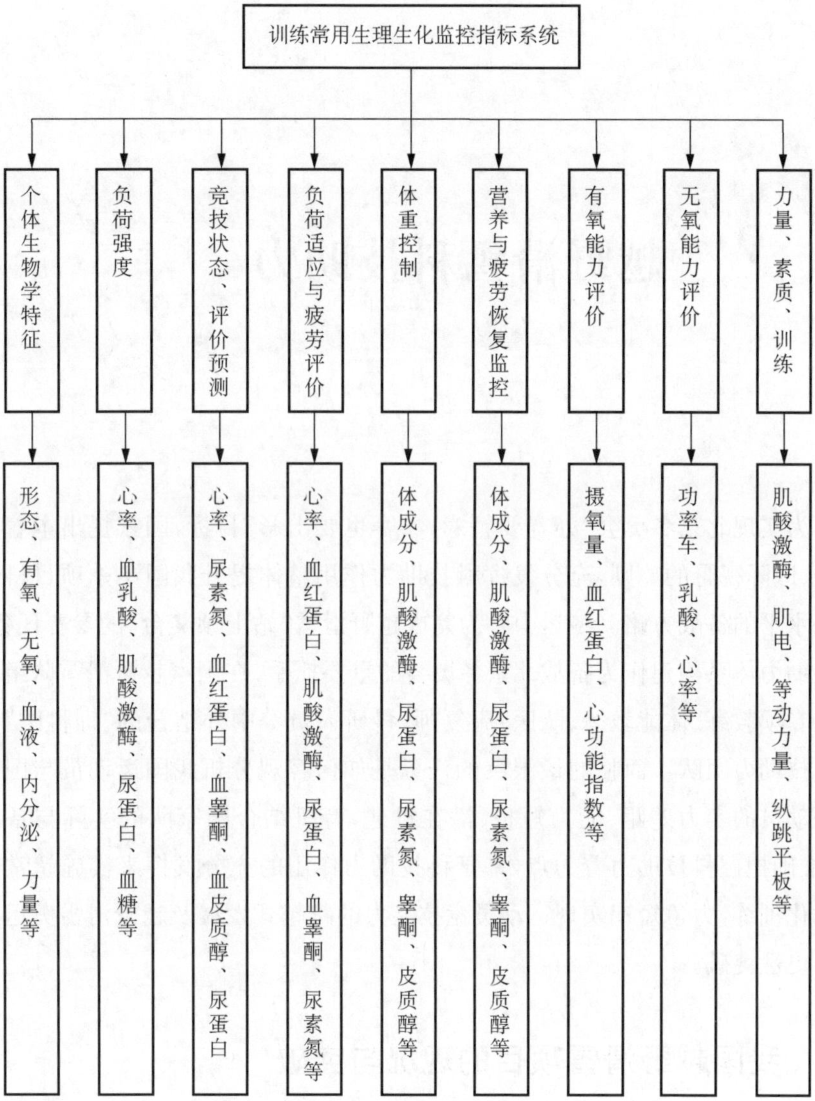

图 5-5 训练常用生理生化监控指标系统

6 越野滑雪科技助力

为实现北京冬奥会“办赛要精彩，参赛也要出彩”目标，国家提出本着高点站位、国际视野的原则，充分发挥科技助力作用整体提升我国冬季项目科学化训练水平的备战方略。冬运中心为完成越野滑雪“站上领奖台”的参赛任务，把科技助力体系构建作为备战北京冬奥会的重要抓手，在国家越野滑雪队组建了包括专项教练、体能教练、队医、康复师、科研人员等中外结合的“训科医”复合的科技助力团队。面临的最艰巨的任务是如何客观分析我国运动员与国外优秀运动员的实力差距、能力短板、潜在机遇，有机结合国家队的实际与备战目标，准确把握科技助力着力点，基于科技助力作用的充分发挥来实施超常规的科学化训练，力争短期实现运动员竞技能力的跨越式发展及越野滑雪奥运成绩的历史性突破。

6.1 我国越野滑雪项目的现况与突破

6.1.1 我国运动员与国际高水平运动员现实实力的差距

在 2018 年的平昌冬奥会的越野滑雪项目中，我国各有 2 名男女运动员参赛，我国男女运动员在平昌冬奥会的短、中及长距离比赛项目中均未进入前 30 名，且完赛时间与奥运冠军的差距巨大。

自 2018 年国家队重组以来，冬运中心为新一届国家队聘请了外教，组建了中外结合的训科医复合团队。自 2018 年至今，国家队参加了远超以往的每年多达 20 余次的国际比赛。尽管纵向比较看，队伍的成绩取得了较大进步，但与国际运动员相比较而言，我们的实力差距依然较大。FIS 年度积分排名可直接反映各国运动员在年度系列比赛成绩情况，是最能有效评估各国优秀运动员年度平均竞技水平的直接指标。截止到 2021 年 2 月 17 日，我国优秀男女运动员的 FIS 最新排名汇总见表 6-1。

表 6-1　我国优秀男女运动员长距离、短距离的 FIS 最新积分及排名

队员	出生年	性别	长距积分	长距国际排名	国内排名	短距积分	短距国际排名	国内排名
男队员 1	1996	男	66.45	451	1	236.16	1 281	10
男队员 2	1993	男	77.51	595	2	133.86	528	4
男队员 3	1993	男	78.92	609	3	79.08	171	2
男队员 4	1996	男	81.53	641	4	90.16	232	3
男队员 5	1999	男	99.81	921	5	248.71	1 382	12
男队员 6	1997	男	125.23	1 265	6	162.57	739	7
男队员 7	2000	男	144.67	1 576	7	145.64	624	6
男队员 8	2002	男	145.64	1 589	8	175.34	817	8
男队员 9	1996	男	149.08	1 642	9	135.85	547	5
男队员 10	2000	男	153.05	1 716	10	243.92	1 342	11
男队员 11	1988	男	156.91	1 781	11	61.12	93	1
男队员 12	1998	男	158.56	1 810	12	212.47	1 089	9
女队员 1	1998	女	58.8	134	1	87.99	126	3
女队员 2	1992	女	59.88	143	2	99.54	164	4
女队员 3	2001	女	67.02	185	3	76.96	105	1
女队员 4	1999	女	70.72	205	4	79.45	107	2
女队员 5	1995	女	123.32	543	5	100.68	169	5
女队员 6	2001	女	128.91	584	6	173.15	436	8

（续表）

队员	出生年	性别	长距积分	长距国际排名	国内排名	短距积分	短距国际排名	国内排名
女队员 7	2000	女	138.73	689	7	238.51	726	11
女队员 8	1997	女	147.34	754	8	158.72	367	7
女队员 9	1994	女	153.51	810	9	149.55	322	6
女队员 10	1999	女	169.97	972	10	205.02	557	10
女队员 11	1984	女	179.6	1 064	11	273.77	913	12
女队员 12	1990	女	203.61	1 273	12	183.76	479	9

注：数据源自国际雪联官网。

从表 6-1 国内优秀男女选手最新国际长、短距离积分与排名看，我国女子综合排名要好于男子，尽管女子无一人的长短距离排名进入前 100，但长距离有 3 人进入前 200，短距离有 5 人进入前 200；男子除短距离有 1 人进入前 100（排名 93），1 人进入前 200（排名 171）外，长距离只有 1 人进入前 500（最好排名 451）。不难看出，我国男女选手距国际优秀选手竞技能力差距巨大。

后备人才储备及优秀运动员人数不足是导致比赛成绩不理想的直接原因。由于受各种主客观历史性因素制约，导致我国越野滑雪后备人才规模，优秀运动员人数，达 A 标人数均与世界主要国家具有很大差距，优秀人才不足是导致我国越野滑雪水平落后的最主要原因之一。比赛成绩的差距与队员的身体素质、关键机能差距有关。有研究发现国家队男女运动员的身体形态指标、专项力量等素质指标均不如奥运级选手，且与越野滑雪有氧耐力关系密切的最大摄氧量（VO_{2max}）、有氧阈、无氧阈等机能指标与世界级高水平运动员差距也较大。另外，我国雪上项目科学化训练水平及综合科研保障水平不足严重制约了有关项目的快速发展及运动员的比赛表现。从科研角度看，国外可资借鉴的文献多达数百篇，研究方向及成果几乎覆盖到滑雪项目的所有要素，为科学化训练提供了有力的科学理论与方法支持；我国针对越野滑雪的有价值科研论文数量匮乏、质量不高，且与专项训练结合不紧密，未能有效发挥科学研究在专项训练理论与方法方面的引领作用。从训练角度看，相较于发达国家的高水平教练员而言，我国绝大多数教练在应用科学理论及手段把控训练方面能力相对不足，加之科研保障水平不足，导致其科学化训练水平不高。我国运动员比赛次数与经验、比赛器材及维护技术（滑雪板及打蜡技术）等的不足也直接制约了我国选手在重要国际比赛中的竞技表现。高水平国际选手参加比赛时其器材保障条件及专业人员队伍十分优越，从优质雪板的选择、雪板的维护保养、雪蜡的保障及专业人才队伍、打蜡车的配备等保障条件均远优于我国。

6.1.2 越野滑雪实现北京冬奥会突破的机遇

以北京冬奥会为契机，国家对越野滑雪给予大力支持，为备战工作提供了坚实的综合保障，越野滑雪的冬奥会突破获得了历史性机遇。

（1）跨界跨项选材工程初见成效

2018 年，国家体育总局推动跨界跨项选材工程，为扩大越野滑雪优质人才队伍规模、发现身体条件优越的且具有较大发展潜力的苗子提供了巨大空间与可能。跨界跨项选拔队员中已经涌现出了一批具有良好发展潜力的人才，为备战冬奥会增添了新生力量。

（2）越野滑雪国家队已具备科技助力保障体系

国家队搭建了中外结合的科学化训练保障团队，购置了大量适合越野滑雪的科研设备，与国内外有关科研机构建立起了科技攻关横向联合机制。另外，依托科技部“科技冬奥”重大研发计划等各类科研项目就选材、训练、科技保障、心理等方向组织国内有关研究团队实施定向的科技攻关与保障服务等，为越野滑雪备战奥运会提供了强有力的科技助力保障。

（3）亚高原比赛主场优势

系统化的高原训练及赛前高原习服对运动员高原参赛表现具有重要影响。2022 年北京冬奥会的越野滑雪比赛场地在河北崇礼，比赛场地的海拔为 1 300 m 左右，我国运动员可以更系统、更好适应比赛场地、环境、气候、食宿及其他亚高原训练比赛条件等。受疫情的影响，国外选手则不具备充分的条件提前系统适应比赛场地，特别是亚高原比赛的提前适应受限，加之时差、食宿、气候等适应问题及客场作战等因素的负面影响，其在比赛中的发挥可能会受到一定限制。

（4）超长距离比赛潜在突破机遇

通过表 6-1 的国际积分排名看，我国现有优秀选手在长距离项目上与越野滑雪先进国家的差距较大，很难在长距离的个人项目中有巨大突破。但在来自中长跑、赛艇等跨界跨项选材的选手中已经发现了几名最大摄氧量及身体条件达到世界优秀水平的男选手，进步神速且训练比赛作风顽强。通过随后为期 1 年的基于科技支撑保障下的针对性超常规训练，这些选手届时有可能在超长距离比赛中有良好表现。

（5）中短距离潜在突破机遇

越野滑雪的中短距离要求优秀运动员须具备强大的专项力量、强大的耐乳酸能力、良好的有氧耐力等，而这些能力可以通过科学化的训练短期实现巨大进步。国家队中有一批短距离优秀选手，个别队员在 2019～2020 年的世界杯及世锦赛上取得了巨大进步及优异成绩（世锦赛 24 名，世界杯冠、亚军等），且这些选手越野滑雪训练年限较长，技术成熟、比赛经验较丰富，体能基础较好。未来围绕核心队员通过针对其短板进行系统化突破式训练，在个体、团体短距离项目上有巨大突破之可能。

6.2 科技支撑越野滑雪项目的内在需求

6.2.1 越野滑雪运动员竞技能力特征

从奥运比赛设项角度看，越野滑雪的比赛项目包括男女运动员的短、中、长距离，超长距离及接力等共 12 个小项，各项目平均完赛时间范围为 3～120 min。从比赛的体能需求角度看，从短距离到超长距离项目其主要供能特点均为有氧能力为主导、无氧耐力为重要支撑的混合代谢供能类运动，对运动员的身体形态与素质、身体机能（特别是对心肺机能、最大摄氧量、耐酸能力等要求很高）等要求均较高。身体形态及素质直接影响了单个滑雪动作的效能（单个动作的输出功率、推进距离及速度），而优秀的有氧耐力则有助于保持单个动作效能的持续稳定发挥及后程冲刺能力，决定了比赛全程的表现能力。从技能角度看，主要技术包括传统、自由技术的上下坡、平坡与弯道技术等，其技术操作均具有重复性特点，同时又受个体技术风格、体能分配战术、场地地形、雪质、气候等因素的影响。另外，运动员的心理能力及状态也将直接或间接影响其训练、比赛过程中的体能发挥及训练、参赛状态。

运动员综合竞技能力的形成过程（即训练过程）应通过个体化、专项化、系统化、针对性地训练提高其各项能力要素及其整合效果，才能有效提高其比赛表现水平。在此过程中，训练安排的科学化程度及质量把控等将直接影响阶段或周期性综合训练质效，进而影响以综合竞技能力为核心的竞技表现。

6.2.2　越野滑雪运动员综合竞技能力形成与表现

基于越野滑雪综合竞技能力特征分析，在长期系统化训练过程中，教练员、科研工作者必须关注并采取科学手段有效解决如下几个层次的训练科学问题：基于训练观察和科学手段准确揭示越野滑雪综合竞技能力各要素的训练规律与特征、阶段训练效果与个体竞赛表现程度评价（即“是什么”的问题）；通过紧密结合训练、竞赛过程的科学研究探索各竞技能力要素间互相影响关系与机制、阶段训练效果及运动员竞技表现波动的原因所在等（即“为什么”的问题）；通过紧密结合训练、竞赛过程的科学研究提出或建立有助于解决有关训练、竞赛问题，有效提高训练质效及运动员竞技表现的理论、方法与技术等（即“怎么办”的问题）。国内外有关研究者多年来一直坚持关注越野滑雪的科学研究，发表了丰硕的研究成果。综览有关研究文献，研究者的研究视角主要集中于如下几个方面：优秀越野滑雪运动员的素质、机能、体能等及其与比赛表现的关系，优秀运动员有氧耐力特征及其训练方法与训练质效评价，训练负荷方法与特征分析及负荷强度、负荷量科学把控的科研手段与应用，越野滑雪技战术合理应用、技术特征分析及运动员心理、伤病与康复技术等。不难看出，优秀越野滑雪运动员综合竞技能力的形成过程及比赛表现离不开包括运动人体科学、训练竞赛学、心理学、体育器材、生物力学、社会学等学科理论、方法与技术的支撑，是一项对科技保障与科研攻关高度依赖的竞技运动。

基于对国内外越野滑雪有关研究成果的梳理结合作者在国家队为期 2 年多的跟踪训练观察与科研经验的总结，在此就提高越野滑雪运动员综合竞技能力水平对科技支撑的内在需求归纳如表 6-2。

表 6-2 越野滑雪运动员综合竞技能力提升与科技支撑

竞技能力要素	二级能力要素及训练	科技支撑需求点	科技支撑主要方法与手段	涉及学科
体能要素	有氧无氧耐力训练及机能改善	训练方法、手段安排的科学性;现状诊断与效果评价;训练质量的科学把控等	血液生化有关指标、有氧无氧耐力生理及医学指标等测评、监控及其与训练学指标的关系分析,结果反馈与建议等	生理学、生化学、医学、遗传学、训练学等
	速度耐力训练及机能改善	同上(但支撑指向不同)	同上(但评价指向、方法、指标等不同)	同上
	基础与专项力量、核心功能性力量、伤病预防与康复等	同上(但支撑指向不同)	同上(但评价指向、方法、指标等不同)	解剖学、生理学、生化学、医学、遗传学、训练学等
	灵敏、柔韧、协调、平衡能力等训练	同上(但支撑指向不同)	与有关能力相关的生理学、医学、训练学等测评方法及指标间关系分析,结果反馈与建议等	解剖学、生理学、医学、遗传学、物理学、训练学等
	训练负荷安排、疲劳预防与恢复、状态调控等	负荷量、强度、密度安排的合理性评估;疲劳、状态诊断及干预措施等	训练负荷的科学统计与评估、疲劳及状态的生理生化等诊断、监控、预防与恢复综合方法等	生理学、生化学、医学、营养学、遗传学、训练学等
	身体形态及训练	现状与形态改变评估、辅助选材、阶段训练效果分析等	解剖学、生理学、医学测评方法与技术应用测评、监控、干预建议等	解剖学、生理学、医学、体育测量、遗传学、训练学等

（续表）

竞技能力要素	二级能力要素及训练	科技支撑需求点	科技支撑主要方法与手段	涉及学科
技能要素	技术结构特征及训练	个体技术特点及合理性分析、阶段训练效果评估及训练方法建议等	生物力学指标测评，训练过程监控与方法评价，干预建议等	解剖学、生理学、生物力学、运动技能学、训练学等
	技术应用能力及训练	针对不同比赛环境、比赛进程等的技术应用能力及训练效果分析、方法建议等	同上（但评价指向、方法、指标等不同）	同上＋运动心理学
	技术感觉、悟性及学习能力	有关能力科学评估及训练方法建议	同上（但评价指向、方法、指标等不同）	同上＋运动心理学
	雪板及打蜡技术保障	个体化雪板合理选配、雪板力学测评、打蜡技术指导及效果评价等	生物力学测评、材料学测评与指导等	生物力学、物理学、材料学等
战术能力	基本战术能力、战术应变与领悟能力特征及训练	有关战术能力诊断、评估，阶段训练效果评估及训练方法建议等	训练、比赛影像分析，分段计时分析，比赛过程的乳酸、心率等检测，对手分析，训练比赛环境分析，干预建议等	运动生理生化学、运动心理学、训练学、竞赛学、体育影像学、物理学、计算机科学等
	不同比赛环境、进程适应能力及训练	同上（但支撑指向不同）	同上（但评价指向、方法、指标等不同）	同上

（续表）

竞技能力要素	二级能力要素及训练	科技支撑需求点	科技支撑主要方法与手段	涉及学科
心理能力	综合心理素质、心理技能及训练	心理素质、心理技能评估、变化趋势分析及训练建议	心理量表、仪器测评、软件测评、神经生理技术测评等，干预建议等	运动心理学、生理学、社会学、管理学、训练竞赛学等
	人格特征、动机与团队合作能力及训练	人格特征、动机与团队合作能力及变化趋势分析及训练建议	同上（但评价指向、方法、指标等不同）	同上＋人格心理学、认知心理学、动机心理学等
	情绪调控、心理健康、压力应对能力及训练	情绪调控、心理健康、压力应对能力特征及变化趋势测评分析，咨询及训练建议	同上（但评价指向、方法、指标等不同）	同上＋健康心理学、情绪心理学、压力应对与危机干预等
	参赛心理状态、心理疲劳及调控	参赛心理状态、心理疲劳状态与变化测评，调控方法干预与建议等	同上（但评价指向、方法、指标等不同）	同上＋心理咨询等
专项智能	基础智力特征及训练	基础智力特征综合测评及智能训练建议与干预	记忆、反应、注意、逻辑、语言等能力测评，训练建议或干预方法等	心理学、思维与认知科学、训练竞赛学、管理学等
	专项智力特征及训练	专项智力特征综合测评及智能训练建议与干预	专项技战术判断与应对策略等能力测评，训练建议或干预方法等	同上（主要针对专项智能）

6.3 科技助力超常规训练提高运动员竞技能力

面对差距大、时间紧、任务重的现实,越野滑雪队必须在备战阶段依托科技助力实施超常规训练。在此过程中,科技助力作用的有效发挥应该紧扣专项训练特征、个体的能力发展需求及紧密结合训练实践合理选择科研手段及方法来指导、把控、评价有关训练过程及质效。在针对运动员有氧、无氧耐力,力量及技术等的超常规训练过程中,有关能力训练方法选用的针对性、负荷强度与负荷量等安排的科学性、训练过程中的质量把控、阶段训练效果评价、运动员机能与疲劳状态的诊断与调控、伤病的防控与康复、提高技能训练的质效等都离不开有效的科技保障支撑与引领。就此我们提出了依靠科技助力来支撑有关能力的训练质量、效果的主要着力点,以达到运动员有关能力短期突破的目标。

6.3.1 有氧、无氧耐力超常规训练

越野滑雪的有氧无氧耐力训练主要包括从基础有氧耐力到绝对速度的负荷强度分层级递增训练。目前国际滑雪界依据训练过程中实时采集的训练全程平均心率占其最大心率的百分比将训练强度划分为 5 个等级(依据个体最高心率对应的百分比高低界定为 I1～I5 心率强度),每个强度等级的训练分别对应不同的无氧、有氧耐力的生物学效应。实施超常规科学化有氧、无氧耐力训练的关键因素在于如何借鉴但不囿于北欧越野滑雪发达国家的有关理念与方法,大胆突破越野滑雪发达国家训练模式框架,依靠科技助力通过更大的负荷量、相对更多的中高强度有氧训练比例、适度提高无氧训练的比例,训练方法上更多采取增加训练难度(如上坡、加阻、限制血流训练、高原训练等)的有氧、无氧耐力训练来缩短有氧、无氧耐力提高周期及增加提高幅度,以期在 1 年的备战周期内达到常规需要 3～4 年训练才能实现的提高运动员有氧、无氧耐力之目标。

科技助力的着力点:科学评估运动员的有氧和无氧耐力水平、基于科研测试评价探索提高有氧无氧耐力的最佳有效训练方法、训练过程中的强度监测与质量把控(不同训练条件下的血乳酸、心率、配速、间歇时间与训练时长等的关

系把控),不同训练安排的训练效应比较(如不同技术、不同海拔高度、不同地形、不同血流限制程度等训练的生物学效应比较),阶段有氧、无氧耐力训练效果的综合评价(最大摄氧量、有氧阈、无氧阈、高乳酸条件下的速度保持能力、同滑速下的乳酸、平均心率变化)等。

6.3.2 突破性力量训练

对于越野滑雪而言,强大的专项力量(特别是推杖爆发力)可提高每个动作的推进速度、距离及效能,降低途中的动作频率,实现能量的节省,良好的核心功能性力量有助于提高运动员在复杂地形下的身体姿态控制能力,优秀的力量耐力有助于提高运动员每杖推进效能的保持能力。可见,越野滑雪对运动员的全身综合力量水平要求很高,是体能训练的重要组成部分。我们必须针对我国运动员的特点及力量短板,在 1 年的备战过程中基于科技支撑将基础与专项力量训练有机结合实现其同步发展,科学增加力量训练比例,科学安排力量训练计划(不同部位及性质的力量均衡发展),探索最佳力量训练方法,同时采用加难(负重、加阻、上坡、加压训练等)的方法提高负荷强度及效果,夯实实现成绩突破的力量基础。

科技助力的着力点:科学评估运动员的综合力量水平、基于科研测试评价探索提高有关力量的最佳有效训练方法、力量训练过程中的强度监测与质量把控(乳酸、心率、肌酸激酶、滑雪测功仪的功率等指标)、阶段力量训练效果的综合评价(爆发力、无氧功率、等动测试、肌电、生物力学等手段)等。另外,国内外有关研究结果提示科学安排并系统采用加压训练方法是短期提高运动员肌肉围度、绝对力量、爆发力及力量耐力的有效手段,这对于来自中长跑的跨项队员而言意义尤为重大。

6.3.3 快速提高技能训练质效及水平

越野滑雪是体能为主导技术为支撑的竞速类项目,运动员的技术水平、技术特点直接影响了其每个动作的推进效能及比赛全程的能量节省化程度,没有优良的技术水平单纯依靠体能优势在奥运会赛场是很难站上领奖台的。在冲刺阶段备战过程中，我们除了针对队员的技术短板相应增加技术训练负荷量、负荷强度与难度，还要着重采取各种措施提高运动员对各种复杂条件下的技术应用能力（如下陡坡、急转弯、复杂障碍等），另外还可在科技支撑下应用先进的科学手段及技能训练理论（如表象、反馈训练等）与方法提高技能训练质效。

科技助力的着力点：科学评估运动员的技术特点及不足、不同复杂条件下的技术应用能力评价（环境模拟下的技术分析软件等），技术训练过程中的质量把控与及时反馈指导（技术录像分析），应用先进的技能训练理论、方法指导提高技术训练质效（表象、反馈等），阶段技术训练效果的综合评价（生物力学、专项技术分析软件等）等。

6.3.4 阶段训练负荷合理性评估及运动员伤病、疲劳诊断与调控

如上所述，超常规训练的关键突破之处在于总体负荷量、负荷强度、负荷难度的提高等。在此过程中，无论我们如何进行训练的科学化程度设计都难以避免运动员训练状态的波动、疲劳、伤病及心理健康等问题，进而可能影响运动员系统化训练质效的实现。为此，我们必须充分利用科学技术手段科学评估阶段训练负荷的合理性、运动员的机能状态评估、疲劳与伤病的科学诊断及调控干预措施等，以保障运动员的良好训练状态，有效高质完成阶段训练任务。

科技助力的着力点：科学评估阶段训练负荷的合理性（基于遥测心率表的全程训练信息采集对比分析，不同等级负荷强度的比例合理性等）、负荷的运动员适应程度及运动员的机能状态评估（心率变异性、生化指标等）、伤病与运动疲劳诊断及基于科研评估提出训练计划调整计划与运动员机能状态调控措施（如训练调整、物理医学手段、营养干预措施）等。

除上述外，在整个备战训练过程中需要科技支撑助力的范畴要更为宽泛，如运动员的战术能力、专项智能、心理能力、其他体能要素、比赛状态调控、情报分析、教练员运动员的科学训练理论与方法指导、培训等都需要科技助力的支撑、保障与引领等。科技助力体系的主要功效不仅局限于科技保障服务，一些关键训练难题等问题还要通过依托"科技冬奥"等专项科研攻关项目研究探索解决有关问题的新理论、新方法，发挥"科技先导"作用。

6.4 超常规突破性训练的对策

基于前述分析，在此提出依托科技助力实施突破性训练，短期实现我国越野滑雪运动员竞技能力跨越式提高的主要对策。

6.4.1 合理搭建与优化备战冲刺阶段的科技支撑复合团队

尽管目前国家越野滑雪队已经组建起一支由训、科、医、管等人员构成的科技支撑复合团队，但从备战冲刺阶段的超常规创新训练方法应用及预期效果看，该团队仍有必要进一步优化组合，围绕突破性训练模式选调不同学科的科研人员充实到团队中，形成跨学科融合的科技助力复合团队。为一些关键训练疑难问题的解决及系统训练质效的把控提供科技支撑。

6.4.2 利用前期科研项目的优质科研成果

2018 年至今，国内各有关科研机构及研究者分别承担了“科技冬奥”及其他来源的关于越野滑雪的各类科研项目，有些项目已经取得了阶段性成果。可以组织高水平的训练、科研专家认真梳理提炼前期成果，筛选可直接借鉴应用的有关成果。另外，还可组织越野滑雪有关专家与国外有关团队对接、沟通，获取并梳理其可直接应用的相关成果与经验。在冲刺阶段合理、充分利用国内外有关成果为备战训练所用，发挥有关成果的引领作用，确保超常规训练不脱离“科学化”的轨道。

6.4.3 探索超常规训练方法体系

在过去几年中外合作的过程中，中方教练与科研团队通过零距离的接触和交流基本了解、掌握了国外有关较为先进的越野滑雪训练理念与方法体系，在训练实践过程中，中方团队也发现照搬外教有关训练理念及方法体系在短期跨越式提高我国运动员竞技能力方面有较大局限性。基于此，我们十分有必要组织国内高水平教练及了解越野滑雪训练的科研专家协同合作，在科技支撑强力保障下，进行既不违背越野滑雪基本训练规律又有针对性的强化训练，有效缩短训练周期，探索建立适合我国运动员的越野滑雪训练理念及超常规训练方法体系。

6.4.4 实施个体化、针对性的超常规训练

从自身对照角度看，我国越野滑雪运动员在北京冬奥会取得了长足进步，但越野滑雪队仍未能实现奖牌的突破，且无一人进入前十名，与世界水平仍有较大差距。从比赛过程中运动员表现看，一批年轻队员，特别是部分跨界跨项选材队员进步迅速，表现出了巨大发展潜力。在备战下一届冬奥会周期，针对有关队员的特点及能力短板研究制定切实可行的个体化、针对性的强化训练方案及科技支撑保障方案，坚决实施在强力科技支撑保障下的突破性强化训练将有助于快速提高有关运动员的综合竞技能力，以期其在未来的世界大赛乃至冬奥会上实现历史性突破。

6.4.5 提高教练员科学化训练的能力

实事求是地看，国家队内的部分中方教练、核心运动员的科学化训练意识及能力尚显不足，这严重制约了其对训练计划、方法的理解力、执行力，进而导致训练效果打折。为此我们有必要组织科研专家对有关教练、队员系统进行有关科学化训练原理、方法，特别是超常规训练方法的合理性、必要性的教育，引导其转变观念，尤其是通过结合训练实践过程中的科研数据分析加深其对有关训练方法及科研指标的理解力及必要科研手段的应用能力（如心率表、血乳酸、有氧阈无氧阈训练、加压训练技术等）进而转化其自觉的训练行为，提高综合训练质效。

综上所述，科技助力体系除了人力资源组织外，还需要与拟解决训练问题匹配的学科理论与方法支撑，同时整个科技保障服务与备战奥运科研攻关任务的有效实施离不开科研硬件的保障。唯有如此，才能基于训练对科技支撑的内在需求，准确把握着力点，通过采取有效对策来推进科技助力

体系发挥其助力作用。在此，提出了支撑超常规训练的科技助力系统功能框架(图 6-1)。

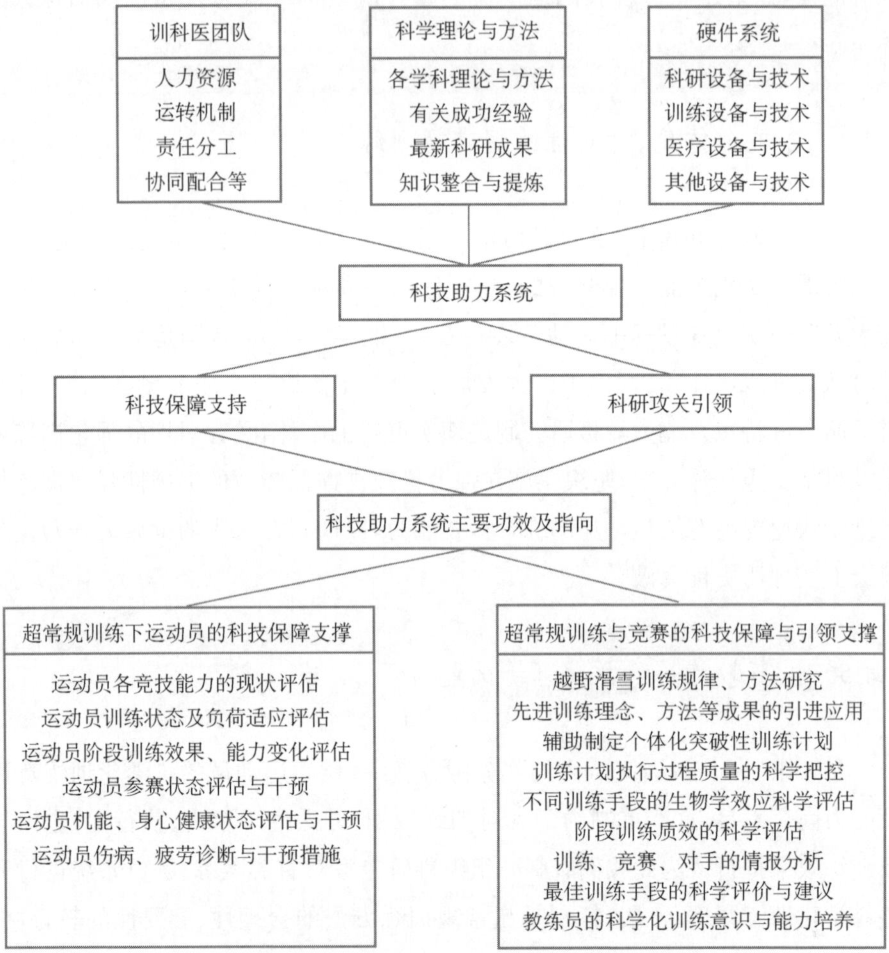

图 6-1　支撑超常规突破性训练的科技助力系统及功能框架

7 越野滑雪科学化训练方法实践应用

7.1 越野滑雪有氧耐力科学化训练方法应用

以 2018～2019 赛季国家越野滑雪队训练为例，总结归纳国家越野滑雪队有氧耐力训练方法、特征及效果。

7.1.1 系统强化有氧耐力思路

对于越野滑雪而言，无论长距离（1 h 及以上）、中距离（30 min 左右）、短距离（2～3 min）都需要强大的有氧耐力来支撑其一轮及重复多轮的比赛能力（主要体现在中长距离的后程能力及短距离的重复比赛能力），减少乳酸堆积，促进乳酸利用与消除。有氧耐力的提高需要长期坚持系统化长时间的持续性训练。根据生物学机制分析，有氧耐力的生理学机制包括心肺功能、血液循环、肌肉毛细血管网的密度、肌细胞内的线粒体数量及线粒体内三羧酸循环的氧化酶系活力等。不同的生理学功能的改善其有氧训练的方法有所不同，如改善肌肉微循环及线粒体及氧化酶系数量需要长时间中低强度的有氧训练（持续时间超过 1 h，对应的心率强度为 I1～I3 级，血乳酸在 4 mmol/L 以下），如改善心肺功能及三羧酸循环氧化酶系活力则又需要中高强度的有氧耐力训练（持续时间为 15 min～1 h，对应的心率强度为 I2～I4 级，血乳酸为 4～6 mmol/L），改善血液循环、供氧功能则最好采取高原或亚高原训练等。根据我国主要队员有氧耐力与国际水平差距较大的现实，我们必须恶补短板，系统强化不同强度的有氧耐力训练，在不同训练阶段采取不同强度有氧耐力训练手段的合理组合。2018～2019 赛季国家队有氧耐力训练安排思路如表 7-1。

表 7-1　不同阶段不同强度有氧、无氧训练比例

	基础准备期（4～6 月）				专项准备期（7～9 月）				赛前期（10 月）				竞赛期（11 月～次年 3 月）			
心率等级	1～2	2～3	3～4	5	1～2	2～3	3～4	5	1～2	2～3	3～4	5	1～2	2～3	3～4	5
比例	50%	40%	8%	2%	40%	40%	15%	5%	30%	50%	10%	10%	30%	30%	15%	15%

注：表中 1～5 表示心率强度区间界定，即 I1～I5。其中 I1～I3 为中低强度有氧训练，I3～I4 为混合代谢能力训练，I5 为速度训练。

7.1.2　有氧耐力训练手段与方法

（1）I1 强度有氧训练，即个体最大心率的 50%～65%，30～60 min 持续性放松慢跑、30～60 min 持续性持杖走（亦称北欧走）、30～60 min 持续性放松慢滑（夏季用滑轮、冬季滑雪）、30～60 min 持续放松性蹬功率自行车等。I1 强度有氧训练主要为再生、准备性或恢复性训练，一般安排在调整课、再生课、准备活动、中高强度训练后的放松活动中。

（2）I 2 强度有氧训练，即个体最大心率的 65%～75%，血乳酸约为 2 mmol/L，90～120 min 的持续性越野跑、90～120 min 的持续性持杖走、90～240 min 的持续性滑轮或滑雪、90～120 min 的持续放松性蹬功率自行车等。I2 强度有氧训练旨在改善运动员的肌纤维毛细血管网、增加线粒体数量、体积等。

（3）I 3 强度有氧训练，即个体最大心率的 75%～85%，血乳酸约为 4 mmol/L，60～90 min 持续性或重复性的山地越野跑、持杖走、滑轮、滑雪、功率自行车、沙滩跑、游泳、球类运动等。I3 强度有氧训练旨在改善心肺功能、血液循环能力及肌肉的氧利用能力等。

7.1.3 有氧耐力训练强度把控、评价方法

有氧耐力训练过程中，负荷强度的科学把控是至关重要的手段，原则上为达到良好的有氧耐力训练效果，负荷强度应控制在以有氧代谢供能占比至少要达到75%，否则过多的无氧酵解供能比例较大会直接影响杨欧普耐力训练效果的实现。训练过程中负荷强度的合理把控、实时反馈就十分重要。国际越野滑雪界普遍采用的有氧负荷强度评估的手段包括：实时心率、血乳酸和配速的结合。实时心率和配速可以通过 Polar 表实现实时反馈，血乳酸也可以通过有关训练后的及时测试得以实现和及时反馈评价。其中，遥测心率表是便捷直观且可实时根据心率变化实现运动员自主调控负荷强度的最有效手段，且无创。在此过程中，基于运动员个体最大心率准确计算及界定其 I1～I5 心率强度区间是实现有氧耐力训练负荷强度把控的最为关键因素。基于运动员最大摄氧量测试结合血乳酸测试可以分别界定运动员有氧阈（相当于 I2）、无氧阈（相当于 I3）对应的心率区间。主要队员的 I1～I5 心率区间界定范畴见表 7-2。

表 7-2 运动员心率等级（基于心率表设定数据）

单位：bpm

心率等级	I1	I2	I3	I4	I5	VO_{2max} mL/(kg · min)
1	136 以下	137～155	156～180	181～190	191 以上	78
2	156 以下	157～162	163～177	178～186	187 以上	65
3	145 以下	146～160	161～174	175～188	189 以上	80
4	138 以下	139～158	159～178	179～186	187 以上	83
5	116 以下	117～136	137～155	156～175	176 以上	62
6	140 以下	141～153	154～175	176～185	186 以上	67
7	131 以下	132～152	153～166	167～180	181 以上	58

基于上表，在训练过程中，教练员、运动员可根据运动过程中的实时心率变化来调整运动速度，控制心率于合适的区间，实现不同目的的有氧训练效果。

如某次训练安排的I2强度持续性120 min滑轮，在滑行过程中如心率低于或高于某队员I2强度的心率区间，教练员可以提醒运动员或运动员自主调整运动速度，使心率恢复到合适区间，进而实现有关有氧耐力训练效果。Polar表不同负荷强度心率区间说明见表7-3。

表7-3　Polar表使用手册中关于不同负荷心率区间及训练意义

目标心率区间	最大心率强度(%)和频率(bpm)	持续时间(min)	训练意义
I5 (最大强度)	90%～100% 171～190	<5	益处:最大或接近最大努力的呼吸和肌肉做功 感觉:呼吸和肌肉非常疲惫 推荐对象:经验非常丰富、身体健康的运动员，只有短时间的间歇，通常是为短距离比赛做最后的准备
I4 (困难)	80%～90% 152～172	2～10	益处:增加能力继而维持速度耐力 感觉:导致肌肉疲劳和呼吸困难 推荐对象:有经验的运动员，常年训练，时间长短不一。在进入赛季前变得更加重要
I3 (中等)	70%～80% 133～152	10～40	益处:提高一般的训练速度，使中等强度的努力更容易，提高效率 感觉:平稳、可控、快速的呼吸 推荐对象:为比赛训练或寻求成绩提高的运动员
I2 (轻松)	60%～70% 114～133	40～80	益处:提高总体基础健康，促进恢复和新陈代谢 感觉:舒适和轻松，低肌肉和心血管负荷 推荐对象:基础训练期间进行长时间训练的人和在竞赛期间进行恢复性锻炼的人
I1 (非常轻松)	50%～60% 104～114	20～40	益处:帮助热身和放松，帮助恢复 感觉:非常容易，有一点强度 推荐对象:用于整个训练季的恢复和放松练习

7.1.4　应用心率、血乳酸、最大摄氧量评价阶段有氧耐力训练效果

通过系统的有氧耐力训练会有效提高运动员的有氧耐力水平，通过阶段训练前后心率、乳酸、最大摄氧量等有关指标的变化趋势可以有效评估阶段有氧

耐力训练效果。依据有关指标变化来评价有氧耐力训练效果的方法及标准如下。

7.1.4.1 越野滑雪运动员有氧耐力提高的标志

阶段训练前后，同等滑行速度、跑速下血乳酸降低、平均心率降低；同等中长距离比赛速度提高，血乳酸、心率也一定程度提高；阶段训练前后，相同方法测试测得的最大摄氧量提高，同时有氧阈、无氧阈对应的摄氧量、心率提高；同等负荷强度的呼吸商降低；同等负荷强度下乳酸清除率提高；递增负荷测试过程中，乳酸曲线右移，有氧阈、无氧阈拐点右移等。

7.1.4.2 越野滑雪运动员有氧耐力降低的标志

阶段训练前后，同等滑行速度、跑速下血乳酸升高、平均心率升高；同等中长距离比赛速度降低，血乳酸、心率一定程度提高、不变或降低；阶段训练前后，相同方法测试测得的最大摄氧量降低，同时有氧阈、无氧阈对应的摄氧量、心率降低；同等负荷强度的呼吸商升高；同等负荷强度下乳酸清除率降低；递增负荷测试过程中，乳酸曲线左移，有氧阈、无氧阈拐点左移等。

7.1.4.3 应用举例

(1) 有氧耐力训练对运动员最大摄氧量的影响

2018～2019 赛季，国家越野滑雪队在芬兰、挪威进行系统化的有氧耐力训练。期间分别进行了三次最大摄氧量测试（相同方法、相同实验室），三次测试结果对比如表 7-4。

表 7-4 国家队部分队员最大摄氧量前后测比较

运动员	2018 年 9 月 24 日			2018 年 11 月 15 日			2019 年 2 月 18 日		
	VO_{2max}/心率	无氧阈/心率	有氧阈/心率	VO_{2max}/心率	无氧阈/心率	有氧阈/心率	VO_{2max}/心率	无氧阈/心率	有氧阈/心率
1	67/187	55/171	36/148	62/180	52/171	42/161	72/187	57/167	43/146
2	56/189	45/176	33/150	58/199	50/184	40/160	回国	回国	回国
3	67/198	55/173	40/132	72/195	62/175	43/140	74/199	59/175	43/145

（续表）

运动员	2018 年 9 月 24 日			2018 年 11 月 15 日			2019 年 2 月 18 日		
	VO_{2max}/心率	无氧阈/心率	有氧阈/心率	VO_{2max}/心率	无氧阈/心率	有氧阈/心率	VO_{2max}/心率	无氧阈/心率	有氧阈/心率
4	63/192	54/178	41/153	58/192	48/178	33/141	65/191	55/175	40/151
5	65/197	46/172	38/156	66/198	47/167	40/150	67/200	55/173	40/148
6	56/194	47/180	29/140	56/203	49/189	34/150	55/204	44/189	23/145
7	54/206	48/188	40/165	56/214	48/190	38/160	58/210	48/190	42/168
平均值	61/194	50/176	36/149	62/197	51/178	38/150	64/199	53/179	39/152

注：VO_{2max}、无氧阈、有氧阈单位为 mL/(kg·min)，心率单位为 bpm。

VO_{2max}、无氧阈、有氧阈越高提示有氧耐力越好。从上表结果看，所有队员的 VO_{2max}平均提高幅度 5%～10%，其对应的有氧阈、无氧阈也相应呈升高趋势。提示阶段有氧耐力训练有效提高了运动员的最大有氧耐力及其利用能力。

（2）中国国家越野滑雪队乳酸阈测试

2019 年 10 月在河北坝上基地（海拔 1 550 m）对国家队队员进行了递增负荷的跑台测试，评价运动员的有氧阈、无氧阈。结果如表 7-5。

表 7-5　越野滑雪国家男队乳酸阈测试结果

序号	7 km/h		8 km/h		9 km/h		10 km/h		11 km/h		12 km/h		13 km/h	
	乳酸	心率	乳酸	心率	乳酸	心率	乳酸	心率	乳酸	心率	乳酸	心率	乳酸	心率
1	—	—	2.2	147	2.5	158	3	166	5.2	175	—	—	—	—
2	1.7	130	1.9	139	2.1	151	3.9	159	7.4	167	—	—	—	—
3	—	—	2.4	146	2.5	158	4.4	171	5.1	177	—	—	—	—
4	2.2	134	2.4	145	2.6	163	2.9	168	4.8	173	—	—	—	—
5	—	—	1.3	144	1.4	155	1.6	167	3.1	175	4.3	181	8.2	187
6	3.1	144	2.4	159	3.8	164	5	171	—	—	—	—	—	—
7	1.9	130	2.3	139	2.4	146	4.4	160	4.5	166	8.3	176	—	—
8	—	—	2.7	143	1.2	152	1.5	166	2.4	176	3.8	182	6.3	189
9	2.1	137	1.8	148	2	157	3.1	167	5	177	—	—	—	—
10	—	—	2.1	127	1.5	132	1.8	142	2.3	153	3.8	164	5.3	173

注：乳酸单位 mmol/L，心率单位 bpm。

为观察阶段训练对运动员的影响，我们与2019年3月～9月分别对两名重点运动员进行了3次跑台递增负荷的乳酸与测试，并绘制了随负荷强度递增的血乳酸曲线。从3次测试的乳酸阈曲线上看，图7-1的重点男子运动员出现了较为明显的上移和左移现象，显示出乳酸清除能力有所下降。其原因，可能是这两名运动员在日常训练中可能训练强度控制不佳(如：低强度训练中强度偏高)，另外，最后1次测试是在亚高原，可能会对测试结果有较大负面影响。如排除高原测试的负面效应，这几名队员的有氧耐力得到提高。

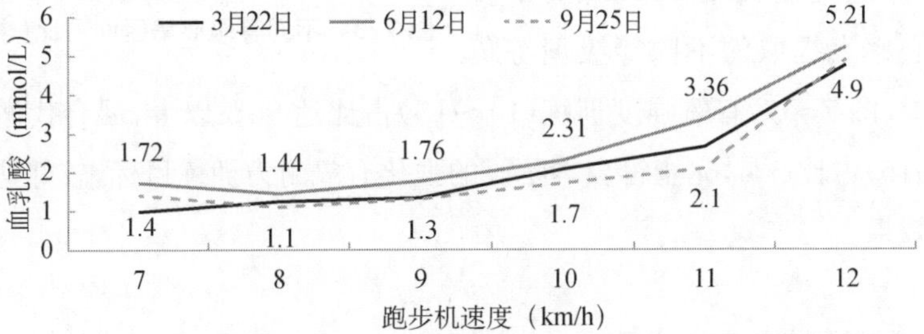

图7-1　3次乳酸阈测试比较图

7.1.5　阶段有氧训练负荷量变化趋势

从图7-2可见(个案示例)，该队员(女)为期20周训练的总课时约296小时，总课次257次左右，总距离2 334 km，周训练时长最大约为21小时，比赛周最短训练时长为6小时左右。另外，从图7-3可见，不同心率强度的比例为I1强度占比63%，I2占比24%，I3占比10%，I4占比3%，I5占比1%。其中I1～I3均为有氧训练为主，占耐力训练总比例的97%。提示本阶段的训练主

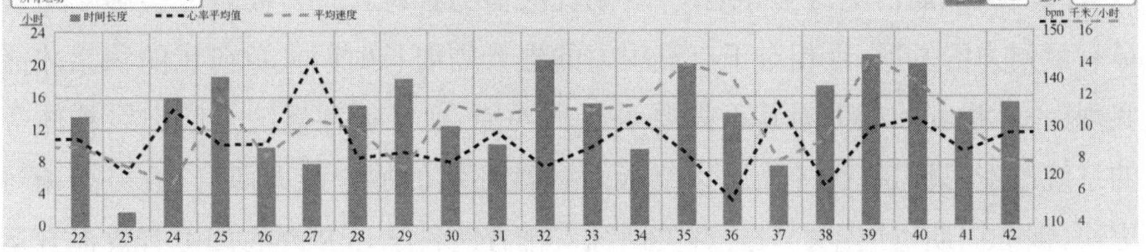

图7-2　2019年5月～10月周训练时间变化趋势(基于心率表，个案示例)

要为中低强度有氧训练。另外，根据运动员训练统计，其力量训练比例也较高，达到12%左右，力量训练中主要是核心力量训练为主，占力量训练的60%左右，其他力量训练主要为次极限负荷的大力量、力量耐力及爆发力训练，以及结合专项耐力的同推力量训练。鉴于该队员心率数据及训练统计数据采集较为完整，其有关数据基本能反映全队女队员的训练负荷情况。根据中方教练员、运动员的反馈，该阶段训练效果较好。从心率表提取的不同等级训练负荷比例看(图7-3)，有氧强度训练(I1～I3)占比达96%以上，混合代谢供能强度(I4～I5)占比3%，完全符合本阶段的强化有氧耐力训练目标，较好达到了预期训练效果。

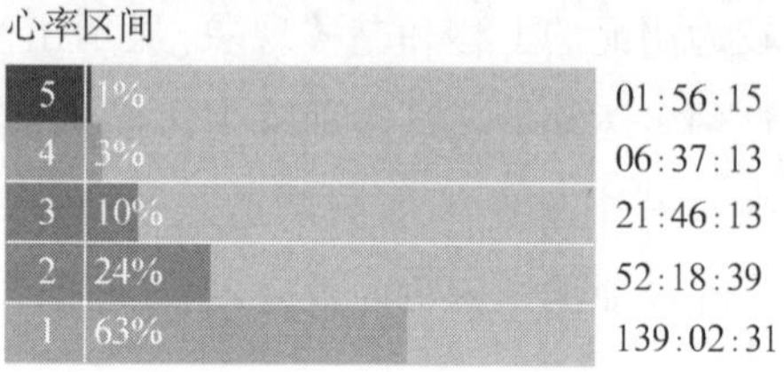

图7-3　不同等级心率区间占比(个案示例)

7.2　越野滑雪无氧耐力科学化训练方法应用

7.2.1　无氧耐力训练主要思路

越野滑雪比赛过程中的途中上坡、加速超越、中短距离比赛全程及所有距离比赛的后程加速冲刺等环节强度均高于无氧阈水平(乳酸大于4 mmol/L)，即需要无氧酵解供能并产生较多的血乳酸，导致运动员的肌肉收缩能力下降。无氧耐力训练的核心目的就是通过高强度的训练创造高乳酸环境，提高运动员的乳酸耐受能力，即通常所说的耐乳酸能力训练。一般情况下在专项准备期及赛前准备期高强度的耐乳酸能力训练比例会相应增加，但就全年总负荷量占比看，高强度训练的比例一般不超过5%。主要原因在于越野滑雪运动主要还是以有氧代谢供能占绝对主导地位，若耐乳酸能力训练比例过高可能会影响运动员有氧耐力的发展，且相对于有氧耐力的提升需要长时间大负荷量的积累才能实现而言，耐乳酸能力因其不需要对心肺功能、血液循环系统及肌肉线粒体等的系统改造，只需提高神经肌肉终板对酸性环境的适应能力即可，故提高相对更快，训练周期也更短。只要有关训练安排方法科学，3周左右即可有效提升运动员的无氧耐力。

耐乳酸能力训练通常采用高强度的持续、重复或间歇训练，特别是高强度间歇训练是提高运动员耐乳酸能力最有效的训练方法。就越野滑雪而言，采取乳酸、心率监控下的HIIT训练是有效提高耐乳酸能力的科学方法。一般情况下，乳酸要高于8 mmol/L，最高可达20 mmol/L左右，心率强度一般在I3～I4区间。

7.2.2 国家队常用的耐乳酸能力训练方法

(1) 高强度持续性训练(I4强度)：15～40 min的高强度持续跑、山地跑、沙滩跑、加阻快速功率自行车，高强度滑轮和滑雪等，乳酸6～10 mmol/L、心率为接近最大心率(I4心率)。

(2) 高强度间歇性训练(I4强度)：2～15 min的高强度间歇性上坡跑、沙滩跑、加阻快速功率自行车，高强度滑轮和滑雪等，乳酸10～20 mmol/L、心率为接近最大心率(I4心率及以上)，间歇期根据强度不同而不同，强度越高，持续时间越短则间歇时间越长，一般为3～10 min，重复3～6组。

7.2.3 无氧耐力训练质量把控与效果评价方法

最主要的训练强度把控为血乳酸结合心率。依据有关指标变化来评价无氧耐力训练效果的方法及标准如下。

7.2.3.1 无氧耐力提高的标志

同等中短距离比赛或测验速度提高，血乳酸、心率也相应提高；在高乳酸下保持高速运动的能力提高；上坡滑行、跑速提高及后程冲刺能力提高，同时伴有乳酸、心率提高；滑雪机或自行车的无氧功率测试能力提高。

7.2.3.2 无氧耐力降低的标志

同等中短距离比赛或测验速度降低，血乳酸、心率也相应降低；在高乳酸下保持高速运动的能力下降；上坡滑行、跑速下降及后程冲刺能力下降，伴有乳酸下降；滑雪肌或自行车的无氧功率测试能力下降，伴有乳酸下降。

7.2.3.3 应用举例

对国家队夏训阶段训练方法归纳见表 7-6。

表 7-6 不同性质体能训练手段的目的及要求

训练目的	主要手段	主要训练安排及要求 (每组次数、时间、组数、间歇、强度等)
基础有氧	越野跑	I1～I2;持续训练,30～120 min
专项有氧	滑雪或滑轮	I1～I2;持续训练,90～180 min
专项混氧	滑雪或滑轮	I3～I4;8 min×5 组,间歇 2 min
速度训练	滑雪或滑轮	I5;15 s×15 次;间歇 3 min
大力量	强化绝对力量	3～4 项;I4;重复训练,间歇 2～3 min
力量耐力	循环训练	5～7 项;I3～I4;间歇训练,30 s 1 项;组间歇 1 min
爆发力	快速发力、跳跃等	3～5 项;I4;间歇或重复训练或穿插到循环训练中;组间歇 2～3 min
专项力量	同推训练、上坡或负重训练	I1～I4;重复或间歇训练;20～60 min
核心力量	循环式核心组合训练	5～7 项;I2～I3;30 s～1 min 1 项;组间歇 1～2 min
再生训练	球类、放松训练	I1;自由活动、慢走或慢跑、游戏、球类、拉伸等

采用 800 米滑轮×8 组的间歇训练,对 4 位队员进行乳酸、配速、心率测试。速度变化如图 7-4,可以看出,由于宝某和叶某某这两位运动员的成绩变化趋势较为平稳,且同为最后一组速度最快,可以反映出他们的经验和有氧耐力更好;宝某和叶某某的成绩变化趋势较为平稳,每组速度较为平均,最后一组间歇训练时宝某的速度明显快于叶某某,说明其有氧能力及耐乳酸能力可能好于叶某某;朱某某速度变化总体呈加快趋势,在第 5 组训练时速度较慢,提示在第 5 组训练时进行速度调整;但总体来说,前面 3 组速度偏低,未能合理控制好每组速度,如果前四组平均速度再略快些可能训练效果更好;张某某的速度在第 5、6 组训练时波动较大,速度较慢,提示前面 4 组速度较快,而在

第5、6组时进行调整，同样未能合理控制本次训练每组的速度，年轻队员经验欠缺、能力待提高。

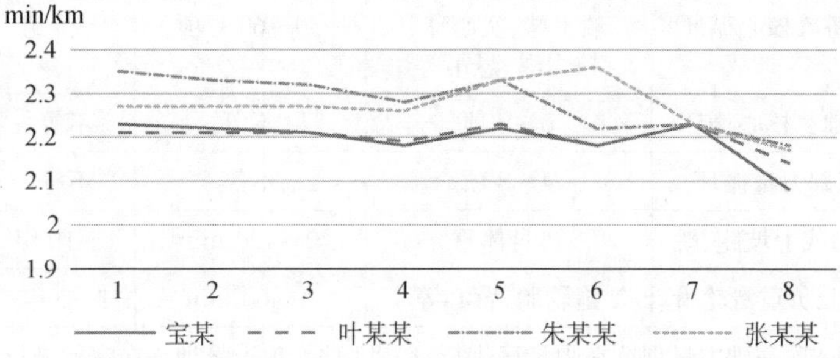

图7-4　4位队员800 m×8组间歇跑速度变化趋势

7.3 越野滑雪力量训练方法应用案例

7.3.1 国家队不同阶段训练阶段的力量训练安排案例

表7-7～表7-10为国家越野滑雪集训队在不同阶段训练阶段的力量训练安排举例。

表7-7　出国前集训期间力量训练安排(2018年5月18日～9月10日)

序号	内容	负荷强度	次数或时间	组数	组间歇
1	单杠引体	自身体重	10～30次/组	3～4组	1～2 min
2	负重半蹲	90%～95%	3～8次/组	3组	1～2 min
3	卧推	递增或50%体重	10～15次/组	3～4组	2～3 min
4	标准俯卧撑	自身体重或负重	15～30次/组	3～4组	2～3 min
5	负重仰卧起坐	5～10 kg	10～20次/组	3～4组	2～3 min
6	专项拉力器	70%～90%	40～100次/组	3～5组	2～3 min
7	加阻自行车	3～6级阻力负荷	2～30 min/组或持续1～2 h	1～6组	3 min
8	拉皮条	轻、中、重	10～30次/组	3～5组	3 min
9	双杠支撑	自身体重	10～20次/组	3组	3 min

（续表）

序号	内容	负荷强度	次数或时间	组数	组间歇
10	腹桥等核心循环	徒手、腹桥、平衡垫、瑞士球、实心球、拉力绳、悬吊等	30～60 s/项	1～3 组	15～30 s
11	基础+核心循环	6～8 项	不等	不等	不等
12	基础力量循环	4～8 项	不等	不等	不等
13	登山或上坡跑、跳	自身体重	2～120 min	1～10 组	不等
14	加阻、负重滑轮滑	拖轮胎、背心等	3～60 min	1～6 组	不等
备注	1～12 项基础力量训练在力量房进行，13、14 项专项力量训练在室外进行，可接基础力量训练之后，促进基础向专项转化。				

表 7-8　芬兰集训期间力量训练安排(2018 年 9 月 18 日～2019 年 3 月 15 日)

序号	内容	负荷强度	次数或时间	组数	组间歇
1	单杠引体	自身体重或加杠铃片	6 次/组	3 组	30 s
2	次极限负重深蹲	男：体重 150% 女：体重 120%	6 次/组	3 组	30 s
3	卧推	体重 50%	20～40 次/组	3 组	30 s
4	俯卧撑	自身体重，标准	20～40 次/组	3 组	30 s
5	专项拉力器	最大阻力快速	30 次/组	3 组	30 s
6	腹桥等核心循环	腹桥、卷腹、实心球、拉力绳等	每项 20 s	3 组	60 s
7	立定跳远	自身体重，全力	6 次/组	3 组	30 s
8	滑轮、滑雪同推	I1～I3	30～60 min	1～2 组	3 min
9	山地跑或北欧走	I1～I2	60～120 min	1 组	
备注	1～7 项在力量房进行，8～9 项为专项力量训练手段，在室外滑雪场地进行。				

表 7-9　坝上集训期间训练安排(2019 年 5 月 10～30 日及 2019 年 6 月 10～30 日两次)

内容	组数/次数	负荷强度	练习方式
深蹲转体	2 组×30 s	自身体重	循环训练
单腿动态背桥	2 组×5 次(每侧)	自身体重	
高翻	(6 组×2 次)/(5 组×4 次)	递增负荷	
仰卧平板	3 组×30 s	弹力绳	

（续表）

内容	组数/次数	负荷强度	练习方式
间歇 2～3 min			
单腿交替跳	2 组×5 次（每侧）	自身体重	间歇 20 s
立定跳远跳出—单腿交替跳	2 组×5 次（每侧）	自身体重	间歇 20 s
间歇 2～3 min			
负重引体向上	5 组×4 次	递增重量	循环训练
仰卧持哑铃—推肱三头肌	3 组×6 次	递增重量	
直臂牵拉弹力绳	3 组×30 s	弹力绳	
单腿跪姿哑铃举	3 组×6 次	哑铃	

表 7-10　吉林集训期间训练安排（2019 年 7 月 10～18 日两次）

序号	内容	负荷强度	次数或时间	组数	间歇
1	单杠引体	自身重量	6～8 次/组	3～5 组	交换
2	负重半蹲	25～35 kg	8 次/组	3～4 组	交换
3	跪姿哑铃上举	15～25 kg	8 次/组	3～4 组	交换
4	俯卧撑前后爬	自身重量	6～8 次/组	4～5 组	交换
5	硬拉	递增	3～5 次/组	5～6 组	交换
6	仰卧加阻蹬车	自身重量	8～10 次/组	4～5 组	交换
7	侧蹲快起	自身重量	12～15 次/组	3～4 组	1～2 min
8	拉皮条	轻、中、重	12～15 次/组	4～6 组	交换
9	哑铃划船	20～30 kg	6～8 次/组	3～4 组	交换
10	仰卧哑铃上举	20～35 kg	6～8 次/组	4～5 组	交换
11	山地上坡跑	自身重量 I4/I5	3 min/组	7 组	3 min
12	循环组合 1	肩关节绕环、平板跪姿对侧手脚伸展、平板对侧手脚伸展、单腿屈髋绕环			循环
13	循环组合 2	平板支撑、侧向支撑、屈膝抱头俯卧撑、仰卧举腿、仰卧蹬车、仰卧起坐、俯卧挺上身、仰卧直腿钟摆			循环

（续表）

序号	内容	负荷强度	次数或时间	组数	间歇
早操或上午力量训练					
1	功能及核心循环训练	肩关节绕环、平板跪姿对侧手脚伸展、平板对侧手脚伸展、单腿屈髋绕环			
2	负重半蹲	25～35 kg	8 次/组	3～4 组	交换
3	硬拉	递增	3～5 次/组	5～6 组	交换
4	跪姿哑铃上举	15～25 kg	8 次/组	3～4 组	交换
5	侧蹲快起	自身重量	12～15 次/组	3～4 组	1～2 min
6	哑铃划船	20～30 kg	6～8 次/组	3～4 组	交换
下午力量训练					
1	仰卧加阻蹬车	自身重量	8～10 次/组	4～5 组	交换
2	俯卧撑爬	自身重量	6～8 次/组	4～5 组	交换
3	仰卧哑铃上举	20～35 kg	6～8 次/组	4～5 组	交换
4	硬拉	加杠铃片	4～6 次/组	5～6 组	交换
5	拉皮条	轻、中、重	12～15 次/组	4～6 组	交换
6	单杠引体	自身重量	6～8 次/组	3～5 组	交换

阶段力量训练效果比较以国家队主力队员 3 次基础力量测试结果为例，见表 7-11。可见几乎所有运动员的高翻、硬拉、引体测试均有较大程度的提高。

表 7-11　国家队主力队员 3 次力量测试结果　　单位：kg

日期	5.16	7.16	10.7	5.16	7.16	10.7	6.4	10.7
运动员	高翻			硬拉			3RM 引体	
女子 1	0	35	45	0	40	100	—	5
女子 2	30	60	DNP	45	85	DNP	—	DNP
女子 3	30	55	55	45	75	92	15	15
女子 4	30	45	DNP	45	80	DNP	17	DNP
女子 5	30	45	45	45	90	115	—	20

（续表）

日期	5.16	7.16	10.7	5.16	7.16	10.7	6.4	10.7
女子 6	30	45	53	45	80	90	11	12
女子 7	30	40	70	40	60	100	0	2.5
女子 8	0	32	50	0	40	95	—	BW
男子 1	45	70	75	75	130	140	24	29
男子 2	45	70	80	75	145	160	36	43
男子 3	45	70	80	75	150	160	28	30
男子 4	45	70	70	70	150	168	20	23
男子 5	45	60	65	60	100	125	—	18
男子 6	43	60	74	60	130	150	27	30
男子 7	0	60	80	0	100	155	—	37
男子 8	0	50	80	0	120	140	—	22
男子 9	0	50	75	0	120	140	—	20
男子 10	0	50	70	0	120	130	—	27
说明	3RM 引体数据为最大可重复 3 次的额外负重值。							

7.3.2 越野滑雪国家队加压训练方法应用案例

为探索合适且安全的加压训练方法、观察加压训练对力量训练的效果，以 1 名退役越野滑雪优秀运动员（目前为国家集训队工作人员）为被试进行8 次，为期近 3 周（12 月 4 日～21 日）的加压训练初步实验。

7.3.2.1 加压训练干预方法

自身体重 50%的负荷强度，10 次×6 组标准卧推，自身体重 100%的负荷强度，10 次×6 组标准半蹲起分别进行上肢、下肢加压力量训练。上肢加压部位为上臂根部，压力范围 310～410 mmHg，平均值为 350 mmHg；下肢加压部位为大腿根部，压力范围 300～410 mmHg，平均值为 330 mmHg。加压训练过程中同步采集全程心率（应用 Polar 表）及即刻血乳酸，记录加压时间，间歇时间，动作频率与速度，训练感觉和视频等信息。加压训练前后进行力量素质指标测试。

7.3.2.2 加压训练实施过程

8 次加压训练分为两个阶段。第一阶段为 12 月 4 日～7 日，每天进行 1 次累计40 min 的加压训练，第二阶段为 12 月 14 日～21 日，根据第一阶段的反应，计划调整为隔日进行一次加压训练，两阶段中间调整休息近 1 周(因队伍外出参赛等原因)。

在确定加压训练负荷过程中，我们基于奥运备战的需要(通过加压训练有效提高运动员的基础与专项力量，而不是一般人群的健身需要)，经过初步预实验效果及反应，确定以中等负荷强度、中等负荷量、3 级压力的训练干预方法进行加压训练实验(不同于相关说明材料中的 20%～30%负荷强度，小负荷量的加压训练手段)。具体加压训练手段为自身体重 50%的负荷强度卧推(45 kg)，10 次×6 组，自身体重 100%负荷强度的半蹲起(80 kg)，10 次×6 组。

在每次加压训练过程中严格控制加压负荷(均为 3 级加压)、负荷节奏、间歇时间、准备活动模式与时间、动作频率、动作规格，同时专人全程记录训练过程信息，采集心率及加压后的即刻乳酸等，同时要求被试加压训练期间严禁进行任何其他力量等体能训练，以保证实验结果的可信度，控制无关变量的影响。

每次加压训练有 4 名工作人员参与。分别负责加压减压操作、过程记录、计时、拍照和录像。

8 次加压耐力训练(上下肢各 1 项)，每次上、下肢耐力训练重复次数 60 次(上肢负重强度为自身体重的 50%，下肢为自身体重的 100%)。每次加压训练时间约为 20 s×6 组卧推 + 25 s×6 组半蹲 = 270 s(净负荷时间)，每次上下肢累计加压时间约为 10 min，上下肢转换解压休息时间 5 min，加上准备活动 25 min，总时间约 40 min。加压压力变化范围：上肢为 310～410 mmHg，平均值 350 mmHg，下肢 300～410 mmHg，平均值 330 mmHg，三级压力。

7.3.2.3 加压训练结果及分析

加压训练的压力、乳酸、心率结果见表 7-12。从表 7-12 可见，上肢平均压力略高于下肢平均压力，主要原因为下肢围度高于上肢，压力感更为明显(且受服装、部位的影响)。半蹲的心率高于卧推,这与半蹲负荷强度要远高于卧推有关。从乳酸结果看,卧推的乳酸要高于半蹲,这可能与半蹲的负荷节奏慢于卧推,且下肢平均压力低于上肢有关。依据卧推、半蹲的中速负荷节奏后的乳酸看,尽管缺乏对照数据,但根据经验,加压训练更易于产生乳酸堆积,且压力越大,乳酸堆积效果越明显。

表 7-12　压力、心率、乳酸平均值

数值	上肢压力(mmHg)	下肢压力(mmHg)	腰部(mmHg)	卧推心率(bpm)	卧推乳酸(mmol/L)	半蹲心率(bpm)	半蹲乳酸(mmol/L)
平均值	360	342	268	104	5.6	124	3.8
范围	310～410	300～410	240～320	95～123	4.7～6.1	114～134	2.6～4.9
中值	350	330	260	105	5.9	125	4.8

8 次加压训练结束后 4 天进行有关力量素质的后测,通过前后结果比较,分析加压训练的效果及可能的副作用。前后测结果见表 7-13。

表 7-13　力量加压训练效果前后测比较

指标	2018 年 11 月 29 日	2018 年 12 月 25 日	前后变化对比
卧推耐力(个/分)	45 kg;30 次	50 kg;34 次	负荷增加 5 kg,次数增加 4 个
半蹲耐力(个/分)	80 kg;29 次	90 kg;38 次	负荷增加 10 kg,次数增加 11 个
最大卧推(kg)	90	100	增加 10 kg
最大半蹲(kg)	175	195	增加 20 kg

被试为退役运动员,力量基础较好,主动要求参与实验。因无合适的对照被试,故本次初次探索性实验缺乏对照被试的结果。初步探索实验只能进行个案的前后测比较。

就个案实验结果看,短期的中负荷重量(约 50%负荷强度)的 60 次重复训练可以有效提高有关的力量耐力和最大力量,心率介于 I1～I2 级强度,乳酸 4～5 mmol/L,无明显身体不适。提示中等负荷强度的适量、短时力量耐力训练可以有效提高力量耐力和最大力量,加压力量训练效果良好。

7.4 越野滑雪高原训练科学化方法应用

以国家越野滑雪队在 2018 年的亚高原训练为例。2018 年 8 月，国家队转场秦岭山区进行为期一个月的亚高原训练，训练地海拔为 1 000～1 800 m。可进行山路跑、山路滑轮（向上，落差约 800 m）、训练基地的室内与室外训练、漂流训练等。

上高原前已经经过了 50 余天的平原基础体能、技术训练，上高原的训练目标是进一步提升运动员的专项有氧耐力、耐乳酸能力、专项力量、核心稳定性，为下一步的出国训练、参赛打好体能与技术基础。

7.4.1 亚高原训练目标与要求

（1）有氧耐力的主导训练方法及要求：保持速度稳定的大幅度、低频率、加阻的持续性低强度耐力跑、自行车、滑轮、滑雪、山地持杖走或慢跑，每次长距离不间歇持续时间 2.0～2.5 h，每周 2～4 次，平均心率 150～170 bpm，血乳酸 2～4 mmol/L。（改造肌肉线粒体、微循环、心肺功能）。占总负荷量的 80%～90%。

（2）通过亚高原训练提高运动员血红蛋白水平。

（3）专项耐乳酸能力训练：500 m、1 000 m、2 000 m 的全速间歇性上坡跑、滑轮、室内滑雪（250 m 左右）训练，间歇时间（1∶3）～（1∶5）（根据训练距离不同），提高脑乳酸能力。负荷量占比 10%左右。负荷强度为心率 190 bpm 以上，乳酸累积到高于 10 mmol/L。

（4）基础与专项力量训练：结合技术结构选择针对性的基础力量训练手段与方法，亚高原训练阶段继续保持必要的基础力量训练为主（增加肌肉围度、肌肉耐力），并将基础力量与专项力量有机结合（每次力量训练先基础后专项，避免肌肉硬化、促进力量训练效果在大脑内的专项化记忆），中后期以专项力量训练为主（突出支点反应性速度力量及动作全程的充分发力等），主要训练手段有各种加阻训练、增加难度训练、负重上坡跑或滑轮、室内滑雪等。

（5）为克服高原环境对运动员爆发力的负面影响，力量训练中降低重复组数、次数,强化发力速度,技术训练中强化每一个推进动作的支点反应力量(快速发力)、动作全程的连续递增性推动力量等,通过针对性的强化训练保持或提高运动员的专项速度力量,提高每次动作的驱动速度与距离。

(6) 强化核心力量训练,提高运动员的核心稳定性,通过针对性技术优化及核心功能性训练提高弯道加速、下坡速度保持的身体姿态控制能力及信心。

7.4.2 亚高原训练计划

亚高原训练期间,不同性质训练负荷量(时长)比例统计如表 7-14。

表 7-14 亚高原训练期间不同性质训练比例统计表

有氧训练	力量训练	混氧训练(含高有氧)	核心训练
76%	10%	8%	6%

亚高原训练周训练计划示例如表 7-15。

表 7-15 国家越野滑雪集训队第十二周训练计划(2018 年 8 月 6~12 日)

本周训练目标与任务:
1. 负荷强度中等,负荷量大。
2. 通过持续性长时间有氧阈强度的亚高原训练,改造运动员的肌肉有氧代谢能力。
3. 进一步强化基础力量与专项力量,继续进行功能性训练。
4. 专项技术与专项力量结合的训练,减频加幅,提高动作效能。

日期	早操 6:30~7:00	上午 8:15~11:30	下午 3:00~5:30	晚上
周一	技术 模仿	**基础力量与有氧耐力训练** 热身 20 min,提高体温、神经兴奋性、肌肉弹性,强调髋关节灵活性; 四项基础力量训练与 20 km 有氧跑(海拔1 200 m); 整理 20 min,放松跑+肌肉拉伸	**雪地滑行与核心训练** 热身 15 min; 滑雪馆耐力滑行 90 min,体会雪上上坡、快速下坡、弯道技术(距离约 20 km); 核心力量训练 30 min; 放松整理 15 min,充分拉伸肌群与关节	训练日记 伤病治疗

（续表）

日期	早操 6:30～7:00	上午 8:15～11:30	下午 3:00～5:30	晚上
周二	技术 模仿	**雪地滑行与核心训练** 热身 15 min； 滑雪馆耐力滑行 90 min，体会雪上上坡、快速下坡、弯道技术（距离约 20 km）； 核心训练 30 min； 放松整理 15 min，充分拉伸肌群与关节	**再生训练** 准备活动 10 min； 可选择篮球、游泳、皮划艇、攀岩等作为再生训练手段； 充分拉伸 30 min	训练日记 伤病治疗 观看录像
周三	技术 表象	**有氧耐力滑行训练** 热身 15 min； 缓上坡耐力滑行 2～2.5 h，控制全程平均心率不超过 170 次/分，血乳酸不超过 4 mmol/L（滑行距离 30 km）； 放松整理 15 min，充分拉伸肌群与关节	**技术讲解与动作精进** 讲解技术动作原理与各队员的不足； 运动员结合教练员的讲解，深入思考，表象结合； 最后进行实地动作练习，精进技术动作	训练日记
周四	技术 模仿	**雪地滑行与核心训练** 热身 15 min； 场地耐力滑行 2 h，体会雪上上坡、快速下坡、弯道技术（距离约 30 km）； 核心训练 30 min； 放松整理 15 min，充分拉伸肌群与关节	**再生训练** 准备活动 10 min； 可选择篮球、游泳、皮划艇、攀岩等作为再生训练手段； 充分拉伸 30 min	训练日记 伤病治疗 观看录像
周五	基本 步法	**基础力量与有氧耐力训练** 热身 20 min； 四项基础力量训练与 20 km 慢跑； 整理 20 min，放松跑＋肌肉拉伸	**雪地滑行与核心训练** 热身 15 min； 场地耐力滑行 90 min，体会雪上上坡、快速下坡、弯道技术（距离约 20 km）； 核心训练 30 min； 放松整理 15 min，充分拉伸肌群与关节	文化学习 训练日记 伤病治疗

（续表）

日期	早操 6:30～7:00	上午 8:15～11:30	下午 3:00～5:30	晚上
周六	柔韧性	**有氧耐力滑行训练** 热身 15 min； 缓上坡耐力滑行 2～2.5 h，控制全程平均心率不超过 170 次/分，血乳酸不超过 4 mmol/L(滑行距离 30 km)； 放松整理 15 min，充分拉伸肌群与关节	**技术讲解与动作精进** 讲解技术动作原理与各队员的不足； 运动员结合教练员的讲解，深入思考，表象结合； 最后进行实地动作练习，精进技术动作	训练日记 伤病治疗
周日	8:30～11:30 放松整理、牵拉、训练小结；下午整理内务、英语学习			周例会
总负荷	跑步距离：约 60 km　　总训练次数：12 次，不含早操 滑行距离：约 180 km(雪上及公路上破滑行)　总训练时间：25 h 训练强度：中等 核心力量训练次数：4 次 基础力量训练次数：2 次 专项力量训练次数：6 次 长距离耐力训练次数：4 次			

7.4.3　高原训练效果

亚高原训练提高了运动员的血红蛋白水平，亚高原训练前后平均血红蛋白提高了 1.5 g/dL；长时间、连续上坡的滑轮持续性训练有效提高了运动员的有氧及混合代谢能力，最大摄氧量平均提高了 5.1 mL/(min・kg)；基础力量平均提高了 15%左右，专项力量(原地启动，同推滑行距离)提高了 10%左右；功能性训练初见成效，提高了身体控制能力，八级腹桥测试平均提高了 2.3 min；结合生理生化测试、运动营养补充，有效控制了运动员的疲劳与恢复。

7.5　越野滑雪运动员竞技状态调控方法应用

7.5.1　短距离队员赛前安排特点

赛前训练节奏安排：加大专项训练量和比赛量为主—减量、恢复训练—加比赛量和比赛强度—减量、恢复训练—加专项比赛强度。

比赛阶段：采用减量训练，赛前准备（赛前集训前的心理、体力准备）—冲专项训练量和比赛量—冲专项训练强度和比赛强度—减量、调整—诱导、激发竞技状态—参加比赛，并按“前低（冲负荷量），后高（冲负荷强度）”的原则安排冲量、冲强度的跳跃式负荷节奏。

赛季小周期安排：准备适应恢复小周期—加量小周期—减量恢复小周期（2～7 天）—强度小周期—减量恢复小周期（2～7 天）—诱导小周期—比赛小周期—比赛。

7.5.2 国家滑雪队赛前训练安排特点

国家越野滑雪队赛前三周的周负荷动态变化虽然存在一定差异，但多数运动员是以中量大强度、中量中上强度和小量中强度的组合方式，仅有少部分运动员是以大量大强度、中量中上强度和小量中强度的组合方式，这可能与教练员安排赛前训练周数有关，有的教练员将赛前训练周确定为 2 周，而赛前倒数第三周可能被列入准备期的冲量冲强度周。在赛前训练最后一次最大负荷量和负荷强度的安排上，优秀运动员的安排是比较一致的，主要集中在赛前的第 5～7 天。这可能与滑雪世界杯系列赛事一般在周末举行有关，教练员为了与系列周末的比赛负荷一致，均在比赛前 5～7 天安排一次模拟比赛或大负荷的体能训练，以适应一系列参赛的需要。表 7-16 为 2019 年越野滑雪队世界杯积分赛赛前 3 周的训练安排。

表 7-16　2019 年越野滑雪队世界杯积分赛赛前 3 周的训练安排

	负荷量	负荷强度	有氧比例	无氧比例	力量比例
赛前第 3 周	18 h	I1～I2:80%;I3～I4:17%;I5:3%	90%	5%	5%
赛前第 2 周	15 h	I1～I2:70%;I3～I4:26%;I5:4%	85%	10%	5%
赛前第 1 周	10 h	I1～I2:70%;I3～I4:25%;I5:5%	80%	15%	5%
备注	赛前 3 周前大负荷周训练时长为 22 h 左右，有氧训练比例 90%～95%。				

7.5.3 赛前通过高原训练调整运动员竞技状态

为备战 2019 年 7 月 4～6 日在北京举办的世界杯滑轮比赛，国家越野滑雪集训队在赛前赴坝上进行了 2 周的亚高原训练(海拔 1 500 m)。两周计划如表 7-17、表 7-18。

表 7-17　训练计划:第 25 周(21 h)

周一	**2019 年 6 月 17 日**
9:30	休息调整
周二	**2019 年 6 月 18 日**
7:00	女队员:慢跑 20 min + 滑雪机/自行车 20 min;男队员:力量
9:30	强度 1 自由式滑轮 2 h + 短冲 8 组
16:00	女队员:力量训练(热身 15 min + 训练 45 min + 有氧恢复 20 min)
17:00	男队员:力量训练(热身 15 min + 训练 45 min + 有氧恢复 20 min)
周三	**2019 年 6 月 19 日**
7:00	男队员:慢跑 20 min + 滑雪机/自行车 20 min;女队员:力量
9:30	强度 3 间歇训练 4～6 组 + 上坡同推训练 8～10 min(总时间 2 h)
16:00	强度 1 自由式滑轮训练 90 min
周四	**2019 年 6 月 20 日**
7:00	女队员:慢跑 20 min + 基础力量 20 min;男队员:力量
9:00	强度 1 有氧山地越野跑 3 h
16:00	泡沫轴训练课,积极恢复
周五	**2019 年 6 月 21 日**
7:00	男队员:慢跑 20 min + 基础力量 20 min;女队员:力量
9:30	强度 1 自由式滑轮 2 h + 短冲 8 组
16:00	女队员:力量训练(热身 15 min + 训练 45 min + 有氧恢复 20 min)
17:00	男队员:力量训练(热身 15 min + 训练 45 min + 有氧恢复 20 min)
周六	**2019 年 6 月 22 日**
7:00	女队员:有氧练习 30 min + 泡沫轴训练;男队员:力量
9:00	强度 3 自由式滑轮间歇训练 5 组 × 8～10 min(总时间 135 min)
16:00	强度 1 传统式滑轮训练 90 min

（续表）

周日	2019 年 6 月 23 日
7:00	男队员:有氧练习 30 min + 泡沫轴训练;女队员:力量
9:00	强度 1 同推训练 3h

表 7-18　训练计划:第 26 周(12 h)

周一	2019 年 6 月 24 日
8:00	积极休息/无早晨训练
	午饭和晚饭前自行步行训练 20 min
周二	**2019 年 6 月 25 日**
7:00	女队员:慢跑 20 min + 滑雪机/自行车 20 min;男队员:力量
9:00	女队员:力量训练(热身 10 min + 训练 45 min) + 自由式滑轮短冲 9 组(共 50 min)
9:45	男队员:力量训练(热身 10 min + 训练 45 min) + 自由式滑轮短冲 9 组(共 50 min)
16:30	强度 1 慢跑 1 h + 拉伸训练
周三	**2019 年 6 月 26 日**
7:00	热身 + 小腿力量练习 + 跑步技术
9:30	强度 5 自由式滑轮间歇训练(95%最大速度)30～40 s×10 组,缓上坡,间歇 3～4 min(共 105 min)
16:00	强度 1 传统式滑轮训练 60 min + 泡沫轴
周四	**2019 年 6 月 27 日**
8:00	积极休息/无早晨训练
	午饭前步行训练 20 min
17:15	泡沫轴训练课
周五	**2019 年 6 月 28 日**
7:00	热身 + 小腿力量练习 + 跑步技术
9:00	女队员:力量训练(热身 10 min + 训练 45 min) + 自由式滑轮短冲 9 组(共 50 min)

（续表）

9:45	男队员：力量训练（热身 10 min + 训练 45 min）+ 自由式滑轮短冲 9 组（共 50 min）
16:30	强度 1 传统式滑轮训练 1 h
周六	**2019 年 6 月 29 日**
7:00	热身 + 小腿力量练习 + 跑步技术
9:00	强度 5 自由式滑轮间歇训练（资格赛速度）100 s×6 组，间歇 7～8 min（总时间 105 min）
17:00	强度 1 跑步训练 30 min + 泡沫轴放松
周日	**2019 年 6 月 30 日**
8:00	积极休息/无早晨训练：转场北京（7 h 车程）

从两周计划看，上高原第一周负荷总量为 21 h，主要训练手段为 I1～I2 的中低强度有氧训练、安排了两次 I3 强度的间歇训练和两次速度训练和总计 2 h 的力量训练；上高原第二周（即参赛前 1 周）的负荷量明显降低至 12 h，继续保持较多的中低强度有氧训练外，安排了 1 次 I5 强度的间歇训练，1 次 I5 强度的模拟比赛全程的重复性训练，2 次重复性绝对速度训练，2 h 的力量训练。

两周亚高原训练后直接下高原赴赛区参赛。从比赛成绩看，此次赛前亚高原训练（减量、提高强度）起到了十分显著的提高运动员竞技状态效果，取得了运动成绩的历史性突破。

7.5.4 越野滑雪赛前四周竞技状态调控方法应用案例

表 7-19 为国家队备战 FIS 积分赛赛前安排。

表 7-19 越野滑雪赛前四周竞技状态调控方法列表

	赛前第 4 周	赛前第 3 周	赛前第 2 周	赛前第 1 周
任务	综合能力整合强化；强化有氧、混氧；速度刺激	技战术整合完善；中高有氧，强化混氧；速度刺激	战术准备；中高有氧、强化混氧、速度	参赛战术；状态诱导；中高有氧、强化混氧、速度

(续表)

	赛前第 4 周	赛前第 3 周	赛前第 2 周	赛前第 1 周
负荷变化	强度:中、大 量:中等	强度:中、大 量:中等略减	强度:大、中 量:中等略减	强度:中 量:小
内容	技战术整合应用 体能与技术整合 参赛模拟	技战术整合与针对性应用、体能与技术整合、参赛模拟	参赛技战术针对性应用、参赛模拟	参赛技战术针对性应用、状态诱导
方法	极限及次极限强度各 1 次; 参赛体能模拟 1 次; 中等强度训练 2 次(体能中等,战术合理应用); 中低强度技战术合理应用 2 次; 综合素质+再生训练 2～3 次	极限及次极限强度各 1 次; 参赛心理及战术模拟 1 次; 中等强度训练 1 次(体能中等,战术合理应用); 中低强度技战术合理应用 2 次; 综合素质+再生训练 1～2 次	次极限强度 1～2 次;中等强度参赛心理及战术模拟 2 次; 中等强度训练 1 次(体能中等,战术合理应用); 中低强度技战术合理应用 1 次; 综合素质+再生训练 1～2 次	次极限强度 1 次; 中等强度参赛心理及战术模拟 2 次; 中等强度训练 1 次(体能中等,战术合理应用); 中低强度技战术合理应用 1 次; 综合素质 + 再生训练 1～2 次
负荷量	总课次:9～10 次 每次:2～2.5 h 总课时:20 h 左右	总课次:7～8 次 每次:2～2.5 h 总课时:16 h 左右	总课次:7～8 次 每次:1.5～2 h 总课时:12～14 h	总课次:6～7 次 每次:1.5～2 h 总课时:10～12 h

7.6 越野滑雪运动员有氧耐力评价方法应用研究案例

自最大摄氧量测试诞生以来,以其在评价不同项目运动员有氧耐力的独到功能在体育科学界得到了日益广泛的应用。在此过程中,不同实验室基于不同测评目的在基于经典测评方法外探索建立了不同模式的最大摄氧量测评方法,目前在国内外滑雪界已经得到应用的主流最大摄氧量测评方法包括经典的 3 min 递增负荷跑台法(BRUCE 法)、功率自行车法、挪威越野滑雪界的 1 min 递增负荷跑台法、便携式测试法及间接测试法等。不同国家、不同实验室采用的最大摄氧量测试模式、设备、方法有所不同,导致在不同实验室进行的不同测试方法的最大摄氧量测试结果差异较大,难以进行横向比较,且就具体某队员而言,前后两次测试方法的不同也难以有效进行阶段训练效果的纵向评估。最大摄氧量测试的核心目的是通过最恰当的方法测试出运动员阶段最大有氧耐力潜能，即个体阶段最大摄氧量峰值。目前国内越野滑雪界常用的最大摄氧量测试方法主要有三种，哪种测试方法在评估运动员最大有氧耐力潜能方面效果最好尚不得而知。为此，2021 年 5 月下旬至 6 月上旬，我们征集了来自某两个省队的不同等级男子越野滑雪运动员 30 名集中进行三种主要最大摄氧量测试方法的测试，比较不同测试方法结果间的差异并探索其线性关系，以期为有关运动队采用最有效的方法来评估运动员最大摄氧量及基于不同方法测评结果间的线性关系预测另一种方法的测试结果提供科学依据；同时通过测评结果的统计分析比较不同等级越野滑雪运动员最大摄氧量水平、有氧阈无氧阈对应的摄氧量、心率、跑台跑速、呼吸商等的差异，分析高水平运动员与一般水平运动员能量代谢供能特点的不同。为科学评价阶段训练质效与指导科学化训练提供有效的科技助力。

7.6.1 最大摄氧量测试方法应用案例

(1) BRUCE 法

15 min 地面准备活动，跑台适应跑 5 min；跑台倾斜度起始为 10.5%(=6°)，每级负荷增加 1°；跑台启动前运动员在做好测试准备(如佩戴气体分析仪面罩等之后)；跑台起始速度为 5 km/h，每级增加 1 km/h；跑台启动后 3 min 递增速度至 5 km/h，此后每 3 min 递增一级负荷至力竭。

(2) 功率自行车法

准备活动 15 min，功率自行车适应 5 min；功率自行车座椅高度的调整以运动员正常坐在座椅上，足跟部将脚踏板踩到底，膝关节完全伸展为标准；运动员在做好测试准备(如佩戴气体分析仪面罩等之后)后在自行车上保持静息 90 s；起始功率为 50 W，每 90 s 均上升 25 W；每秒钟转速需要维持在 70～80 转，当运动员无法维持最低 30 转/分钟或力竭时测试停止。

(3) 1 min 递增负荷跑台测试法

热身 15 min，跑台适应跑 5 min；跑台以恒定的 10.5%(=6°)倾斜运行；跑台启动前运动员在做好测试准备(如佩戴气体分析仪面罩等之后)；跑台起始速度设定为 5 km/h，每 min 速度增加 1 km/h；跑台启动后 3 min 递增速度至

5 km/h，此后每 1 min 递增一级负荷至力竭。

7.6.2 测试过程中血乳酸、心率、RPE 数据采集方法

每种测试前、每级负荷后即刻、测试结束后 1、4、7、10 min 采集 7 μL 指尖静脉血进行乳酸测试。乳酸清除率＝即刻值－10 min 值/9。

以每级跑台跑速为横坐标，以乳酸值为纵坐标绘制个体乳酸曲线。以血乳酸为 2.0±0.5 作为有氧阈对应负荷强度，以血乳酸为 4.0±0.5 作为无氧阈对应负荷强度。每级负荷后用彩色 RPE 板让运动员报告疲劳感并评分，从轻松到力竭感分别赋分 6～20 分。用 PolarV800 采集全程心率。全程采集呼吸气体，用气体分析设备和软件采用开式气体分析法进行分析。

力竭判断标准：出现最高心率、摄氧量曲线出现平台或下降、呼吸商高于 1.05、运动员难以继续保持运动。通过上述指标综合评定。

测试指标：最大摄氧量、有氧阈与无氧阈通气量、血乳酸、呼吸商、心率、RPE。

7.6.3 三种最大摄氧量测试方法结果比较

对三种测试方法（方法 1 为 Bruce 法、方法 2 为功率自行车法、方法 3 为 1 min 递增负荷跑台法）测得的最大摄氧量结果进行描述统计和组间均值方差分析，结果见表 7-20。

表 7-20 三种测试方法最大摄氧量结果描述

单位：mL/(kg・min)

	N	均值	标准差	标准误	均值的 95% 置信区间		极小值	极大值
					下限	上限		
方法 1	30	66.842 1	3.100 13	1.261 82	59.301 1	67.493 1	53.00	72.00
方法 2	30	56.473 7	2.700 10	1.101 22	54.160 1	58.787 3	47.00	65.00
方法 3	30	60.736 8	2.168 80	1.208 75	56.307 4	62.276 3	51.00	68.00
总数	90	61.017 5	2.566 13	.737 25	57.540 7	60.494 4	47.00	72.00

方差齐性检验显示三组数据满足方差齐性方差检验结果提示组间差异显著，随后进行多重比较，结果见表 7-21。

表 7-21 多重比较

(I) 测试方法	(J) 测试方法	均值差 (I-J)	标准误	显著性	95% 置信区间	
					下限	上限
方法 1	方法 2	5.368 42*	1.686 40	.002	1.987 4	8.749 5
	方法 3	3.105 26	1.686 40	.011	−.275 8	6.486 3
方法 2	方法 1	−5.368 42*	1.686 40	.002	−8.749 5	−1.987 4
	方法 3	−2.263 16	1.686 40	.045	−5.644 2	1.117 9
方法 3	方法 1	−3.105 26	1.686 40	.011	−6.486 3	.275 8
	方法 2	2.263 16	1.686 40	.045	−1.117 9	5.644 2

注：均值差的显著性水平为 $P<0.05$。

结果显示，三种测试方法最大摄氧量结果大小排序为：方法 1＞方法 2＞方法 3，均 $P<0.05$。从运动员最大摄氧量峰值界定角度看，方法 1 无疑最能有效评价运动员阶段最大摄氧量峰值。结合表 7-21 的相关分析结果看，三种测试结果在评价运动员的最大摄氧量时结果变化趋势高度一致，均可作为运动员最大摄氧量的有效评价手段。

为方便日后基于某种测试结果推测测试方法 1 的大概结果，便于测试结果的纵向比较来评价运动员的阶段有氧训练效果，有必要探索上述三种测试结果间差值分布特征。以方法 1 为主要参照，将测试方法 1 与测试方法 2 结果相减得差值 1，将测试方法 1 与测试方法 3 结果相减得差值 2。对两组差值分别进行描述统计、均值、中值和众数分布情况统计，结果如表 7-22。

表 7-22 差值的频数统计量

		差值 1	差值 2
N	有效	30	30
	缺失	0	0
均值		5.368 4	3.105 3
中值		6.000 0	3.000 0
众数		6.00	3.00

从上述结果看，最大摄氧量测试方法 1 的最大摄氧量高于方法 2 约 6 mL/(min・kg)，高于方法 3 约 3 mL/(min・kg)，据此可以基于方法 2、方法 3 的结果估计方法 1 的结果。

7.6.4 高水平运动员与一般水平运动员能量代谢特征比较

首先对所有被试三种测试方法的最大摄氧量、基于测试方法 1 的有氧阈摄氧量、无氧阈摄氧量数据进行正态分布检验和方差齐性检验，检验结果表明五组数据均满足正态分布和方差齐性，P 均大于 0.05。五个指标的不同等级运动员组间差异方差分析结果见表 7-23。

表 7-23 ANOVA

		平方和	df	均方	F	P
$VO_{2max}1$	组间	352.781	2	176.390	14.730	.000
	组内	301.745	87	11.984		
$VO_{2max}2$	组间	261.961	2	130.981	13.717	.000
	组内	152.776	87	9.548		
$VO_{2max}3$	组间	328.181	2	164.091	15.308	.000
	组内	171.503	87	10.730		
有氧阈摄氧量	组间	287.602	2	143.801	7.116	.006
	组内	323.345	87	20.209		
无氧阈摄氧量	组间	230.746	2	115.373	4.391	.030
	组内	420.412	87	26.276		

注：显著性水平为 $P<0.05$。有氧阈摄氧量、无氧阈摄氧量取自测试方法 1。

结果提示各指标组间差异显著，为探索不同等级运动员有关指标大小排序，随后进行多重比较。多重比较显示，三个等级运动员的三种方法测试的最大摄氧量排序均为：一级运动员＞二级＞三级，$P<0.01$；有氧阈摄氧量也是一级运动员＞二级、三级，$P<0.01$，但二级三级间无显著差异；无氧阈摄氧量也是一级运动员＞二级、三级，$P<0.05$，但二级三级间无显著差异。表明一级等级运动员的最大摄氧量、有氧阈摄氧量、无氧阈摄氧量均显著高于二、三级运动

员，提示一级运动员的最大有氧耐力潜能、有氧耐力利用能力均优于二级、三级运动员。为探索不同等级运动员、不同测试方法、有氧阈、无氧阈摄氧量间关系，对上述指标进行了相关分析，结果如表 7-24。

表 7-24　三种最大摄氧量测试方法、有氧阈及无氧阈摄氧量、运动等级间相关性

		VO_{2max} 1	VO_{2max} 2	VO_{2max} 3	运动等级	有氧阈摄氧量	无氧阈摄氧量
VO_{2max} 1	Pearson 相关性	1	.946**	.938**	−.803**	.830**	.812**
	显著性(双侧)		.000	.000	.000	.000	.000
	N	30	30	30	30	30	30
VO_{2max} 2	Pearson 相关性		1	.975**	−.817**	.780**	.777**
	显著性(双侧)			.000	.000	.000	.000
	N		30	30	30	30	30
VO_{2max} 3	Pearson 相关性			1	−.810**	.710**	.730**
	显著性(双侧)				.000	.001	.001
	N			30	30	30	30
运动等级	Pearson 相关性				1	−.665**	−.568*
	显著性(双侧)					.002	.011
	N				30	30	30
有氧阈摄氧量	Pearson 相关性					1	.952**
	显著性(双侧)						.000
	N					30	30
无氧阈摄氧量	Pearson 相关性						1
	显著性(双侧)						
	N						30

注：有氧阈、无氧阈摄氧量取自最大摄氧量测试方法 1。

从上表结果看，VO_{2max} 1、VO_{2max} 2、VO_{2max} 3 间均呈高度正相关，R 均大于 0.9，且 P 小于 0.001；运动等级与三种方法的最大摄氧量测试结果均呈高度负相关，R 绝对值均大于 0.8，且 P 小于 0.01，运动等级与有氧阈摄氧量、无氧阈摄氧量均呈中度负相关，R 绝对值均大于 0.55，P 均小于 0.05。提示高水平运动员的有氧耐力好于一般水平运动员（一级好于二级，好于三级），且组间差异十分显著。另外，结果还显示 $VO_{2max}1$ 与有氧阈摄氧量、无氧阈摄氧量 R 均大于 0.8，且 P 小于 0.001，均呈高度正相关；有氧阈摄氧量与无氧阈摄氧量 R 大于 0.95，P 小于 0.001，呈高度正相关。提示最大摄氧量水平高者其有氧阈摄氧量与无氧阈摄氧量也相应更高。

为进一步评估不同水平运动员在同等负荷强度（跑台跑速）下的摄氧量、乳酸、心率、呼吸商与 RPE，我们以 7 km/h（为不同水平运动员的有氧阈、无氧阈跑速区间）为标尺，比较不同水平运动员在该跑速下的有关指标，可更直接比较不同水平运动员的有氧耐力水平及能量代谢特征，见表 7-25。

表 7-25　同等负荷强度下不同水平运动员摄氧量、心率、乳酸、RPE 比较

运动等级	N	速度 km/h	平均摄氧量 mL/(min·kg)	平均心率 bpm	平均乳酸 mmol/L	呼吸商 CO_2/O_2	RPE
一级	9	7	40.5±3.3	145.4±5.2	2.1±0.3	0.81±0.06	9.2±1.6
二级	11	7	35.3±2.8	155.1±4.3	2.8±0.4	0.90±0.07	13.6±1.1
三级	10	7	30.1±3.2	160.7±5.8	3.5±1.0	0.97±0.08	16.7±1.3

上表结果可直观看出一级运动员在 7 km/h 跑速下的平均摄氧量高于二、三级运动员，而其平均心率、血乳酸、呼吸商和 RPE 则低于二、三级运动员。进一步的方差分析结果显示在同负荷强度下不同水平运动员的平均摄氧量、心率、乳酸、呼吸商和 RPE 组间差异均具有显著意义，其中平均摄氧量、呼吸商组间差异 $P<0.01$，平均心率、乳酸、RPE 组间差异 $P<0.05$，多重比较检验结果显示一级运动员的平均摄氧量＞二级＞三级，同时平均心率、平均乳酸、呼吸商和主观疲劳感的多重比较结果显示一级运动员＜二级＜三级，P 值均<0.05。

研究结果表明三种国内常用测试方法中，BRUCE 法在评价越野滑雪运动员阶段最大有氧耐力潜能方面效果最好，其他两种方法与其存在线性关系，可用于不同测试方法结果间的互相预测；优秀越野滑雪运动员的最大有氧代谢供能潜能及最大摄氧量利用能力优于一般水平运动员；同等负荷强度下的血乳酸、对应心率、乳酸清除率是直接把控有氧训练质效（主要是负荷强度）及评价运动员阶段有氧耐力训练效果和变化趋势的最便捷、有效的方法。

7.6.5 成果应用建议

三种最大摄氧量测试方法研究成果适用于指导国内有关体科所、高校科研机构及运动队对越野滑雪运动员乃至其他耐力项目进行最大摄氧量测试方法选择及不同测试方法结果间的比较性评估，但回归方程或许只适用于参与测试的有关运动队；本次测评结果作为夏训初期基础值，可供参与本次测试的运动队教练员纵向动态评价有关运动员的有氧耐力发展趋势及阶段有氧耐力训练质效的动态评价；不同等级运动员有氧耐力差异及相关指标变化范围结果可用于有关运动队针对不同水平运动员的有氧耐力训练过程中实施差异化、个体化质效把控与评价（主要基于有氧阈、无氧阈对应心率、跑台跑速变化区间实施负荷强度控制）及动态评估运动员有氧耐力变化趋势（如阶段训练前后如某队员有氧阈、无氧阈对应运动强度提高、同负荷强度下心率、乳酸下降提示运动员的有氧耐力提高）；成果应用过程中最好有机结合阶段训练安排、训练目标及运动员个体变化特征进行纵向评估及全队总体有氧耐力变化趋势评估。

7.7 越野滑雪运动员心理状态测评方法应用案例

在国家队长期训练过程中，我们根据阶段训练特点、运动员个体心理状态变化及既定测试计划系统对国家队重点队员进行了有关心理状态测评，并根据测评结果进行了针对性心理调控干预，取得了良好效果。下面为几个心理状态测评结果及阶段干预效果反馈报告案例。

7.7.1 个体干预前后对照

某被试阶段出现严重的负面情绪及心理疲劳，POMS 总分高达 176，ABQ 得分 40。心理干预 1 个月后重测，POMS 总分为 130，ABQ 得分 26。干预前后某被试 POMS 及 ABQ 情况见表图 7-5、图 7-6。

反馈评价示例：假如你填的是真实的，你目前的心理状态不是很好，有较高程度的心理疲劳，心力交瘁感比较明显，对自己复出的前景感到担忧，产生了值

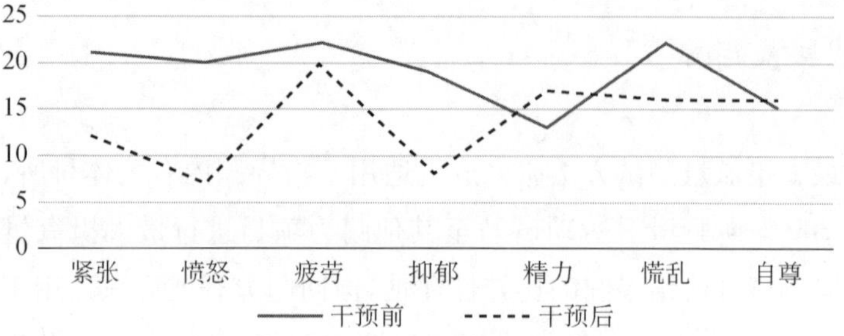

图 7-5　某被试干预前后 POMS 变化

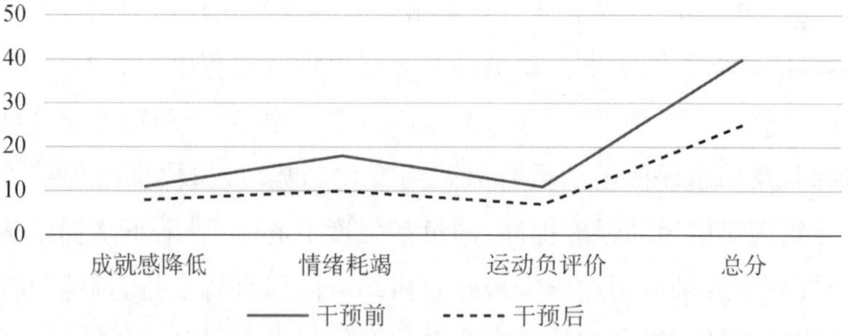

图 7-6　某队员干预前后 ABQ 变化

或者不值的思考。目前你除了身心疲惫外，特别需要注意的是负面心情较突出，主要表现为紧张感、愤怒情绪、抑郁、慌乱感，且精力不足。我个人认为你能选择复出就是巨大挑战，就是成功，就是人生宝贵的财富，竞技状态的恢复是需要时间的，林老师预期只要你思想专注、坚持系统训练，到今年底你的状态会恢复到很高水平；这个过程尽管很痛苦但对你日后的执教生涯意义十分重大。如果感到目前负荷承受起来有点困难，建议你主动与外教沟通，可以适度减少些运动负荷。如果愿意可以找林老师聊聊啊！

7.7.2　个体与全队平均值的比较和反馈

参照本队参加本次测验的其他运动员的平均测试成绩，进行比较和反馈，结果如图 7-7、图 7-8。据此进行的评价具有实际意义，也容易理解和解释。

反馈评价示例：与同时测试的其他队员比较，你有中等程度的心理疲劳，主要表现在运动成就感降低程度、情绪耗竭程度、对运动的负评价得分均高于全

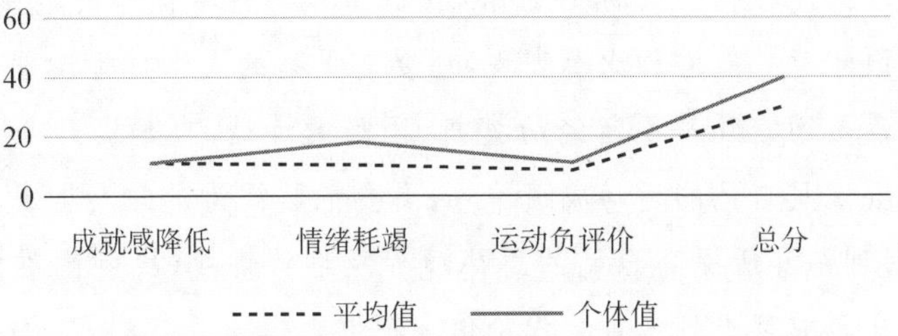

图 7-7 给某运动员进行 ABQ 测试后的反馈样例

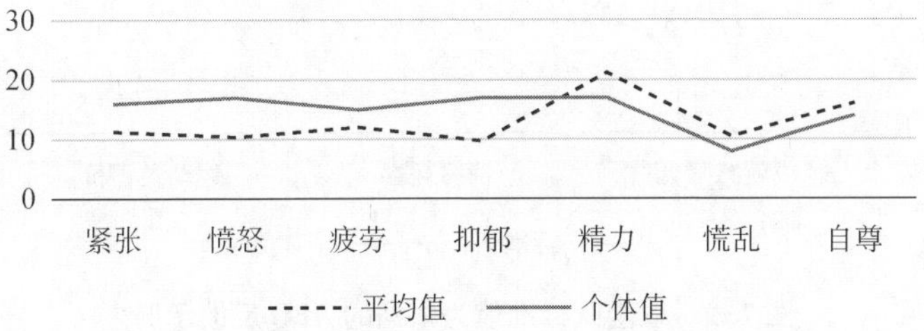

图 7-8 给某运动员进行 POMS 测试后的反馈样例

队平均值。在心境状态方面，与全队平均值比较而言，你的紧张感、愤怒情绪、疲劳感、抑郁情绪均相对突出，而在精力、自尊方面则相对不足。主要原因可能与你目前状态不理想，阶段比赛成绩未达预期有关，另外你对与家人关系及生活压力方面的考虑较多也可能是导致你目前心理状态的诱因。运动员的竞技状态不稳定或阶段性低迷是正常现象，不必过于焦虑，只要你能分析自己的特点与短板，重点关注并集中精力解决自己的能力问题，你的竞技状态会进一步改善及提升。坚持做正确的且对自己有利的事情是你当前需要关注的焦点。没有谁生来事事顺心，困难与挫折将是伴你一生的事情，以积极的心态面对困难，想方设法解决困难问题是你能力塑造的必修课。

7.7.3 以所有运动员的标准分数为参照的反馈评价示例

以所有运动员的标准分为参照，对运动员个案的 ABQ、POMS 测试结果进行反馈评价，结果如图 7-9、图 7-10。

反馈评价示例：基于全队的标准值看，你存在某种程度的心理疲劳，且总体心境状态不理想。根据我对你的了解，我认为作为一名优秀的老队员，不要把目标仅仅局限于竞技能力和比赛表现，还要有更高的人生目标设置。运动训练经历对于运动员而言既是不断经历挫折、困难的炼狱，也是提升个人综合素质的熔炉。既要满足自己的运动成绩追求，更要把其视为走向人生成功的垫脚石和阶梯，通过训练经历提高自己的思想境界及迎接挑战、战胜困难的综合能力对你未来一生具有巨大且无可替代价值。把握之。

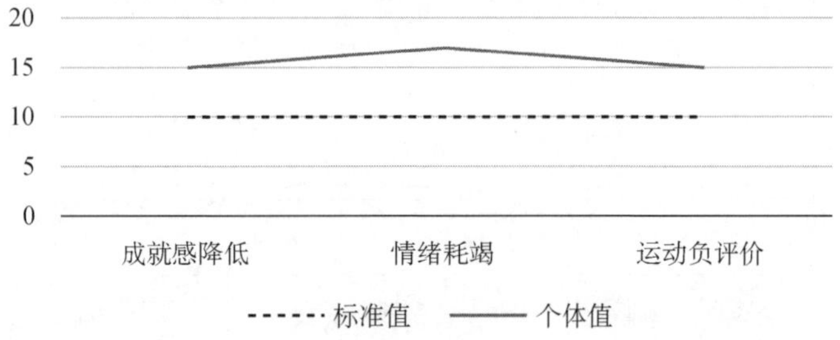

图 7-9　以全队标准值为依据的 ABQ 反馈示例

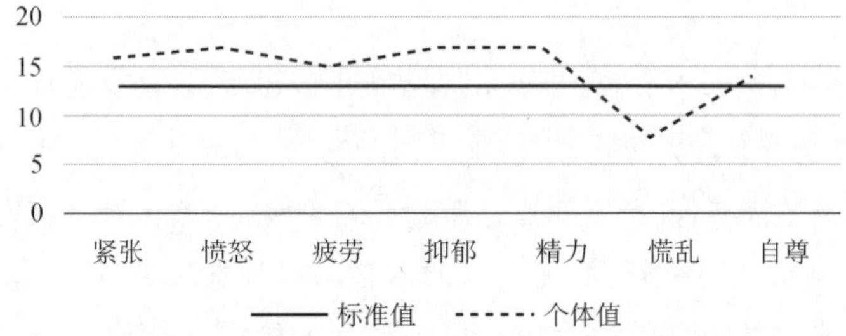

图 7-10　以全队标准值为依据的 POMS 反馈示例

7.8　跨界跨项选材阶段成效评价与对策建议案例

针对我国冰雪项目优秀运动员少、基础薄弱的情况，国家体育总局从战略层面进行顶层设计，并于 2018 年在全国范围内开展了冰雪项目的跨界跨项选材工作。在越野滑雪上，冬运中心和赛艇协会是最主要的选材组织单位，选材来源项目主要包括皮划赛艇和田径的中长跑项目等。经多轮选拔最终输送到越野滑雪各国家集训队的跨项运动员 300 余人，经过近 2 年的训练、比赛观察，截止到 2020 年初，各支国家越野滑雪跨项集训队保留的具有一定发展潜力的跨项队员近60人。2019年下半年国内夏训期间，我们以大比武的方式对越野滑雪国家队及4支跨项集训队的重点队员集中进行了身体形态、力量素质及最大摄氧量等机能素质测试和专项能力测试。通过对有关测试结果的对比分析及与国外优秀运动员数据的比较，我们可以客观地分析评估跨界跨项选材的必要性、阶段效果。基于对跨项选材队员的特点分析，结合备战北京奥运会的任务目标及现实条件，提出了越野滑雪跨界跨项选材奥运战略价值实现的路径。

7.8.1 开展越野滑雪跨界跨项选材工程的必要性分析

FIS年度积分排名可直接反映各国选手在年度系列比赛成绩情况，是最能有效评估各国优秀选手年度总体竞技表现的直接指标。我们对截止到2019年4月FIS年度积分最终排名进行了汇总，见表7-26。

表7-26 部分国家越野滑雪运动员FIS积分排名人数

国家	排名前10人数		排名前30人数		排名前100人数		排名前200人数	
	长距离	短距离	长距离	短距离	长距离	短距离	长距离	短距离
挪威	6	5	14	17	42	45	68	79
俄罗斯	6	3	17	7	44	26	90	79
瑞典	3	5	8	12	20	29	38	40
芬兰	2	0	4	3	11	14	19	26
美国	1	2	2	4	13	13	20	18
日本	0	0	1	0	4	1	8	1
其他	2	5	14	18	66	61	147	162
中国	0	0	0	0	0	1	0	2

注：我国女子选手短距离最好积分104，排名163；男子短距离最好积分64，排名85；男女长距离积分均未进入前200名。

从表7-26结果看，男女长距离、短距离排名前十的选手主要集中在挪威、俄罗斯、瑞典三个国家，排名前30、100、200的人数也是如此。芬兰、美国处于同一水平，日本选手的水平要高于我国，我国男女选手无1人在长距离积分排名进入前200，男子1人进入短距离前100，女子1人在短距离进入前200。提示目前我国家队最优秀运动员（平均训练年限8年以上）的国际比赛成绩与其他主要国家差距巨大，我们优秀运动员的总体竞技水平很低。

为了解各国注册人数与运动员竞技表现的关系，我们对各国注册运动员人数、达A标人数及不同等级FIS积分人数进行了PEARSON相关分析。相关分析结果显示，注册人数、达A标人数、FIS积分排名前10、前30、前100及前200人数全部为高度正相关（r 均大于0.8，$P<0.01$）。表明人才储备规模越大，有关国家运动员的总体竞技水平就越高。说明丰富的人才储备为有关国家成为越野滑雪强国提供了坚实的人才基础。而我国的越野滑雪人才储备则十分薄弱，就目前情况看，无论是FIS注册人数还是竞技水平都难以支撑我们成为越野滑雪强国，人才储备不足是导致我们落后的主要原因之一。导致这种情况的原因主要为我国以前一直不重视该项目的发展，经费投入及训练场地条件均严重匮乏，项目普及程度很差（截止到2018年初开展本项目的地区主要局限于黑龙江、吉林等省的部分地市），选材面太窄，难以通过总量的规模效应发现及培养出优秀运动员。

7.8.2 我国优秀选手与世界优秀越野滑雪选手在机能、素质方面的差距

除了越野滑雪人才规模及储备情况不如一些主要国家外，我国现役优秀滑雪队员的主要身体素质、机能与国际优秀运动员也有不小差距。我们把18～19赛季国家越野滑雪队主力队员的有关素质、机能测试数据与奥运奖牌级选手的数据进行对比（独立样本T检验），结果见表7-27。

表7-27 国内外优秀越野滑雪选手的素质、机能比较

指标	国家越野滑雪队（国内）		奥运奖牌获得者（国外）	
人数（人）	男子	女子	男子	女子
	10	10	13	12
平均身高（cm）	176.1 ± 3.7*	163.5 ± 2.9##	180.7 ± 3.4	169.5 ± 6.1
平均体重（kg）	71.8 ± 3.9*	57.2 ± 2.5#	75.8 ± 4.9	61.9 ± 4.2
单杠引体（个）	28.3 ± 4.7**	18.0 ± 3.2##	37.5 ± 5.1	29.1 ± 4.5
五级跳（m）	12.9 ± 1.0*	10.6 ± 0.8#	13.7 ± 0.9	11.8 ± 0.7

(续表)

指标	国家越野滑雪队(国内)		奥运奖牌获得者(国外)	
VO_{2max}[mL/(kg·min)]	$74.1 \pm 2.3^{**}$	$59.5 \pm 2.8^{\#\#}$	81.3 ± 1.5	67.4 ± 1.7
无氧阈[mL/(kg·min)]	$58.1 \pm 1.6^{**}$	$51.3 \pm 1.3^{\#\#}$	70.0 ± 1.4	59.5 ± 1.5
有氧阈[mL/(kg·min)]	$45.8 \pm 1.1^{**}$	$38.8 \pm 1.0^{\#\#}$	53.2 ± 1.2	47.4 ± 1.3
Hb(g/dL)	$14.3 \pm 0.8^{*}$	$12.9 \pm 0.6^{\#}$	14.9 ± 0.8	13.3 ± 0.2

注:国内数据来自国家队队内测试;国外选手数据由外教、外方科研提供。国内外男子有关指标比较 $^{*}P<.05$,$^{**}P<.01$;国内外女子有关指标比较 $^{\#}P<.05$,$^{\#\#}P<.01$。

国外有关研究认为与越野滑雪关联比较大的身体形态、力量素质、身体机能指标主要包括身高、体重、单杠引体、五级跳远、最大摄氧量、有氧阈、无氧阈及血红蛋白等。从表7-27比较结果可见,我国家队男女运动员的身体形态指标、上下肢力量素质指标均不如奥运级选手。从对于越野滑雪至关重要的最大摄氧量、有氧阈、无氧阈及血红蛋白指标看,我国现役优秀队员与世界级高水平运动员差距也较大,特别是最大摄氧量、有氧阈、无氧阈指标差距更大。身体形态及素质直接影响了单个滑雪动作的效能(单个动作的输出功率、推进距离及速度),而优秀的有氧耐力则有助于保持单个动作效能的持续稳定发挥,决定了比赛全程的表现能力。可能正是由于我国运动员与世界级选手在身体形态、素质及机能等方面的差距再加上专项技术的差距,导致我国运动员在重大国际比赛上与高水平运动员在比赛成绩方面的巨大差距。我们将我国目前最优秀的男女选手与平昌冬奥会冠军的比赛成绩及时间差距进行对比,结果见表7-28。

表7-28 国内顶级选手在平昌冬奥会与冠军比赛成绩差距

选手	性别	年龄	短距离(传统,1.5 km)		中距离(自由,男15 km,女10 km)		长距离(传统,男50 km,女30 km)	
			名次/参赛人数	与冠军时间差距	名次/参赛人数	与冠军时间差距	名次/参赛人数	与冠军时间差距
李*	女	27	49/68	+25 s	36/90	+2 min 44 s	37/47	+15 min 47 s
王*	男	25	66/79	+23 s	98/116	+8 min 12 s	59/71	+26 min 20 s

注:数据源自国际雪联官网平昌冬奥会比赛结果。

从表 7-28 可见，我国最优秀的男女选手在平昌冬奥会的短距离、中距离及长距离比赛项目中与奥运冠军选手的差距巨大，每个项目均处于落后位置。

综上分析，我国越野滑雪从专项人才规模，比赛成绩及国际积分排名到现役优秀运动员的身体条件、机能水平均与世界级运动员有很大差距。优秀人才规模差距及优秀运动员能力差距是导致我国越野滑雪落后的直接人才原因。鉴于目前我国越野滑雪运动员总数及优秀运动员人数严重不足，总体竞技水平较差的现实，依靠原有人才基础难以完成冬奥会突破的目标。因此我们面临的迫切任务就是采取有力措施快速增加优质人才储备，而跨界跨项选材就成为我们短期提高人才储备规模及水平的有效途径。

7.8.3 开展越野滑雪跨界跨项选材工程的阶段成效

(1) 跨界跨项选材已成为体育领域影响力巨大的工程

为有效推动跨界跨项选材工作，国家体育总局及冬运中心自 2017 年 3 月起先后发布了 4 个重要文件。在有关政策驱动下，遍及全国各地体育部门的跨界跨项选材工作迅速展开，初步形成了如下格局：国家体育总局各运动管理中心横向联合选材体系、冬运中心与社会其他领域联合选材体系、国家体育总局各中心与对口省市地体育局垂直或横向联合选材体系、水上中心赛艇协会独立选材体系、各省市体育局与下属地方体育局等的垂直或联合选材体系等。在国家体育总局跨界跨项选材政策的强力驱动下，全国各省市纷纷成立冬季项目训练管理机构，2018 年初至今，省级冬季运动训练管理机构分布范围由东北扩展到全国，数量由原先不足6 个增到近 30 个。

可以说跨界跨项选材已经形成了一个遍及全国体育领域乃至社会其他行业领域的宽口径、多途径、多层次、跨领域的不拘一格选拔人才的影响力巨大的工作。在国家体育总局官网输入“跨界跨项选材”检索词，输出的与跨界跨项选材有关的始自 2017 年初至今的信息多达 5 万余条。通过浏览有关检索结果不难看出，跨界跨项选材已经成为影响体育界乃至全国社会其他领域的工作，并成为推广冰雪运动和北京冬奥会“参赛也要出彩”精神的宣传队、播种机。

(2) 跨界跨项选材有效扩大了后备人才队伍规模

在 2018 年之前，在冬运中心注册的全国越野滑雪男女运动员人数不到 300

人，在国际雪联注册的具备国际参赛资格的越野滑雪队员人数不到 200 人。但经过跨界跨项选材工作的有效实施，截至 2018 年底，在冬运中心注册的越野滑雪运动员人数已达 500 余人，在国际雪联注册的男女运动员人数达 300 余人，预计到 2020 年上半年可达 500 余人。跨界跨项选材在扩大参训运动员规模方面已经取得了比较显著的阶段成效。

另外，从最重要的全国冠军赛的参赛人数看，2018 年男女参赛人数 123 人，2019 年则猛增到 345 人，省级报名参赛单位由不足 10 个增加到近 30 个，导致 2020 年的全国冬运会实施了各单位限制人数、限项报名。提示跨界跨项选材工程极大促进了我国越野滑雪后备人才的培养，同时有效提高了比赛的竞争激烈程度，极大促进了越野滑雪在全国的普及。

(3) 跨界跨项选材队员部分关键指标与原越野滑雪运动员比较

选材测试的关键指标对比最能直接反映、评估跨界跨项选材成效及分析未来发展趋势。对于越野滑雪而言，最关键的遗传度较高的选材指标主要有2 个：最大摄氧量和身高；另外，3 000 m 跑、单杠引体、立定跳远等素质也是与越野滑雪队员竞技表现关系较大的重要指标。2019 年下半年国内集训期间，国家队、各跨项集训队进行了部分机能、素质测试比武。国家队、皮划赛艇及中长跑跨项滑雪队员的有关数据方差分析结果见表 7-29。

表 7-29　跨界跨项选材选手与国内现役优秀越野滑雪选手部分指标对比

主要指标	皮划赛艇	中长跑	国家队	F	P
		女子			
人数(人)	13	12	10		
平均身高(cm)	177.3 ± 3.5	160.1 ± 2.0	163.5 ± 2.9	63.1**	0.00
平均年龄(岁)	18.1 ± 1.5	20.1 ± 1.8	24.2 ± 2.3	15.3*	0.03
平均最大摄氧量[mL/(kg・min)]	57.1 ± 2.0	63.5 ± 2.3	59.5 ± 2.8	15.4**	0.00
3 000 米跑(min)	11.3 ± 0.4	10.7 ± 0.3	11.1 ± 0.2	7.5*	0.04
单杠引体(次)	13.4 ± 2.5	5.2 ± 1.3	18 ± 3.2	23.5**	0.00
立定跳远(m)	2.1 ± 0.3	1.9 ± 0.2	2.2 ± 0.2	4.8*	0.04
30 s 滑雪机无氧功(m)	137.5 ± 5.4	125 ± 4.7	140 ± 5.1	51.2**	0.00

（续表）

主要指标	皮划赛艇	中长跑	国家队	F	P
男子					
人数（人）	13	15	10		
平均身高（cm）	183 ± 3.1	172.4 ± 3.3	176.1 ± 3.7	77.41**	0.00
平均年龄（岁）	18.7 ± 1.9	21.4 ± 1.9	23.6 ± 2.1	18.4*	0.02
平均最大摄氧量［mL/（kg·min）］	70.8 ± 3.2	77.8 ± 2.4	74.1 ± 2.3	35.60**	0.00
3 000 米跑（min）	9.8 ± 0.1	9.1 ± 0.2	9.5 ± 0.3	6.9*	0.03
单杠引体（次）	35.6 ± 4.8	18.7 ± 3.5	28.3 ± 4.7	25.8**	0.00
立定跳远（m）	2.5 ± 0.2	2.3 ± 0.3	2.7 ± 0.3	10.1*	0.02
30 s 滑雪机无氧功（m）	170.3 ± 6.8	155.2 ± 5.4	176.8 ± 4.6	69.4**	0.00

注：数据源自 2019 年 8 月各有关国家集训队比武测试结果；* $P<0.05$，** $P<0.01$。

通过表 7-29 数据可以看出，男、女运动员各组别的主要机能与素质指标方差检验结果组间差异均显著，特别是身高、最大摄氧量、单杠引体、30 s 滑雪机无氧功指标组间差异均小于 0.01。事后多重比较发现男女运动员的身高排序为皮划赛艇队队员＞国家队＞中长跑队员，最大摄氧量、3 000 m 跑的排序为中长跑队员＞国家队＞皮划赛艇队员，女子单杠成绩排序为国家队队员＞皮划赛艇队＞中长跑队员，男子则为皮划赛艇队＞国家队队员＞中长跑队员，男女立定跳远成绩排序为国家队队员＞皮划赛艇队＞中长跑队员，男女 30 s 滑雪机无氧功的排序均为国家队队员＞皮划赛艇队＞中长跑队员。总体看，男女皮划赛艇跨项队员在身高方面优势明显，男子上肢力量优于国家队，女子则不同，国家队优于中长跑跨项队员，但男女皮划赛艇跨项队员的最大摄氧量、3 000 m 跑、下肢爆发力相对较差；中长跑跨项队员在 3 000 m 跑、最大摄氧量方面优势较明显，而上下肢力量及无氧功则是其短板；国家队队员在下肢爆发力、30 s 滑雪机无氧功方面优势明显。结果提示皮划赛艇跨项队员具有明显的身高、上肢力量优势，但就目前这批队员的最大摄氧量平均值看尚不太理想，中长跑跨项队员的最大摄氧量、3 000 m 跑有一定优势，但身高、力量和无氧功率是其短板。

对于以有氧耐力为核心的越野滑雪而言，无论长中短距离，最大摄氧量均是预测比赛成绩的最为关键的指标，身高、无氧耐力、力量（特别是爆发力）对成绩也有一定的影响。比赛距离越长对于最大摄氧量要求越高，而身高、力量、无氧功率则对于短距离比赛成绩有较大影响。对于皮划赛艇及中长跑跨项队员而言，在未来的训练过程中，持续通过有氧耐力训练提高最大摄氧量是训练的核心任务。最大摄氧量的影响因素主要包括呼吸循环功能、血液载氧能力及骨骼肌利用氧的能力等，有关研究认为最大摄氧量的不同组织系统的遗传度差异较大，平均总体遗传度贡献了约70%～80%，可训练潜力约为20%～30%，但个体差异较大，通过系统的有氧耐力训练，最大摄氧量个体提高幅度可达20%～40%，甚至更高。目前经过多轮淘汰后仍在各越野滑雪跨界跨项国家集训队的选手比较年轻(平均年龄19岁左右)、专项训练时间平均不足2年、有氧耐力及发展尚不充分，可以预期的是通过系统化的越野滑雪专项有氧耐力训练(1～2年)皮划赛艇跨项队员最大摄氧量可能有15%～30%的提升空间，中长跑跨项队员最大摄氧量仍可能有5%～15%的提升空间，不排除个别队员接近或达到世界级水平。根据跨项队员专项能力特点及发展趋势分析，其中优秀的皮划赛艇队员在北京或下届冬奥会上的主攻方向应该放在中短距离项目，中长跑队员的主攻方向应为超长距离项目。

(4) 优秀跨项队员的滑雪专项成绩表现

尽管跨项选材队员越野滑雪训练时长不到2年，但已经有部分男女队员表现出了较快的进步速度、较好的滑雪天赋、较为优秀的体能基础，与国家队原主力队员(越野滑雪专项训练时长均超过8年)的差距快速逐步缩小。通过2019～2020赛季的国内外比赛成绩看，有2名跨项选材女队员的年度FIS积分排在国内女队员的第4、6名，已经达到国家A队水平并获得了世界杯参赛资格(即达到A标)，有4名男队员FIS积分赛的积分进步很快，在国内男选手中的排名分别在第10～20之间，尽管仍未获得世界杯参赛资格，但已经达到国家B队水平。在2019～2020赛季的国内外比赛中，这些跨项选手已经多次战胜专项训练达8年以上的大部分国家队同年龄段的优秀队员。提示皮划赛艇及田径中长跑跨界跨项选出的队员中确实有部分突出的队员具备优秀的越野滑雪发展潜力。

7.8.4 不同来源项目跨项选材队员的能力特点及未来主攻方向

通过有关测试数据分析、训练比赛观察及国内外教练员访谈，我们梳理归纳了来自不同项目跨界跨项选材运动员的能力特点及未来发展方向，见表7-30。

表7-30 主要来源项目跨界跨项选材队员的能力特点、短板及未来主攻方向

	特点及优势	短板	主要训练方向	主攻方向
赛艇	身高、平衡、上肢与背部力量、7～10 min有氧及无氧耐力、手上技术精细、认知能力较好、能吃苦等	爆发力较差；技术相对封闭；脚下雪感及发力；身体姿态灵活性；反应灵敏性等相对不足	加强爆发力；脚下滑行技术与发力；中低强度有氧耐力；精细技术与力量感觉等	中短距离
皮划艇	身高、平衡、上肢与背部力量、2～3 min有氧、无氧耐力、上半身技术感觉、认知能力较好、能吃苦等	爆发力一般；下肢力量不足；脚下雪感及发力等相对不足	加强爆发力；脚下滑行技术与发力；中低强度有氧耐力；精细技术与力量感觉等	中短距离
中长跑	有氧耐力好，脚下感觉好；认知能力较好、能吃苦等	身高；综合力量；平衡能力；技术封闭；反应灵敏性等相对不足	加强综合力量及专项力量；平衡、灵敏能力；动作舒展度及推动距离等	中长距离
备注	仅相对越野滑雪优秀运动员需要的能力特点而言的共性特点及不足，不代表个体能力特点。			

（1）跨界跨项选材对于促进越野滑雪冬奥会战略目标实现的潜在价值

基于对30余名越野滑雪的中外教练员、科研人员、冬季项目管理者的访谈结果梳理，跨界跨项选材对于促进越野滑雪冬奥会战略目标实现的潜在价值主要将体现在如下几方面。

拓宽了选材面，丰富后备人才储备，整体提高越野滑雪优秀人才的质量；通过跨界跨项选材发现的天才选手将可能直接为备战北京冬奥会做出贡献；为2026年冬奥会储备更为丰富的世界级优秀运动员；有效扩大了国内各比赛参赛人数，打破了原先封闭、固化的格局，提高了比赛竞争的激烈程度，有助于促进全国越野滑雪队员的训练水平提高；那些未能进入国家集训队的跨项运动员将可能在遍布全国的各省市、地区有关训练管理机构长期从事越野滑雪的推广普及、专业或业余训练、后备人才选拔培养、专项器材维护、竞赛保障（裁判员、打蜡师等)工作,为项目的普及、可持续发展及日后我国该项目的整体水平提高与奥运突破提供重要且丰富的专业人才支撑,夯实我国越野滑雪后备人才选拔、培养基础。

(2) 跨界跨项选材选手水平等级及发展潜力预期

跨项选材工作并不是越野滑雪的首创,我国乃至世界范围的很多夏季、冬季运动早就开始了跨界跨项选材的实践,并取得了一些十分宝贵的成功经验。国内外有关研究提示跨界跨项选材成功率的影响因素较多,如跨项的年龄、各种素质与专项的匹配性、技能的迁移度等,但跨项选材是选拔出不同等级优秀运动员的有效途径之一。

基于测试数据、训练竞赛表现对现有跨项队员的评估,结合中外教练访谈,越野滑雪的跨界跨项选材队员发展潜力预期将体现在如表 7-31 所示的四个层次。

表 7-31　跨界跨项选材选手水平等级及预期潜力

等级	能力特点	进步及潜力预期	人数估计	培养目标
天才级	身体条件、机能、素质、专项技术感觉、心智很好	进步极快;短期达到世界水平(2～3年)	2～4 人	具备参加北京冬奥会的能力;但尚不十分明朗
优秀级	身体条件、机能、素质、专项技术感觉、心智良好	进步很快;中远期达到世界水平(4～8年)	10～15 人	部分可参加 2026 年冬奥会;进一步观察确定
良好级	身体条件、机能、素质、专项技术感觉、心智较好	进步较快;培养2～3年后将达到国内良好水平,但难以达到世界水平	100 人左右	能基本胜任国内业余或专业教练、教师等越野滑雪相关工作
一般级	身体条件、机能、素质、专项技术感觉、心智等一般	进步缓慢;2～3 年后达国内一般水平,能熟练掌握滑雪技术	200 人左右	可以从事项目的普及推广、中小学或业余俱乐部教学、裁判、技术服务等工作

其中,天才级选手具备经过 2～3 年的系统强化训练可能达到世界级水平的能力;优秀级选手经过 5～8 年的系统化、科学性训练将可能成为 2026 年奥运会的主力选手;良好及一般级选手将在扩大与保持国内参训参赛规模,宣传、普及、推广越野滑雪运动,从事业余训练、教学指导、后备人才选拔及基础培养

等工作中发挥积极作用，并在项目的可持续发展及奥运战略价值的实现方面具有不可替代的重要作用。

7.8.5 实现越野滑雪跨界跨项选材工程奥运战略价值的路径

如前所述，跨界跨项选材工作已经取得了良好的阶段成效，有效丰富、扩大了我国越野滑雪训练人口，优化了人才质量，初步发现了部分具有良好发展潜质的越野滑雪队员。如何充分利用举国体制优势及目前我们具备的有利条件，在未来2年多时间内根据有关队员的能力特点，结合我们备战北京冬奥会的目标合理确定培养方向，确立有助于缩短训练周期实现短期突破的训练、备战策略与路径就是我们必须要科学设计与有效实施的关键问题。

（1）进一步挖掘天才级选手，基于跨项队员现实能力评估选准突破方向

尽管目前已经发现了一批优秀选手或具备长远较大发展潜力的选手，但其中哪些队员是天才级选手仍需进一步基于科学评估（基于越野滑雪关键效能指标，即KPI）、训练竞赛观察（专项技术、国际比赛表现、成绩与FIS积分变化，估计需要1～2年）。基于分析，不同跨项队员适合主攻的项目有所不同，我们有必要根据不同队员的特点，对历年来我国运动员与世界级选手在长、中、短距离的差距及实现突破的可能性分析，结合中央和国家体育总局对越野滑雪的任务目标，我们必须选准不同队员的备战突破方向。为了实现超长距离“站上领奖台”的任务，冬运中心专门选拔了20名有氧耐力突出的中长跑跨项男女队员组建了超长距离组，其中有6名男队员、3名女队员的最大摄氧量达到世界级水平。目前的主要任务是从这些队员中发现具有优秀的越野滑雪技术天赋的“天才”。

（2）聘请更适合我国运动员的外教

冬运中心及水上中心的各支越野滑雪集训组已经在外教执教下在国内外系统集训了近2年。通过对各集训组训练计划分析，训练竞赛观察，发现外教执教在十分重视系统化有氧耐力训练（年度负荷比例90%以上）、重视对运动员感知越野滑雪及自主训练能力的培养、力量训练专项化、以赛代练等方面有其理念先进或合理之处。但通过2年来与外教合作过程中的训练观察、训练理念与方法的沟通交流、运动员的训练体验及其对外教训练评价的调查，我们也发

现目前各支国家集训队聘用的20余名外教普遍存在训练理念与方法固化、针对于我国跨项运动员的短板训练针对性不高、负荷量及强度偏低等问题，另外，外教普遍认为越野滑雪优秀运动员的培养必须按部就班、无捷径可走，我国跨界跨项选拔的具潜质的优秀运动员必须经过至少6～8年的系统化训练才能达到世界级水平。通过综合评估选择那些具有开放思维、勇于突破自我、能根据我国队员的能力现实及短期快速发展目标的需要进行大胆设计与实施创新性突破训练的善于短期提高相对低水平队伍的竞技水平、适合我国运动员的外教。

(3) 提升国内训练、竞赛条件，充分利用国外优质的训练竞赛资源

目前国内越野滑雪夏季、冬季的训练、竞赛场地条件远不如国外，较大程度限制了多元化、系统化训练效果的实现。仅以芬兰沃卡提基地的训练条件而言，其一个训练中心的训练资源就超过我国全国的合适训练资源，无论是夏季徒步走、登山、滑轮、游泳、力量、球类，还是室内外滑雪场地及与滑雪项目配套的科研系统等的条件均十分优越，且可进行常年的系统化越野滑雪训练。另外，国外的竞赛体系相当成熟且竞赛资源十分丰富，一旦进入赛季，可以保证每周都有不同水平的国际比赛，通过以赛代练可以十分有效地提高运动员的训练水平及比赛竞技能力，而国内年度竞赛数量少、水平低，运动员难以通过较多的高水平国际比赛提高比赛能力、积累比赛经验。越野滑雪发达国家在器材保障体系、高水平专业技术人力资源丰富、国际滑雪界人脉资源等方面具有独到的优势。为此，在尽快提升改善国内训练竞赛条件的前提下，通过国际合作，充分利用国外优质的训练竞赛资源将有助于备战工作的大力推进。如赛季后的春夏训阶段，我们可以利用国内的平原、亚高原、雪洞训练条件对跨项队员进行基础体能、技术训练，赛季前及赛季则可以把国内最优秀的队员安排到国外(如挪威、芬兰等)进行赛季前训练及系统参加国际高水平比赛，同时还可以通过协会间的合作寻求优质器材保障、国外高水平打蜡师的聘用、国际参赛指导与帮助等。

(4) 坚持国际视野，中外结合，实施突破性创新训练

我国很多运动项目在较短时间获得突破及成为优势项目的诸多成功经验提示在跨界跨项选材运动员的基础训练阶段坚持大负荷的有氧、无氧及力量训练、狠抓技术细节是快速提高新手能力的有效途径。尽管外教的执教理念可能

比较先进合理，但其训练管理过程中存在一些制约我国跨项队员的初期—中期的快速提高的不利因素，而中方教练员可能更为擅长短期提高训练。基于此，我们必须打破常规思维，通过中外结合组建科学化创新训练团队，将国外先进的训练理念、方法与我国一些项目成功经验有机结合，通过科技助力，探索一条适合我国跨界跨项运动员能力特点及个体化培养目标的创新训练方法体系，大胆实施基于科学理论与方法支撑下的突破性创新训练，有效缩短训练周期，最终实现北京冬奥会有所突破的战略价值。

(5) 针对不同层级跨界跨项运动员的特点实施针对性的差异化分层训练

根据前述讨论，我们有必要明确不同层级跨界跨项运动员的差异化培养目标，针对不同层级、不同特点的运动员的优势及短板实施有区别的针对性培养方案，通过针对性、个体化的突破性训练缩短训练周期，尽快提升其综合竞技能力，力争其中突出的队员能参加北京冬奥会，为国争光。针对不同层级跨项队员的分层培养体系见表 7-32。

表 7-32　针对不同层级跨界跨项运动员的分层培养体系

层级	队伍组建	备战、培养策略	预期培养目标
天才级	2～4 名纳入国家 1 队；中外教练复合团队执教	按 2 年培养周期实施突破性创新训练；长期国外训练、竞赛	参加北京冬奥会，站上领奖台
优秀级	10～15 名纳入国家 2 队；中教为主，外教辅助	按 4～6 年培养周期系统实施符合规律训练；国内训练为主，赛季出国参赛	下届奥运会，站上领奖台
良好级	100 名左右，各省队训练；国内教练执教，外教定期到队指导	个体化精雕细作；国内集中与分散结合训练；参加国内比赛；突出者可参加国际比赛	专业队、业余体校、俱乐部教练、体育教师；项目推广宣传人员等
一般级	100～200 名左右，省、地、市、俱乐部业余训练；阶段性国家队教练、外教指导	越野滑雪有关基本技术、体能训练；训练原理、器材保养、裁判资格、滑雪文化等培训；参加国内业余性质比赛	俱乐部教练、体育教师、裁判、打蜡师、器材经营等；项目推广宣传人员等

综上，我们可以通过如图 7-11 所示的路径实现越野滑雪跨界跨项选材奥运战略价值。

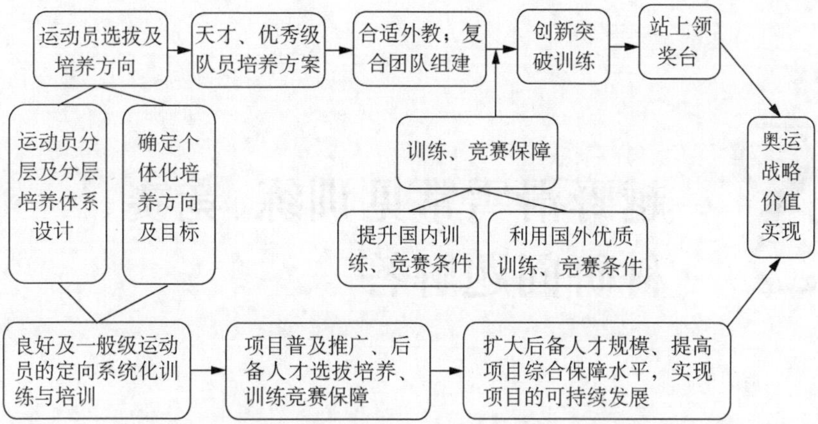

图 7-11　实现越野滑雪跨界跨项选材奥运战略价值的路径

8 越野滑雪常见训练、竞赛、科研问题解答

8.1 越野滑雪主要训练计划优化设计及训练方法问题及解答

（1）早操的利弊分析及如何合理安排早操？

利：培养良好的作息习惯；队风队纪建设，团队意识及意志培养；恰当的早操有助于激活运动员一天的训练状态。

弊：大早操影响运动员的自然恢复过程，不利于疲劳恢复；大早操的疲劳影响运动员上午的专项训练；早操练速度、强度、敏感性是不明智的。

早操安排：应练习柔韧性、基本功、越野滑雪技术模仿；不宜练力量、速度、强度、灵敏性等内容。一般情况下（上午有主课）早操总时间不宜超过 30 min，特殊情况下可以以早操代替上午的主课（如夏季高温时等）。

（2）如何合理安排越野滑雪专项准备活动？

准备活动的组织必须与随后的主课内容相匹配，起到为随后主要训练内容的热身作用，如心血管与神经系统功能激活，关节、肌肉与韧带激活，心理情绪激活及专项技术感觉激活等。

常用内容 1（基础准备活动）：5 min 的关节准备 + 5 min 的专项技术基本动作综合（变向跳跃、变向跑、步法灵活性、徒手技术模仿等）。

常用内容 2（专项准备活动，结合专项设计）：10～20 s 的冲刺跑或滑轮、滑雪

次极限强度训练，徒手的专项力量（心率要求达到 170 bpm 以上）等，共 10 min。

常用内容 3（专项力量准备）：结合专项的力量训练 2～4 项，突出速度爆发力，总计 10～15 分；力量训练后安排 5 min 反向拉伸，及 5 min 的灵敏、柔韧性训练后再接专项力量或技术、耐力训练。

准备活动模式 1：内容 1＋内容 2，主要用于耐力主导训练课；准备活动模式 2：内容 1＋内容 3，主要用于力量、技术、体能综合训练课；准备活动模式 3（比赛准备活动模式）：内容 1＋内容 2，总计 30 min，最高强度心率 180 bpm 以上。

（3）常用的越野滑雪拉伸放松方法有哪些？

髂腰肌拉伸动作要领：弓步腰背挺直，双手叉腰，前腿屈膝小于 90°，后腿往后，小腿贴于垫子。重心前移，使双腿打开幅度增加。注意保持骨盆在中立位，不要前倾。

股四头肌拉伸动作要领：弓步上身挺直、右腿在前，膝关节屈 90°，左腿膝关节屈垂直于地面、跪于垫上，左手尽可能握住左踝关节，右手放在右腿上以维持身体平衡。拉伸时膝关节屈将小腿拉近大腿，注意腰背挺直，避免骨盆前倾。

股后肌群拉伸动作要领：平躺于垫上，右腿膝关节屈，腿放在垫上，左髋屈、膝屈，左手握住左侧小腿、右手按住左大腿，拉伸时左手用力将膝关节伸直。注意右手固定大腿，大腿位置保持不动。

大腿侧面及髋关节屈、外旋和内展肌群拉伸动作要领：平躺，左髋屈、膝屈，脚踩于垫上，右髋屈、膝屈，将左侧大腿水平拉向右侧，膝关节尽量贴地。注意拉伸时保持骨盆不动。

腓肠肌拉伸动作要领：面朝墙站立，右腿往后膝关节屈，左腿伸直，前脚掌贴于墙面同时脚跟尽量靠近墙面，双手扶墙保持身体平衡。拉伸时右膝逐渐伸直将重心前移以拉伸左小腿。注意防止左膝关节过伸。

比目鱼肌拉伸动作要领：面朝墙站立，右腿伸直往后，左腿伸直往前，前脚掌贴于墙面同时脚跟尽量靠近墙面，双手扶墙保持身体平衡。拉伸时重心前移，右膝关节屈以拉伸左小腿。

臀部肌群拉伸动作要领：盘腿坐、腰背挺直、身体向前压，将左腿往前及膝关节屈，将右腿放在身体后方。拉伸时上身向前靠近前侧大腿，使大腿尽量贴于胸前。注意腰背挺直。

腰方肌拉伸动作要领：上身垂直，分腿坐在垫上，左手上举，上臂尽可能贴近耳旁，右手放在左侧骨盆，拉伸时身体向右侧倾，左手尽量向右下压。注意身体不要向前倾，偏离脚尖方向。

(4) 越野滑雪如何应用超量恢复理论科学安排训练计划？

为了实现较高的超量恢复效果，可以将不同方式与性质的负荷交替安排，同一负荷训练内容采取隔日或隔 2～3 次训练课重复安排的方式进行，或采取多元化的训练方法来执行同一训练内容，如某一技术训练可以采取不同强度交替进行及常规训练与表象训练交替进行的方式安排。

尽量控制周训练课次在 10 次左右，每周安排 2～3 次调整课(即每 3～4 次训练课后安排一次调整性训练)，每次训练课安排尽量紧凑，高强度的体能训练或技术训练课时控制在 2～2.5 h 以内，两次相似性质训练课间距尽量拉大。

高强度的体能与技术训练应安排在运动员具有较好的身心训练状态时进行，切忌在身心疲劳情况下进行有关训练，否则只能导致疲劳的不断积累加深、提高伤病概率及产生较多错误的反效训练，欲速则不达。

(5) 训练负荷优化设计有哪些主要模式？

越野滑雪负荷量、强度、节奏合理组合模式：①I4～I5 负荷强度训练每周安排不超过三次；②一周内可以安排两次 15 s×15 次的绝对速度(滑轮或滑雪)，但同样的负荷手段必须 48 h 后才能再次安排；③一般情况下较小负荷量高强度训练安排在中低强度高负荷量的训练前面；④一般情况下不宜同时安排大量大强度训练课；⑤在运动员处于身心疲劳状态下不宜安排大负荷强度及大负荷量训练；⑥每 2～3 次中等负荷量、次极限强度以上的训练后应安排 1～2 个单元的调整、再生性训练。

越野滑雪不同性质训练内容合理组合模式：①一般情况下，同一性质的训练连续重复安排不宜超过 2～3 次；②一般情况下，同一性质的训练重复组合安排的间歇应超过 48 h；③每次训练课主题突出，应围绕 1～2 个不同性质的训练来组织，每一训练性质的训练应保证足够的刺激量或强度，避免蜻蜓点水式训练安排；④周训练计划也应突出主题，一周之内可以安排 2～3 个不同性质主题的训练(如专项力量、无氧耐力、有氧耐力、技术训练等)，不宜超过 4 个主题，不同性质的训练可以交替安排，完全相同的训练应在 24 h 后可以重复一次。

(6) 越野滑雪如何科学安排训练负荷量与周课次、课时？

①大负荷训练周总课次不宜超过 10 次，周总训练课时不超过 20～25 h；

②每1～2周较大负荷量训练后必须安排一次调整周(小量周)；③从基础准备期、专项准备期到竞赛期总体呈周负荷量减少、强度增加趋势；④每次较大强度训练课课时最好控制在2 h以内；⑤低强度有氧耐力训练课(北欧走、滑轮、滑雪)持续训练时间为2～4 h。

(7) 越野滑雪训练课的主要类型有哪些？

技术主导课：出发、冲刺、上坡、下坡、平坡、弯道、超越等技术的优化训练、技战术综合应用、夏季滑轮、冬季滑雪技术训练、徒手技术模仿训练等。

有氧耐力训练课：I1～I3强度的持续性滑轮、滑雪、跑步、北欧走等有氧耐力训练，一般时长120 min以上，每周安排4～5次。

混合代谢能力训练课：I3～I4强度的持续性、间歇性专项强度训练，1～3 min间歇训练为主。

专项速度训练课：I5强度的速度训练，(10～15)s×(10～15)次，此后接I1～I2的耐力训练或力量训练。

力量等素质训练课：基础力量、专项力量(加阻、负重滑行)、步伐灵敏性、核心力量、柔韧性、平衡性、爆发力等训练。

再生训练课：调整课、康复训练、游戏、辅助训练、转换训练、灵敏柔韧课、录像观看、观摩课、室外训练等。

赛前模拟训练课：环境困难模拟、节奏模拟、战术模拟、心理应对模拟等。

(8) 越野滑雪如何科学安排低氧舱训练？

安排低氧舱训练的核心目的有两个：一是提高血红蛋白水平，提高有氧耐力；一是提高运动员的耐缺氧能力。低氧舱的最大环境特点是氧分压较低，供氧不足，运动员很难达到常压条件下的训练强度及持续时间。

为此，模拟低氧训练应把握如下原则：训练持续时间不宜过长，一般要低于2 h，可采取持续或重复训练法；为提高训练强度，可以通过短促间歇训练来实现，如可以将常压下的3 min训练、1 min间歇改为2 min训练、2 min间歇等；如果采取常压训练、低氧舱休息模式，则低氧舱内休息时间最好小于4 h，每周重复次数不超过4次。

可采用的低氧舱训练手段包括自行车、跑步机、力量、越野滑雪滑板等。

(9) 越野滑雪力量训练误区常见问题有哪些？

①大负荷强度的负重深蹲等绝对力量训练手段与方法与专项技术力量的

需要严重脱节（负荷大、速度慢、垂直发力等），对越野滑雪高水平运动员需要速度爆发力而言基本属于无效训练，而且如处理不当，其负面作用远高于正面作用，如增加体重不利上坡，易造成腰、髋、膝等关节损伤，易建立起下肢发力较慢的不当特点，易于造成腰腹、髋关节、下肢等的肌肉僵硬，制约动作的灵活性等；②一些主要的髋关节屈伸肌群训练不同步、不均衡，易于造成肌力发展不平衡、关节不稳定、制约了主干肌群力量的有效发挥、易于造成关节损伤；③器械力量训练速度总体偏慢、负荷偏大，与专项技术对速度力量训练的要求脱节；深层小肌肉训练不足，核心稳定性力量训练不足，既影响专项大力量的发挥，也易于造成伤病，且不利越野滑雪滑行中的身体姿态控制能力；④器械力量训练多半属于半程发力，没能有效克服器械的惯性作用，力量的启动初速度得到一定训练，但全动作周期爆发力训练不足；⑤训练课结构安排不科学，训练内容较多，训练范围较广、训练性质较杂，训练主题不突出，尽管课总量较大但局部肌群训练强度与量相对不足，训练的有效刺激程度不够，而且，基础力量训练与专项力量训练脱节等。

（10）发展越野滑雪基础力量主要手段有哪些？

杠铃快拉：提高二头肌、背部肌群等的力量，可采取60%～80%强度的快拉慢放。

负重快速半蹲：提高大腿和臀部肌群的速度力量，采取60%～80%强度的快起。

杠铃快推：发展三头肌、胸部肌群等的力量，采取60%～80%强度的快推慢下。

引体向上：发展胸、背部、肩带肌群的力量，可施加必要负重，快上慢下。

（11）提高越野滑雪运动员速度力量的训练方法及原则是什么？

速度力量是指肌肉在尽可能短的时间内发挥出尽可能大的力量的能力。通常以所表现出的最大力量（牛顿）与所用时间（毫秒）的比值作为测定速度力量大小的指标。上下肢的速度爆发力是提高越野滑雪运动员推进效能的关键素质。完成动作的速度是决定速度力量大小的突出因素，此外，由于速度力量具有相当专项化的特点，所以要特别注意完成动作时是否符合正确技术的要求。

发展速度力量的方法：杠铃快速平推、纵跳、跳深、蛙跳、立定跳远等。

发展速度力量的途径：提高最大力量和缩短表现出最大力量所需的时间。

发展速度力量的综合性练习主要有以下几种。①减负荷练习：包括减轻外界阻力（负重量）以及给予助力进行练习。②先加后减负荷练习：先增加负荷的重量，使之超过比赛时须克服的阻力，当运动员基本适应后，再减少负荷至正常水平，可有效地提高运动员在标准阻力下完成动作的速度。训练中应避免出现疲劳，重复次数不宜太多，组间应保证获得基本的恢复。③对比转换练习：综合多种训练方法和方法组合的优点，结合专项技术动作的用力特点，从克服最大外部阻力直至克服自身体重，逐步提高动作速度，练习按序列完成。尤其适用于专门准备期和比赛期采用。

提高速度力量训练的关键原则：要求运动员每次发力都要全力以赴、集中注意力于最快的发力速度，而不是拼命加快发力频率。每次发力动作完成后可以适当停顿 1～3 s，然后集中精力并通过默念“最快”等暗示语等方法再以最大速度进行发力。采取的负荷最好以最大负荷的 40%～60%为宜，重复的组数及次数根据是否能保持最快发力为依据，一旦发力速度下降，则停止该项练习，以免损失发力速度。

（12）如何安排越野滑雪专项力量耐力具体训练？

持续训练法：如越野滑雪的加阻或负重滑行，上坡滑行等，滑行距离 1 000 m 以上，持续时间 3 min 以上。

间歇训练法：结合越野滑雪发力特点的拉皮条、负重滑行、跑台阶等，重复 6～10 次，间歇 1～3 min 等。

循环训练法：如多种轻器械或徒手方式按一定顺序循环组合训练，每次持续时间 3～5 min，每组组合项目 4～8 项。选用手段尽量结合越野滑雪上下肢及躯干发力特点来设计动作结构和选项。

（13）如何提高越野滑雪躯干力量？

腰腹力量的强弱直接影响着运动员竞技水平的发展，对于越野滑雪运动员而言，对躯干力量，特别是腹肌力量要求很高。常用的腰腹肌力量的训练方法总结如下。

以上肢支撑进行腰腹肌力量训练，如悬垂举腿或负重悬垂举腿：提高腹直肌、腹斜肌和髂腰肌力量；双手支撑前举腿（静力支撑）：提高腹直肌、髂腰肌和股直肌力量。

以躯干支撑进行腰腹肌力量训练，如仰卧举腿、仰卧提膝、腿拉橡皮带交替高抬膝、仰卧腹部顶髋、小腿负沙袋蹬车轮等；仰卧举腿抗阻训练：目标肌群为腹直肌；仰卧，腿拉橡皮带交替高抬膝：目标肌群为腹直肌、髂腰肌、股直肌。

以臀部为支撑点进行腰腹肌力量训练，如"V"字挺身：提高腹直肌、腹外斜肌、腹内斜肌、髂腰肌、股直肌力量；负重静力支撑：提高腹直肌、髂腰肌、股直肌力量；动静结合支撑训练：提高腹直肌、髂腰肌、股直肌力量。

以下肢支撑进行腰腹肌力量训练，如上斜转体仰卧起：目标肌群为腹直肌、腹斜肌；负重或不负重仰卧起坐：目标肌群为腹直肌、髂腰肌。

俯卧发展腰背肌力量的训练方法：两头起、平地不压腿抬上体、俯卧压腿负重抬上体等，另外，硬拉也是发展背部力量的常用方法。

(14) 如何实现一般与专项力量的有机结合？

通过课训练结构的组合变化而实现提高转化效果的训练模式。1/2 基础力量训练—1/4 柔韧灵敏等转换性训练—1/4 专项技术力量训练。

无论训练课的主要内容是什么，一定要把一般性力量训练放在技术或技术力量训练前，才能有效实现器械力量训练向专项的转化，坚决杜绝技术训练后的所谓补差性器械力量训练，既达不到力量训练效果（属无效训练），反而易造成肌肉的僵硬，或损伤及无法向专项力量转化（反效训练）。

举例：健身房器械力量训练后可以安排 30 min 的加阻（如拖轮胎）或负重（负重背心等）的滑轮或滑雪滑行，要求每次动作尽量快速发力，提高动作幅度，促进器械力量效果及时转化为专项发力模式及神经肌肉记忆。

(15) 提高上肢关节稳定性的训练方法有哪些？

双臂悬吊屈臂：发展上肢稳定性练习。方法：左脚后跟垂直于右脚脚弓，间距 10～15 cm（反之亦然），呈 T 形站立，两手分别握住悬吊环。两臂自然分开，胸前伸直，掌心朝上。身体稍后倾，两脚固定。保持直臂，缓慢地屈肘关节收臂，直到感觉适度的牵拉。然后，缓慢地伸直手臂还原到初始位置。完成动作时间 1～2 s，还原动作时间 2～3 s。每侧 15～30 次，重复 2～3 组；组间间歇 30～60 s。

双臂悬吊上拉：发展上肢肩部的稳定性。方法：站立，两臂自然分开向上伸直。两手分别握住悬吊环，掌心相对。缓慢地屈臂上拉身体，直到感觉适度的牵拉。然后，缓慢地直臂下放身体。完成动作时间 1～2 s，还原时间 2～3 s。每组 8～15 次，重复 2～3 组，组间间歇 30～60 s。

双臂支撑俯卧撑：发展上肢在俯卧姿态下的稳定能力。方法：站立，身体前俯，两臂支撑在 Bosu 球的两侧。慢慢地屈肘，降低胸部做俯卧撑。保持手肘的打开，可以让肩部水平外展。完成动作后慢慢回收到起始姿态。完成动作时间 1～2 s，还原动作时间 2～3 s。每组 15～30 次，组间间歇 30～60 s。

桥式仰卧单侧扩胸：发展肩部外展状态下的稳定能力。方法：仰卧，背部上方靠在 Bosu 球上。将胸椎、肩部和颈部都压在球上。慢慢地抬起臀部，直到大腿、躯干都与地面平行，形成桥状。慢慢地一只手握住实心球向同侧做扩胸动作，当手肘与肩部同高，或者略低于肩部时，动作完成。然后回到起始状态。两臂轮换做练习。完成动作时间 1～2 s，还原动作时间 2～3 s。每组 15～30 次，组间间歇 30～60 s。

仰卧瑞士球向前拉弹力带：发展上肢、肩部的稳定性练习。方法：弹力带固定在较低的位置。两脚自然分开，直背仰卧于瑞士球上。屈两臂，两手贴于头部两侧，分别握住手柄，保持弹力带紧绷。直臂缓慢地向体前牵拉弹力带，直到两臂与地面垂直。静止一段时间，缓慢地屈臂后摆还原。动作完成时间为 1～2 s，还原时间 2～3 s。次数为 10～15 次，组数为 2～3 组，间歇 30～60 s。

（16）提高膝、踝关节稳定性的训练方法有哪些？

单向圆底踏板双脚站立：提高身体平衡控制和神经-肌肉反射调节能力。方法：双腿直腿将两只脚踩在圆底踏板上，控制踏板不发生前后滚动。身体尽量不晃动，保持 3～5 min。

单向圆底踏板单脚站立：提高身体平衡控制和神经-肌肉反射调节能力。方法：单腿直腿支撑身体，将脚踩在圆底踏板上，另一条腿屈膝提起。纵向踩在圆底踏板上，控制踏板不发生左右滚动。斜向踩在圆底踏板上，控制踏板不发生斜向运动。身体尽量不要晃动，保持 2～3 min，双腿交替练习。

单脚上圆底踏板支撑移重心：提高身体移动中的平衡控制和神经-肌肉反射调节能力。方法：面对纵向圆底踏板站立，身体倒向圆底踏板，单腿踏上圆底踏板支撑身体。一只脚踩在圆底踏板上将身体重心移过。身体尽量稳定、连贯地移过纵向圆底踏板，双腿交替练习。

直立单腿外展：提高膝部与踝部的稳定能力。方法：一只脚支撑在 Bosu 球上，另一只脚轻轻点在训练器上。将体重都转移到支撑脚上。手臂自然放松。

慢慢地将非支撑腿外展。保持膝盖超前，避免转动臀部。手臂抬起帮助保持平衡。保持这一动作，然后回到初始状态。完成动作时间 1～2 s，还原动作时间 2～3 s。每组 15～30 次，组间间歇 30～60 s。

单腿悬吊半蹲起：发展单侧下肢膝部与踝部的稳定性。方法：站立，背向悬吊绳。将悬吊环相扣，单脚脚面套住悬吊环。缓慢地下蹲，同时悬吊腿后移，直到感觉适度的牵拉。缓慢地蹬伸支撑腿，然后缓慢地下蹲还原。完成动作时间 1～2 s，还原动作时间 2～3 s。每侧 15～30 次，再换另一侧，重复 2～3 组；组间间歇 30～60 s。

（17）提高髋关节稳定性的训练方法有哪些？

单腿支撑抗阻屈髋：提高身体平衡、动作控制和调节能力。方法：单腿站立支撑身体，另一条腿在踝关节处系上胶带或阻力滑轮绳索。屈髋、屈膝提起对抗阻力的腿。身体尽量不要晃动，平稳完成动作。

双手持哑铃多向交叉步上球面踏板：提高身体平衡、动作控制和调节能力。方法：双臂下垂，双手持哑铃于体侧，一条腿尽量远地迈出形成弓箭步姿势，踏在球面的中央，后腿尽量微屈下压，躯干呈直立状态，保持 15～30 s，两腿交替进行。可以正向，也可以左右斜向。一条腿尽量远地迈出形成弓箭步姿势。双腿交替练习，踏上球面踏板时身体尽量不晃动，平稳完成动作。

双腿悬吊双肘支撑收腹：发展双侧髋关节的稳定性。方法：坐在垫子上，将悬吊环交叉，两手分别握住一悬吊环套住脚面。转体屈两臂支撑，将身体悬吊，保持身体水平成一条直线。肘部固定、脚面贴紧悬吊环、缓慢地直腿收腹，然后再缓慢地还原。完成动作时间 1～2 s，还原动作时间 2～3 s。每组 15～30 次，间歇 30～60 s。

单腿悬吊仰卧外展：提高髋关节在动态条件下的稳定性练习。方法：坐在垫子上，将悬吊环扣紧，单手握住一悬吊环挂在一侧脚跟。仰卧、两肩紧贴垫子，身体自然展开。缓慢地屈膝，同时两臂发力、提髋，屈膝达到直角后固定。另一腿缓慢地外展到合适的角度，然后缓慢内收还原。完成动作时间 1～2 s，还原动作时间 2～3 s。每组 15～30 次，间歇 30～60 s。

跪坐平衡：发展髋关节在不同平面内的稳定能力。方法：跪坐在 Bosu 球隆起中部。将脚趾触到地面。将肩、臀、膝盖保持在一条中轴线上，两臂自然放在体侧。慢慢抬起脚趾、抬起小腿，令其与地面平行，或者更高。两臂侧平举保持这个平衡姿势 10～60 s。再放下两臂和脚趾，回到初始姿势。完成动作时间 10～60 s，还原动作时间 2～3 s。每组 15～30 次，组间间歇 30～60 s。两臂放在体侧，只是简单地提起脚趾，难度低；增加两臂的随意动作，难度增大。

8.2　越野滑雪比赛有关问题

(1) 训练应激与比赛应激有何差别？

高强度的训练与比赛对运动员而言都属于超出正常生命活动所需的应激刺激，但这两种应激刺激有着本质上的区别，如表 8-1 所示。

表 8-1　运动员训练应激与比赛应激差异

比赛应激	训练应激
比赛任务，成绩目标	训练任务，技术目标
拒绝错误，追求结果	修正错误，建立正确
一次性过程，不可重复	重复性过程
自我要求与动机水平高	自我要求与动机水平低
环境新异	环境熟悉
比赛性干扰(对手、进程等)	训练性干扰(体力、欲望、组织等)
对抗强度高	对抗强度相对偏低
高唤醒、高压力、高紧张	低唤醒、低压力、低紧张
系统准备	随机准备
比赛概念、意识	训练概念、意识
比赛压力下的技术操作	训练压力下的技术操作
各种能力的整合动用	各种能力的储备建构

由表 8-1 不难看出，训练与比赛给运动员带来的内在压力有着质的差别，由此构成的应激刺激强度存在质的差异。一般情况下，比赛应激对生物个体构成更为强烈与广泛的心理与生理刺激，其综合负荷强度要远远高于训练负荷强度，训练负荷强度更多体现在生理强度上，而比赛强度则是生理与心理的综合高强度。

(2) 为何有些运动员训练水平与比赛水平脱节?

运动员的训练水平与比赛水平有着密切关系,但训练能力绝对不等于比赛能力。训练能力是比赛能力的基础,但中间的调节影响因素很多,而且这些影响因素也因时、因地、因人而异。导致训练水平与比赛水平差异的主要生物学机制是训练应激与比赛应激的本质性差异。不同运动员个体对于训练或比赛应激的适应能力具有较大差异,有的运动员属于训练型(训练应激适应能力强,训练表现较好,但比赛应激适应能力较差,比赛常常发挥不好),有的运动员属于比赛型(训练可能一般,但善于比赛发挥),训练应激与比赛应激的本质性差异会严重影响运动员训练水平的发挥,尤其是缺乏心理能力和专项智能训练的运动员的训练水平与比赛水平差异更大,而且比赛等级的重要性越高,这种能力波动就越大。训练水平是比赛水平的基础,但两者的性质有着本质的差别,前者是一般应激情况下的能力输出和应激适应过程,后者是超常应激情况下的能力输出过程。一般情况下,对运动员而言训练水平发挥到80%～90%即可视为正常发挥。

除了运动员训练与比赛应激能力的差异外,训练、竞赛管理环境也是影响运动员比赛发挥的重要环境因素。运动员的心理问题很多情况下是教练员造成的,运动员的场上发挥情况也很大程度上与教练员的赛前训练,准备的有效性、合理性,以及教练员的临场部署和指挥有着密不可分的关系。另外,竞技状态的调控水平也是影响运动员比赛与训练水平脱节的重要原因。大赛时运动员综合竞技状态的形成是一个系统工程,包括体能、技战术、心理、智能等方面,每一项能力要素能否调整到合理程度并实现有机整合是一个涉及多学科理论与方法的复杂问题,需要教练员具备良好的综合能力,如果教练员能力不足则可能出现头尾难以兼顾、运动员的能力结构难以实现优化,甚至出现明显的“短板”,这将直接影响运动员综合竞技能力的有效整合,影响比赛时技术的有效发挥。

(3) 如何缩小训练水平差距,提高运动员的比赛能力?

处理好一般训练与专项训练的关系:一般训练是专项训练的基础,比赛比的是专项能力,基础训练应围绕专项竞技能力需要来设计、组织,两者不能脱节,更不能本末倒置,但也不能完全摒弃基础训练,因为科学的基础训练可以弥补专项训练的盲区和不足。

从比赛需要出发系统设计与实施训练:所有训练的设计、安排与组织必须从比赛需要出发系统设计与实施训练。教练员要对运动员的比赛能力结构、特长与不足有着全面而清晰准确的认识，基于个体化比赛技战术设计与能力提升的需要来系统设计、规划赛前综合能力培养。

项目制胜规律的准确把握：项目的训练水平与比赛水平有着本质差异，教练员必须基于对项目制胜规律动态发展的准确把握，围绕当前项目制胜要素来设计和实施训练计划。尽量避免对比赛制胜规律把握得不准确与滞后。

个体化、针对性训练：运动员比赛能力的培养必须坚决贯彻个体化、针对性原则。所谓个体化原则就是基于对运动员个体能力结构特点的分析和发展需要来设计与实施有关训练，所谓针对性原则即是针对某次比赛任务需要、对手分析、技战术发展需要来设计与实施有关训练。

比赛型训练模式：赛前系统训练过程中，教练员必须要求运动员带着比赛观念来执行训练计划，即考虑到比赛的情景、比赛过程中可能发生的技战术应用障碍、比赛需要的能力特征比赛强度执行赛前训练，按照比赛的质量来执行训练计划，不能把训练和比赛割裂考虑。在此过程中，教练员应该按照比赛的标准和要求来控制训练过程与质量。

模拟训练：赛前训练中，教练员应系统考虑比赛中可能出现的常规问题和突发问题，尽量模拟比赛问题来组织、控制训练，提高运动员对比赛问题的应对解决能力。

全面提高运动员的综合比赛能力：教练团队应系统培养运动员比赛所需的体能、技术、战术、心理和智能，不能偏颇。在此过程中，要本着扬长补短的原则，充分考虑运动员的特点来设计训练提高运动员的综合比赛能力。

比赛的针对性准备：每一次比赛都不相同，针对某次比赛可能发生的问题和能力需求来进行针对性的比赛准备，从体能、技战术到心理智能的针对性准备，针对性准备尽量做到以长克短、扬长避短，特别是针对比赛可能发生的困难局面进行技战术与心理预案的准备。

(4) 如何合理进行竞技状态调控？

建立个体最佳竞技状态模型：根据对优秀运动员长期训练监控的结果，应当研究并总结出优秀运动员创造最佳运动成绩时的各种生理生化、运动技术和心理状态的指标，根据教练员的训练经验与观察，以及运动员的自我感受，就能够比较准确地建立起优秀运动员的最佳竞技状态模型。教练员和科研人员可以根据以往运动员的竞技状态的相关数据，在赛前调整运动员的状态至最佳状态，创造优异成绩。

赛前运动负荷调整：赛前运动负荷调整是指在比赛前训练负荷逐渐减少，以帮助运动员从高强度的训练中进行体力和心理恢复，以求在比赛中最大限度地提高竞赛水平。诸多研究均提示赛前减负荷可有效改善运动员的竞技状态及专项能力。另外，对于越野滑雪而言，赛前安排 2～3 周的高原训练是提高运动员参赛状态有效的手段。

合理膳食调配与营养补充：运动营养不仅与提高运动能力和训练后恢复密切相关，而且在调整竞技状态中发挥重要作用。耐力性运动员运动时的主要供能物质是肌糖原，运动员在赛前储备足够的糖原以满足长时间运动的需要时创造最佳运动成绩的重要保证。优秀运动员应注意在赛前保持科学合理的营养物质摄入比例，科研人员应当根据对运动员长期科学监控的特点，制定适合不同运动员个性特点的膳食和营养补充方案，以调整运动员的最佳竞技状态。

竞技心理状态调控：通过运动员心理技能的训练、心理放松、注意力集中训练、比赛目标设置训练、专项心理强化等手段帮助运动员调整自己的竞技心理状态，达到理想参赛水平。通过运动员心理技能的训练、心理放松和表象演练训练、生物反馈训练、注意力集中训练、比赛目标设置训练、比赛兴奋点唤醒训练，以及团体心理辅导和专项心理强化等心理调控手段可以帮助运动员调整自己的竞技心理状态达到理想参赛水平。

8.3 越野滑雪心理学有关问题及解答

（1）运动员常见参赛心理问题有哪些？

想赢怕输（内部动机冲突），目标定位不当；角色定位不当，包袱过重（拼、保）；自信心不足，怯场或盲目自信，不能正确评价对手；心理定向不当，自我定向倾向，注意力不集中；心理调控点不当（内部、外部归因）；思维混乱，思维方向偏差；唤醒水平不当；情绪失调（内、外部因素导致紧张、焦虑）。

（2）比赛要求运动员应具备的良好心理状态是何？

勇气、信心、意志（迎接挑战，战胜自己）；思维清晰，注意分配合理，集中于滑行动作和体能分配；情绪控制与自我调节能力，抗干扰能力强；对常规与突发事件有心理应对方法；淡化比赛概念，建立正确的比赛观念；摆正位置，立足于拼；解放思想，放下包袱，轻松上阵；注意力集中到技战术过程，不要过分关注比赛结果；冷静的头脑，稳定的情绪。

(3) 如何提高运动员自信心？

自信心是运动员对自己的能力和所能达到的目标的一种认识和确信。在高水平竞技领域，自信心对比赛水平的发挥是至关重要的。

培养和增强自信心的主要方法如下：将注意力指向可控因素；针对比赛进行细致的心理准备；积极性思维；进行成功的表象和想象；进行积极的自我谈话和自我暗示；优势举例和比较：讨论并列举自己的优势，并正确地与对手相比较；创造一个自己喜欢且自然的氛围：该方式有利于你全身心地投入到比赛中去；教练员要尽量避免反语效应；教练员的鼓励、积极性的语言及队友间的互相鼓励；优势比较法、短期目标法、但是转折法、自我实现预言法、进步记录法、打破心理极限法等。

(4) 何为比赛中的可控与不可控因素？

可控因素：自己的思维、情绪、合理的注意集中与分配；自己的技术执行与发挥；自己的行为程序。

不可控因素：重要他人的言行影响；比赛进程的影响，自己与对手发挥，关键时刻；观众呐喊或对手的战术干扰；比赛场地、环境、组织过程、意外事件等。

(5) 如何应对重要他人影响？

运动员的领导、教练及其信任的人可视为对运动员有影响的重要他人，在赛前及赛中，有关重要他人的言语、行为方式及其对运动员的期望等均可能会对运动员产生一定负面影响，特别是增加其压力，导致运动员发挥失常。为此，在赛前及比赛中，运动员如何合理应对重要他人的负面影响至关重要。

可以采取的方法如下：对来自重要他人的信息采取屏蔽措施，即“一听而过”，不要走心，更不要关注；可以尽量控制、减少与重要他人的接触时间与空间；一旦受到重要他人的负面影响，则想法进行“注意转移”；充分关注自己的技战术准备，忽略其他信息；要有充分的自信。

(6) 提高运动员专项智能训练方法有哪些？

帮助运动员定期自我分析诊断，总结、评估自己的能力特点、发展路线和阶段训练效果；指导进行阶段任务目标设定，指导个体阶段计划设计；提高运动员自主参与训练(意识与方法,制定自己的计划,提出训练要求,检查训练结果,及时有效总结寻训练过程与结果等);系统实施概念训练,帮助队员整理有关训练概念;前思后想训练法:前诱导,后反馈(即时反馈与延迟反馈),掌握专项感觉训练方法,形成专项感觉训练能力;提高表象能力训练:看、想、觉、动;问题解决能力训练:正视现实,勇于面对,意志坚定,思维有序;提高运动员训练、生活与比赛中的问题判断、决策、解决能力;提高项目特点、训练规律的认知、把握、利用能力;综合提高项目认知水平,练得明白,练得清楚;形成思维支配下的训练能力(身心结合训练法)。

8.4 运动生理、医学、科研有关问题及解答

(1) 运动员为何会发生伤病问题?

不合理的准备活动:未做准备活动或活动不充分,就开始训练或比赛;准备活动强度过大;准备活动内容安排不当,没有与专项内容结合;准备活动违反循序渐进的原则;未掌握好准备活动的时间等原因。

训练水平较低:运动员的体能训练、专项技术训练或战术训练等不充分或较低,极易引起运动员发生运动损伤。例如运动员掌握错误的专项技术动作要领,会与人体结构、生物力学原理相违背,因而极易发生损伤。

违反训练原则:运动训练本身具备较强的科学性和实践性,运动员需要严格遵守训练的规律和原则,例如:系统性原则、循序渐进原则、直观性原则及积极性原则等。若违反这些原则,必然会使运动员过度使用肌肉或关节,发生运动损伤。

竞技状态不佳:运动员长期从事训练或比赛后,所产生的疲劳、伤病及心理厌倦等情况都有可能导致运动员受伤。

肌肉力量发展不均衡:左右侧肢体力量发展失调、髋关节屈伸肌群力量失衡、大小肌群力量发展失衡等。

(2) 如何预防运动性伤病?

提高准备活动与整理活动内容的安排:无论是训练或比赛前,运动员都应该重视准备活动的安排和执行。在准备活动过程中,应使体温逐步提高、肌肉血液循环增加、关节柔软度上升;同时,做好赛前的心理调节,减轻紧张感和压

力感，从而起到预防损伤的作用。在运动结束后，可以选择慢跑、肌肉拉伸、筋膜滚压等方式，使高水平的心血管系统逐渐平缓、减缓肌肉的酸痛和局部僵硬。

提高训练方法的科学性：科学的训练方法、强度等设计，是提高运动员机体适应能力、训练水平的不二法宝，同时也是预防运动损伤的积极手段。要做到科学训练的五个方面，全面性、个体性、渐进性、反复性和意识性。

加强运动训练中的防护：运动训练中的保护或帮助的方法不当，或缺乏必要的帮助与保护，必然会引起运动损伤。并且，适当的帮助与保护，可提高运动员的自信心，避免意外伤害事故的发生。

避免疲劳情况下的高强度训练：疲劳情况下进行高强度训练是运动损伤发生的常见诱因，应尽量避免疲劳情况下的高强度训练。

肌肉力量及柔韧性均衡发展：均衡加强肌肉力量及柔韧性可有效降低损伤发生率。

(3) 常用的运动康复训练手段有哪些？

1）根据生物力学和运动学的原理，促进肌肉、关节活动和改善肌张力

被动运动：是指全靠外力帮助来完成的运动，即由治疗师、患儿健肢或器械力量协助完成的动作，被动运动适用于各种原因引起的肢体运动障碍，可松弛肌肉痉挛、牵伸挛缩肌腱和韧带；保持和增强关节活动，防止肌肉萎缩，防治关节粘连和挛缩，并可增强本体感觉，诱发肢体屈伸反射，为主动运动做好准备。

助力运动：即凭借治疗师、患者健肢、器械装置（如滑轮、回旋器）、气垫气球、水浴等方法的辅助或消除重力的影响下，引导和帮助患儿主动完成的运动。

主动运动：即在没有辅助情况下患儿自己完成的运动。主动运动能增强肌力、改善局部和全身机能。

抗阻运动：抗阻运动是在对抗外力的情况下所进行的主动运动，如利用沙袋负重训练等。此法可易化更多肌梭，促进和恢复肌力与耐力，增强关节的稳定性。

放松运动：在肌肉放松的情况下所进行的运动，分为主动放松运动和被动放松运动。

2）根据神经心理学的原理和神经发育的规律，采用促进和强化的治疗方法

主要采用刺激本体感觉神经或其他感觉器，经感觉中枢整合后，使神经肌肉兴奋性提高或降低的过程，以改善肌张力，促使主动运动困难或不协调的肌

群容易完成某项活动。例如,利用牵张反射,用力牵拉要收缩的肌肉,促使肢体进行主动屈伸动作;利用姿势反射,如利用非对称性紧张性颈反射(ATNR)的反射活动,使某些肢体屈曲或伸展;利用兴奋拮抗肌的作用达到使对抗肌的抑制,即交互抑制作用;利用一些多肌群的共同运动模式诱发对角斜线运动和螺旋形运动;利用联合反应以诱发相应肌群的活动等。

以上两大类技巧实际上是互相渗透、互含内涵的,可根据各人情况选用。对痉挛型者行抗痉措施,对徐动型和软瘫者调节肌张力,宜关节加压固定和增强稳定性,总之,均需控制关键点,抑制异常模式,诱发主动运动。

(4) 何为 PNF 训练法?

PNF 法一般译为本体感觉神经肌肉促进疗法,在康复方面的文献也译为促通疗法,是以人体发育学和神经生理学原理为基础和一种多方面的运动治疗方法,最初用于对各种神经肌肉瘫痪病人的治疗,被证实非常有效,后来证明它可以帮助许多因肌力、运动控制、平衡和耐力有问题的患者。同时它的一些特殊技术对于一些因疼痛和软组织粘连导致的 ROM 下降有很好的治疗效果。PNF 技术是根据人类正常状态下日常生活的功能活动中常见的动作模式创立的。它强调多关节、多肌群参与的整体运动而不是单一肌肉的活动,增强了关节的运动性,稳定性,控制能力以及如何完成一复合动作的技巧,同时利用了运动觉,姿势感觉等刺激增强有关神经肌肉反应和促进相应肌肉收缩的锻炼方法;其特征是肢体和躯干的对角线和螺旋形主动、被动、抗阻力运动,并主张通过手的接触、语言口令,视觉引导来影响运动模式。它的治疗原则是按照正常的运动发展顺序,运用适当的感觉信息刺激本体感受器,使某些特定的运动模式中的肌群发生收缩,促进功能性运动产生。

(5) 越野滑雪适合应用加压训练吗?

越野滑雪比赛场地地形、气候多变,有上坡、下坡、平地等不同地形变化,比赛距离涉及 1～50 km(奥运会)。比赛持续时间范围为 2.5 min～3 h 左右。无论长距离还是短距离比赛,其血乳酸均高于 10 mmol/L,这要求运动员必须具备较好的耐乳酸能力,另外,强大的有氧耐力(最大摄氧量水平)也是越野滑雪比赛的至关重要的机能要素(有助于连续多场比赛能力及单场比赛保持持续高速滑行能力,降低血乳酸堆积而保证后程冲刺能力等),在上坡及平地滑行中则对专项力量要求甚高(通常在 3 km 左右的赛道中有 4～6 个不同高度、长度、难度、长度的上下坡)。因此,越野滑雪是一项对专项力量、有氧耐力、无氧耐力要求很高的体能主导类项目。无论是短距离、中距离还是长距离比赛都需要上述三种体能要素支撑,只是不同距离的比赛对三种主要体能要素的要求有所差异而已。比赛过程中结合加压训练的有关机制和实验研究结论不难看出,科学设计的加压训练将可以有效改善上述3种主要体能要素,且可以缩短训练负荷时间、降低负荷强度而同时达到更大负荷量及强度的训练效果,有效节约训练时间等资源、有助于疲劳恢复及教练员具有更大的训练负荷节奏调控空间来解决其他训练问题,还可减少伤病及促进康复。因此,加压训练应该非常适合越野滑雪的体能与康复训练。

(6) 何为FMS测试,主要方法有哪些?

FMS测试为功能性动作筛查测试,通过七种测试方法对运动员的肩关节、髋关节、膝关节以及踝关节的灵活性和稳定性进行评价。它采用人们长期使用的日常身体活动姿势——蹲、跨、弓箭步、上肢伸展、踢,以及另外两种要求躯干稳定并对躯干前后弯曲和左右旋转有刺激的动作。这些运动形式按成本效率、时间效率、再生能力的方式进行安排,并且作为人体基本运动形式的典型动作。运动员在测试时做的每个姿势都要求具有最低水平和最佳水平线。FMS是针对基础体能的测试方法,目的是筛选体能发展的限制性因素,强调注重人体动作的质量,提高训练水平和竞技能。

测试人员让运动员做七个动作(图8-1),具体七个动作和目的分别如下。

深蹲动作:深蹲可以评估运动员髋、膝、踝关节的双向性、对称性和关节功能的灵活性。通过举钢条过头可以评估肩和胸椎的双向性、对称性和关节功能的灵活性。

过栏架步动作:评定运动员髋、膝、踝关节的稳定性和两侧性功能的灵活性。

前后分腿蹲动作:评定髋关节灵活性和稳定性,股四头肌的柔韧性以及踝、膝的稳定性。

肩部灵活性动作:评估运动员双肩的活动范围、内收肌的内旋与外展肌外旋的综合能力。它也对肩胛骨的灵活性和胸椎的伸展能力要求较高。

主动直膝抬腿动作:反映运动员腘绳肌与比目鱼肌的柔韧性、保持骨盆稳定性和异侧腿的主动伸展能力。

躯干稳定性动作：反映运动员能够对完成对称的上肢运动所表现出来的躯干在矢状面中的稳定性做出评价，也可以间接评价肩胛骨的稳定性。

转动稳定性动作：反映运动员在上下肢同时运动时，躯干在多个面的稳定性，进而反映运动员的核心稳定能力。

图 8-1　FMS 测试动作示意图

(7) 如何利用常用的生化指标监控评价运动员的机能状态？

1) 血睾酮(T)：女子正常值范围 0.7～3.1 mmol/L，男子正常值范围 12～40 mmol/L。但个体差异较大，一般而言，如低于个体平均基础值的 50%，反映运动员机能状态下降，就应该采取措施提高其水平，可以采取的主要措施：减少训练量，强化训练节奏的合理安排，补充必要的营养补剂如补气补肾类中药汤剂、有关中成药(廷伟、景仙灵等)、中药单体及提取物(虫草、鹿茸、蒺藜皂苷、人参皂苷等)、一些针对性的合成类营养补剂等。另外，T/C 比值降低 30% 提示疲劳。

2) 血红蛋白(Hb)：女子正常值范围 11.0～15.0 g/dL，平均值约 12.5 g/dL；

男子正常值范围 12.0～16.0 g/dL，平均值约 13.5 g/dL。个体差异较大。一般而言，如低于个体基础值 1 克，反映运动员血红蛋白偏低，血液运氧能力下降（也有部分运动员先天性低血红蛋白，而机能状况较好），提高血红蛋白的主要措施：补充铁剂、补气补血的中药汤剂、中成药、补血类食品等。

3）肌酸激酶（CK）：该指标主要反映肌肉组织对训练的反应，肌细胞的破损状况，其正常值为低于 200 IU/L。该指标个体差异比较大，训练后反应差异也很大，一般而言，对大负荷力量训练或高强度专项素质训练反应较高。如反常持续性升高，提示有疲劳现象。降低 CK 的主要方法有：减低力量训练负荷，补充磷酸果糖等。

4）尿素氮（BUN）：该指标主要反映机体对训练负荷的适应状况及负荷程度的评估，其正常值为低于 8 mmol/L，如持续反常升高提示疲劳现象，解决的主要方法：降低训练负荷，补充氨基酸等。

5）血乳酸（BLA）：该指标主要用于训练强度、质量、效果的评价，是指导体能与素质训练的最有效而实用的测试指标。高强度训练后肌细胞内存在一定程度的乳酸积累，易于导致肌肉疲劳，消除乳酸性疲劳的主要方法：积极性恢复、放松按摩、热水浴、蒸气浴、药浴、补充碱性饮料、活血化瘀中药制剂等。

6）血糖（GLU）：该指标主要用于监控掌握运动员在训练过程中及补充含糖饮料过程中的血糖变化规律，用于科学指导训练及比赛过程中个体化的含糖饮料补充方法。其正常值为 4～7 mmol/L。

（8）常用心理状态监控指标与方法有哪些？（答案见表 8-2）

表 8-2　常用心理状态诊断测评方法

分类	工具	意义	安排
人格特征	大五人格、NEO 等	人格特征分析	基础测试
	气质类型	气质类型分析	基础测试
智力特征	瑞文推理软件	逻辑推理能力分析	基础测试
	斯氏思维风格软件	思维类型与特征分析	基础测试
	决策方式问卷	问题应对与解决能力分析	基础测试

（续表）

分类	工具	意义	安排
认知特征	注意集中、广度、分布、转移软件	注意加工特征分析	阶段追踪测试
	反应时	神经反应速度与选择能力分析	阶段追踪测试
情绪状态	POMS 问卷	一般情绪状态评估	阶段追踪测试
	焦虑问卷	焦虑状态评估	阶段追踪测试
动机状态	运动动机问卷	运动动机评价	阶段追踪测试
	运动员自信问卷	自信水平与方式评价	阶段追踪测试
	归因方式问卷	归因方式评价	阶段追踪测试
	意志力问卷	意志力评价	阶段追踪测试
	心理定向方式问卷	心理定向方式评价	阶段追踪测试
心理健康	SCL-90 问卷	精神与躯体、行为症状评价	阶段追踪测试
	心理健康问卷	心理健康评价	阶段追踪测试
心理疲劳	运动心理疲劳问卷	心理疲劳状态评价	阶段追踪测试
	脑功能状态分析仪	脑功能状态及中枢疲劳评价	阶段追踪测试
	心理耗竭问卷	情绪耗竭状态评价	阶段追踪测试
其他	ERP、脑电地形图、Ω 技术等	脑功能状态及中枢疲劳评价	阶段追踪测试

（9）常用有氧耐力能力评价指标与方法有哪些？

1）最大摄氧量（VO_{2max}）：是指人体在进行有大量肌肉群参加的长时间剧烈运动中，当心肺功能和肌肉利用氧的能力达到本人极限水平时，单位时间内所能摄取的最大氧量，是衡量运动员有氧能力最重要的指标之一。它综合反映机体摄入 O_2 能力、血液运输 O_2 的能力、组织换气的效率以及机体组织利用 O_2 的能力。VO_{2max} 与越野滑雪的运动成绩直接相关，提高运动员的 VO_{2max} 是有氧训练最重要的目的。

2）氧脉搏（O_2-Pluse）：在安静时正常值为 4.1 ± 1.5 mL，它是指心脏每收缩一次射出血中所含的氧量，随人们的身体训练有关，运动员由于某种原因停止训练会引起身体素质水平下降；在训练负荷安排不当时，也会引起氧脉搏值下降。氧脉搏是每搏输出量中血液所含的氧量。氧脉搏的最大值为最大氧脉搏（O_2-Plusemax）。

3）呼吸商（respiratory quotient，RQ），又称气体交换率：指生物体在同一时间内，释放二氧化碳与吸入氧气的体积之比或摩尔数之比，即呼吸作用所释放的 CO_2 和吸收的 O_2 的分子比。RQ 在肌肉运动时会发生变化，而且 RQ 的变化大小与运动负荷强度和运动的时间密切相关。

4）心率：运动员的即刻心率降低，心率恢复加快，表明运动员机能状况有所提高。在同等负荷下，运动员心率越高，说明他的心肺能力越差，运动员心率越低，说明他的心肺功能越强。

5）无氧阈、乳酸阈、个体乳酸阈：无氧阈是指人体在递增负荷强度时，由有氧代谢开始向无氧代谢转变的临界点。通常以血乳酸浓度达到 4 mmol/L 时所对应的强度，用通气量和心率来表示。无氧阈用乳酸浓度来表示叫乳酸阈，用通气和气体交换改变来表示称为通气无氧阈，用心率和心搏量的上升斜率变化，引出的心率拐点来表示称为心率无氧阈，也有应用肌电图积分测定无氧阈的，其中以乳酸阈应用最为广泛，重复性最高。“个体乳酸阈”主要反映了不同个体在不同状态的增负荷运动中，由有氧代谢为主向无氧代谢为主转变的临界点。“个体乳酸阈”作为表述较为准确的概念，它不仅是以“无氧阈”为基础，包含着“无氧阈”一词中较为积极的因素，但同时它又排斥“无氧阈”的一些消极因素。常用的乳酸测试方法包括：酶膜法（YSI-1500 型）、掌上型乳酸测试仪（如京都等）。

6）PWC170：PWC 是 physical work capacity 一词的缩写，可把它直译成身体工作能力。身体工作能力测验和最大摄氧量测验一样，是一种测量身体健康适应的现代方法。该测验是把身体定量负荷时的心率定为 170 bpm 时，求身体在单位时间内做功或者是完成功率的大小。PWC170 值是评价身体工作能力时重要指标之一，在评定运动员，尤其是耐力项目运动员的身体工作能力方面，有重要意义。其主要原理是心率功率和摄氧量之间密切的相互关系，当输出功率增加时，机体摄氧量也成比例增加，最后达到最大摄氧量时形成稳定状态。心脏对增加功率的反应与摄氧量保持一致，心率接近 170 bpm 时与肌肉工作强度呈直线相关关系，心率达到 170 bpm 时，在这种肌肉工作条件下呼吸系统和循环系统的机能相互适应，机能水平平均相当最大工作能力的

70%～80%，从而通过把心率提高到 170 bpm 时测定的肌肉工作强度来评定身体工作能。具体测试方法主要是在功率自行车上完成两次不同强度的负荷，从而通过心率与肌肉工作强度之间的线性关系求出心率在 170 bpm 时的身体工作能力，根据 PWC170 值与最大摄氧量之间在一定范围内存在着高度相关关系，故可用 PWC170 值来推算运动员的最大摄氧量。

7）12 min 跑：诞生于 20 世纪 60 年代，它是由时任美国得克萨斯州达拉斯市的有氧运动中心主任库柏博士首先提出的。Cooper 首先提出了"有氧运动"一词，在 50 年代末萌发了通过跑步来测定心脏功能的想法，并对健身跑的效果进行了广泛而且深入的研究。20 世纪 60 年代，计算机的出现和应用使库柏得出了科学的结果，认为运动 12 min 对于 10～90 岁的人来说，是对心肺功能最好的测定方法，由于 12 min 跑的运动时间、运动量和强度适当，很快被广大体育爱好者及运动健身者所接受，在全世界流行起来。12 min 跑已成为测定有氧素质的方法而被广为采用。库柏在 1968 年提出，在递进跑和 12 min 跑中测得的最大耗氧量的相关系数为 0.897。该结果使 12 min 跑推测最大耗氧量成为可能，并有相当的准确性。

8）台阶试验(step test)：是一项在全世界范围内广为使用的运动负荷评价试验，主要通过台阶作为负荷工具，来代替跑台和功率车，对受试者机体对强体力负荷的适应能力和身体机能的恢复能力进行测量和评价，用来检测和评价人体的心血管系统。1943 年，哈佛大学疲劳实验室根据同样的原理，通过上下台阶的方式替代跑台提供运动负荷，按照相同的公式计算台阶试验指数，后来该实验就被称为哈佛台阶试验。主要用来测量和评定受试者机体对剧烈运动的适应能力和运动后身体机能的恢复能力。目前台阶试验已成为我国国民体质评价与监测工作中使用的经典方法之一，国内在台阶指数预测最大摄氧量方面，还没有较统一的结论。

(10) 如何科学利用肌酸激酶、血乳酸、心率等指标监控、评价训练强度？

肌酸激酶结合血乳酸等指标可以作为不同训练手段执行质量与效果综合评价的有效客观指标。如相同训练安排不同队员肌酸激酶、乳酸及心率变化有较大差异，结合个体既往测试结果，教练可以据此评估不同运动员在执行相关训练计划时努力程度不同，训练质量与效果实现不同，并进而对不同队员进行相应的训练计划调整。

以往对有关训练手段训练强度、质量及效果评价主要依靠教练员的观察评定，以及借助多年科研数据建立的乳酸及心率强度指标。如此评价存在如下局限性：①教练员观察评定主要依靠经验进行主观评价，客观程度不高，而且受限于教练员的能力及倾向性等因素；②教练员在训练过程中难以对所有队员的训练情况全程观察到位、细致，个体化评价难以有效落实；③心率结合乳酸对于评价具体训练手段的即刻强度比较有效，但难以有效评价一堂训练课的总体平均负荷强度及机体反应，特别是心率受个体自主神经系统及身体机能状态影响较大，数据稳定性较差，况且现有心率测试手段在心率高于200后的准确性欠佳；④血乳酸在评价具体训练手段即刻强度方面的可靠性是毋庸置疑的，但由于乳酸测试需要即刻采血，属于有创性手段，而且对正常的训练安排有较大干扰，指端采血对于训练有一定负面影响，一些教练员、运动员会产生抵触情绪，在常规训练过程中难以实施高密度测试，因此难以有效评估一堂课的总体平均负荷强度。另外，心率和乳酸因其生理机制所限，难以有效评估训练课后的总体生物学效应。肌酸激酶作为训练课对于横纹肌（包括心肌和骨骼肌）的总体刺激程度及效应程度评价具有更好效度，而且不需要在每次训练手段后进行采样，对于正常训练计划执行没有干扰，可以根据训练及科研需要分别进行一堂课、一天、一周乃至一阶段训练的生物学效应进行综合评价，故应用肌酸激酶对于柔道主要训练手段的训练质效、训练的生物学效应评价具有独到价值。

（11）常用的安全性营养补剂有哪些？

促进脂肪燃烧补剂：左旋肉碱、丙酮酸肌酸等。

饱腹低热量补剂：去脂魔酥、果冻等。

提高血红蛋白：生血铁、长白景仙灵、海默醇、普藏红胶囊等。

提高睾酮类：激力皂苷、廷伟口服液、生力君口服液等。

蛋白补充及增肌类：谷氨酰胺胶囊、纯乳清蛋白、支链氨基酸胶囊、羟基丁酸等。

肌酸补充类：纯肌酸、赛力昂等（增加肌肉力量）。

促合成、抗分解、增肌类：强力恢复冲剂、肽能饮料等。

能量补充类：高能固体饮料、冲刺能量泵、能量棒等。

电解质及维生素补充类：电解质活力胶囊、金施尔康、善存片等。

细胞保护类：活性糖胶囊、口服FDP胶囊。

中枢调解类：中枢双胞胎、超级 PS、PC 等。

（12）如何提高血红蛋白？

应减小运动量，必要时可停止正常训练；采用含蛋白质、铁和维生素较多的食物，如猪肝、蛋黄、动物全血等；西医方法，如补铁、叶酸、B 族维生素、蛋白质等；中医方法，如阿胶等补血中药制剂或汤剂；有助于补血的营养补剂，如景仙灵、铁剂（升血铁或海莫非）、抗氧化剂（VC、VE 等）。

（13）如何提高睾酮水平？

血睾酮促进体内的合成代谢，有利于提高力量、速度的训练效果，且与训练、竞赛状态有关。一般来说，身体机能良好时，血睾酮水平变化不大，且有体能增强伴有血睾酮增加的趋势。而在疲劳、过度训练或机能状态不佳时，血睾酮水平则会下降。血睾酮浓度变化可以反映体内合成代谢的情况，皮质醇浓度变化可以反映体内分解代谢的情况。在实践中，可以通过二者的变化来对运动的情况进行反馈。血浆游离血睾酮/皮质醇这一指标，对机能评定最敏感。当此比值下降大于 30%时，可诊断为过度疲劳，提示应该调整运动量性疲劳。

改善与提高血睾酮水平的方法：降低负荷量，增加疲劳恢复时间是最直接有效的方法；力量训练可以刺激血睾酮分泌，能辅助提高血睾酮；补肾补气中药对于提高血睾酮是有效的（如长白净仙灵口服液、廷伟口服液、生力君口服液、补肾补气中药汤剂等）；其他一些合法的提高睾酮的营养补剂也可以使用，但效果不如前三种（如蒺藜皂苷、PA、牦牛鞭虫草等）

（14）速度耐力项目 5 级负荷强度心率区间的划分方法是什么？

北欧越野滑雪发达国家（挪威、瑞典、芬兰等）通常采用 5 级心率区间区分负荷强度，并依此来把控有氧、无氧耐力训练强度。5 级负荷强度对应的心率变化区间分别为：

I1 强度（很轻松跑或滑行）：对应心率区间为 60%～75%HR_{max}；I2 强度（较轻松跑或滑行）：对应心率区间为 76%～82%HR_{max}；I3 强度（中等强度跑或滑行）：对应心率区间为 83%～89%HR_{max}；I4 强度（高强度跑或滑行）：对应心率区间为 90%～95%HR_{max}；I5 强度（最高强度跑或滑行）：对应心率区间为 96%～100%HR_{max}。

准确确定个体最大心率是关键，传统的方法并不适用于优秀运动员。准确确定个体最大心率的科学方法：一是通过递增负荷的最大摄氧量测试（跑台跑、功率自行车均可)来确定个体最大心率;二是采集越野滑雪短距离比赛中或间歇训练中的全程心率,取其最高值。

(15) 越野滑雪运动员如何利用遥测心率表自主把控训练强度?

在越野滑雪界,遥测心率表是一种广泛应用的便捷、无创、可实时反馈训练强度的有效手段,特别适合运动员在训练、比赛过程中根据心率表实时反馈的速度、心率实施自主控制滑行速度。在应用心率表进行训练强度自我调控过程中,运动员首先要基于最大摄氧量测试或比赛中采集的最大心率为标准,按照心率表使用手册中对I1～I5心率强度界定区间设定自己的I1～I5运动强度心率区间,在训练过程中随时观察心率表反馈的实时心率和滑行速度来判断自己的运动强度是否处于计划安排的强度范围内,如高于或低于计划安排的训练强度,则可以随时调整滑行速度以保证运动强度匹配训练目标。假如某次训练课的计划是I2强度滑行2 h,在此过程中如发现某阶段训练心率强度偏高则可以减低滑行速度,以保证滑行速度处于I2强度区间,以达到预期的训练目标。

(16) 越野滑雪教练员如何利用遥测心率表数据总结阶段训练负荷特征?

对于教练员而言,遥测心率表具有非常便捷、科学、准确的训练负荷反馈、统计功能。通过手机APP或电脑网页可以在运动员训练结束上传心率表数据后进行训练课效果分析,如某次训练课运动员的滑行路线、速度、心率变化趋势,一堂课的I1～I5级负荷强度分配比例,甚至根据路线、地形、速度、心率四位一体的实时数据曲线来深层次分析不同地形下、不同时间段的运动强度及心率反应,比较不同训练手段的心率差异;另外遥测心率表还具有十分方便的阶段训练负荷量、负荷强度比例统计功能,便于教练员进行阶段训练总结及分析阶段训练效果的训练影响因素;教练员还可通过不同时期同一训练手段、相同速度下的平均心率变化来间接评估运动员的有氧耐力训练效果。教练员还可以根据运动员某比赛过程中心率与速度分析来科学安排训练计划,指导运动员进行科学化训练。

9 越野滑雪科学化训练、监控方法在其他竞速体能项目应用建议

9.1 越野滑雪科学化体能训练与科研监控方法应用系统

越野滑雪科学化体能训练及科研监控方法应用系统如图 9-1、图 9-2。

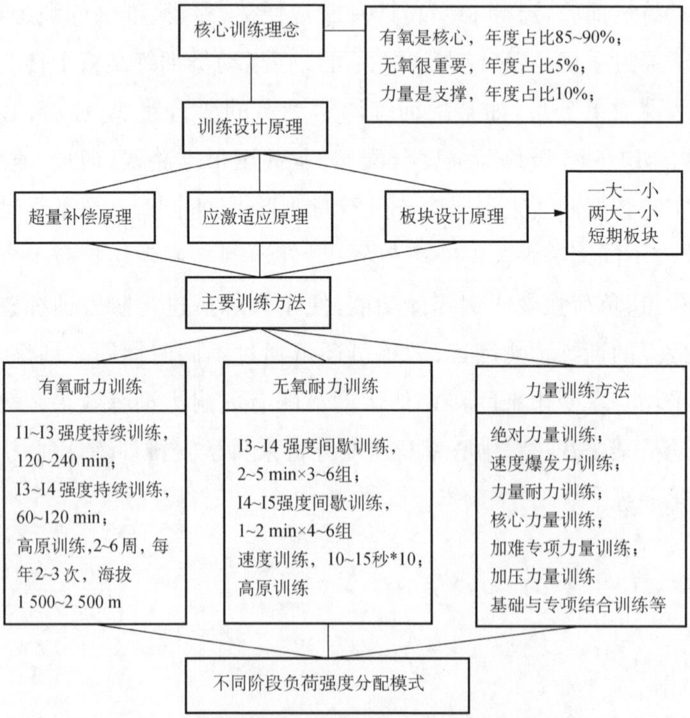

图 9-1　越野滑雪科学化体能训练方法应用系统

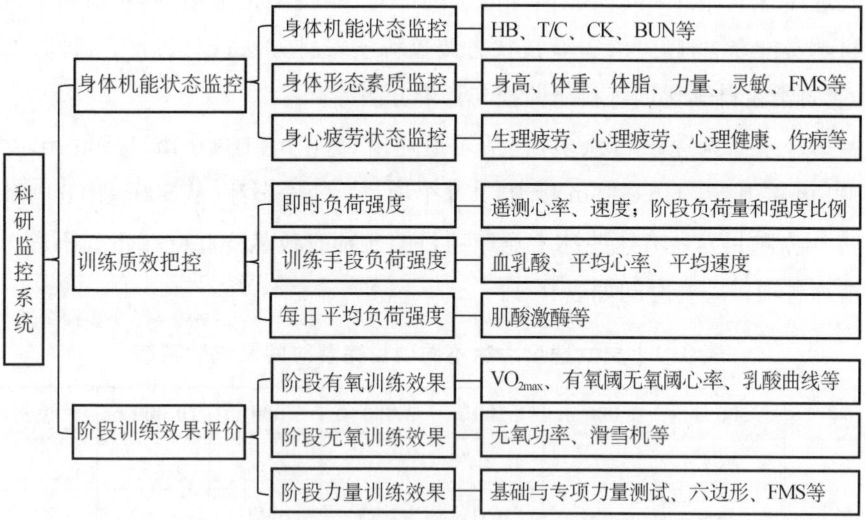

图 9-2　越野滑雪体能训练科研监控方法应用系统

9.2　越野滑雪及其他冰雪竞速项目的应用要点

除越野滑雪外，冬季两项、北欧两项也包括越野滑雪比赛，其中雪上竞速项目主要为中短距离越野滑雪比赛，有关竞速项目的训练原理、理念、主要方法等可参照本书总结的越野滑雪中短距离参赛训练安排来科学安排其有关能力训练，只是力量训练、滑雪技术训练方面要结合冬季两项和北欧两项的技术特点、比赛节奏和规则进行结合专项的体能训练。无论是越野滑雪、冬季两项还是北欧两项等雪上体能主导的竞速项目其体能训练的核心理念无本质差异，都是以有氧耐力训练为核心，兼顾无氧耐力（耐乳酸能力和速度能力）训练及结合专项技术特点的力量训练，在不同训练周期分别安排不同的有氧、无氧、力量、技术等训练比例，冬季两项和北欧两项在全年训练中一个与越野滑雪不同的最大差异是要安排更大比例的专项技术训练，一般要占年度训练总比例的50%左右，其余的50%训练为越野滑雪所需的有氧、无氧耐力和专项力量训练，就其体能训练而言，有氧耐力年度占比80%以上，无氧耐力和力量训练各占比10%左右。

在与越野滑雪体能有关训练设计中要把握如下几个关键要点。训练理念的先进性、科学性；不同体能训练方法的针对性、科学化选用；越野滑雪训练负荷科学安排方法；越野滑雪竞技状态调控科学安排方法；越野滑雪高原训练方法；越野滑雪科学化训练科研监控与评价方法等。

另外冰上竞速项目众多，包括短道速滑（500 m、1 000 m、1 500 m、女子 3 000 m 接力、男子 5 000 m 接力，共 9 个项目）、速度滑冰（从 500～10 000 m 共 14 个男女项目），所有这些冰上竞速项目的比赛时长从 300 s～2.5 h 不等。速度滑冰各项目完赛时间如表 9-1。

表 9-1　男女速度滑冰不同项目完赛时间及供能系统

	500 m	1 000 m	1 500 m	3 000 m	5 000 m	10 000 m	追逐
男子	34 s	1′6″	1′40″	-	6′3″	12′40″	3′35″
女子	36 s	1′12″	1′51″	3′53″	6′42″	-	2′55″
供能系统	ATP-CP；乳酸供能	乳酸供能为主	乳酸供能为主	混合代谢	有氧为主	有氧主导	混合代谢
有氧比例	15%～20%	50%左右	70%左右	85%左右	90%左右	95%左右	70%～85%
备注	表中所列成绩为大概世界最好成绩；供能系统为大概范围。						

从表 9-1 与表 5-3 越野滑雪不同比赛距离的能量代谢特征比较不难看出，速度滑冰的 500～1 000 m 比赛时间明显短于越野滑雪的短距离比赛时间，特别是 500 米比赛其供能系统主要依赖 ATP-CP 系统，1 000 m 是典型的无氧酵解系统供能为主，其 1 500～3 000 m 比赛供能系统类似越野滑雪的短距离，5 000 m 以上的比赛项目供能系统类似于越野滑雪的中距离比赛。但无论何种比赛距离，有氧代谢系统都不同参与供能，只是随着比赛距离延长其供能比重越大；另外速度滑冰对无氧酵解代谢供能要求更高，随着比赛距离延长，其比重呈递减趋势。

从有氧、无氧能力训练理念、原理、方法看，速度滑冰与越野滑雪的核心训练规律无本质差别，上述越野滑雪体能训练设计有关要点同样适合速度滑冰项目，只是速度滑冰对无氧耐力要求更高而已，在借鉴越野滑雪有关体能训练设计原则、要点方面需要结合速度滑冰不同比赛项目特点的差异适度调整有氧、无氧训练比例即可。且在越野滑雪的训练质效把控与阶段体能训练效果评价方法及标准方面、训练负荷与节奏设计、竞技状态调控、高原训练方法应用等方面同样适用于速度滑冰。在力量训练方面速度滑冰应特别重视下肢肌肉绝对力量、速度力量耐力训练，但对爆发力的需求不如越野滑雪，核心力量训练与越野滑雪雷同，其基础与专项力量训练方法应结合速度滑冰的技术特点来设计。在年度复核总量安排方面，速度滑冰项目也需安排更高比例的专项技术、战术能力训练等。

9.3 夏季周期体能竞速项目的应用要点

夏季周期体能竞速项目包括田径、游泳、皮划赛艇、自行车等，这几个体能大项奥运设项 119 个小项，不同项目的参赛时间从 10 s～2 h 不等。

无论何种项目，其能量代谢系统训练内在规律、安排原则和要点具有相当高的相似性，上述越野滑雪体能训练安排的要点均适用于所有夏季体能类竞速项目。只是场地自行车短距离、田径的 200 m 以内项目主要以 ATP-CP 系统供能为主，体能训练更重视速度能力（即 ATP-CP 系统）训练外，其他项目的体能训练安排规律、原则、要点均可借鉴参考上述越野滑雪体能训练要点，只是具体的有氧、无氧耐力训练首段应有关项目的主要比赛特点来设计即可，如田径项目应主要采用田径的专项技术、游泳项目结合游泳的专项技术、自行车结合自行车项目专项技术、皮划赛艇项目结合皮划赛艇的专项技术为主来安排有关的有氧、无氧、速度能力训练方法。另外有关项目的基础、核心力量训练类似越野滑雪，但其专项力量应结合专项技术发力特点来设计。夏季体能项目的技术训练比例一般占年度训练比例的 20%～30%。

在越野滑雪的训练质效把控与阶段体能训练效果评价方法及标准方面、训练负荷与节奏设计、竞技状态调控、高原训练方法应用等方面同样适用于夏季体能主导类竞速项目。

主要参考文献

［1］金玉.竞技状态的形成与发展［J］.浙江体育科学，1995，4：55-57.

［2］安林彬，袁吉. 越野滑雪教程［M］.长春：吉林大学出版社，2015.

［3］图多·博姆帕.运动训练理论与方法［M］.郭小燕，周丰，译.北京：人民体育出版社，1990.

［4］蔡旭旦，毛丽娟，张蓓，等.不同来源项目运动员越野滑雪长期训练运动能力变化——基于运动机能监控的研究［J］.中国体育科技，2020，56(12)：44-55.

［5］曹兵. 发展有氧耐力的生理学分析［J］. 体育成人教育学刊，2003，2：35-36.

［6］曹庆华，鹿培成.新疆少数民族、汉族散打运动员竞赛状态焦虑的研究［J］.吉林体育学院学报，2007，2：125-126.

［7］陈小平.有氧训练——提高我国耐力项目运动水平的关键［J］.体育科学，2004，11：45-50.

［8］程勇民.重新认识竞技状态中的心理状态［J］.南京体育学院学报：社会科学版，2006，2：4-7.

［9］邓树勋，王健，乔德才.运动生理学［M］.2 版.北京：高等教育出版社，2009.

［10］范静，张连涛.我国越野滑雪科研现状与发展策略［J］.冰雪运动，2010，32(3)：39-43.

［11］房殿生，卞卡.优秀游泳运动员 VO_{2max} 测试方法对比研究［J］.广州体育学院学报.2017，37(4)：90-93.

［12］冯连世，冯美云，冯炜权.运动训练生理生化监控方法［M］.北京：人民体育出版社，2006.

［13］关惠明.谈越野滑雪运动员的专项力量耐力训练［J］.冰雪运动，1997(2)：38-39.

［14］国际雪联官网.各国注册及 A 标运动员人数［EB/OL］.［2022-3-20］. https://www.fis-ski.com/en/inside-fis/document-library/cross-country.

［15］国际雪联官网.平昌冬奥会比赛结果［EB/OL］.［2022-3-20］.https://www.fis-ski.com/DB/general/event-details.html?sectorcode = CC&eventid = 41093&seasoncode = 2018/.

［16］国际雪联官网.运动员积分表［EB/OL］.https://www.fis-ski.com/DB/cross-country/fis-points-lists.html.

［17］国家体育总局冬季运动管理中心.体育总局冬运中心关于调整全国冰雪赛事参赛资格

办法的函[EB/OL].(2018-11-19)[2022-03-20].https://www.sport.gov.cn/dyzx/n5169/c882581/content.html.

[18] 国家体育总局冬运中心.越野滑雪注册运动员[EB/OL].http://winter.sport.org.cn/2019.1//.

[19] 国家体育总局.体育总局办公厅关于设立跨界跨项运动员运动水平等级激励政策的通知[Z].体竞字〔2018〕70号,2018.

[20] 国家体育总局.电话通知[Z].体人字〔2018〕356号,2018.

[21] 过家兴,延峰,李少丹,等.体能类项群优秀运动员重大比赛前训练安排的规律(续)[J].北京体育大学学报,1995,2:66-73.

[22] 特里希·哈雷.训练学——运动训练的理论与方法学导论[M].蔡俊五,郑再新,译.北京:人民体育出版社,1985.

[23] 郝燕,樊卫兵.再论最佳竞技状态的成因[J].新疆教育学院学报,1997,3:93-95.

[24] 贺晓玉,李稚,邓京捷.Verification phase 作为判定最大摄氧量新方法的研究进展[J].中国运动医学杂志,2019,38(12):1087-1093.

[25] 洪伟.影响运动员最佳竞技状态的因素[J].苏州大学学报:工科版,2004,6:140.

[26] 胡扬.关于高原训练中若干问题的思考[J].北京体育大学学报,2006,29(7):865-868.

[27] 胡扬.模拟高原训练的新发展:从 HiLo 到 HiHiL[J].中国运动医学杂志,2005,1:69-72.

[28] 胡雨青.越野滑雪运动员身体稳定性训练设计与实验研究[D].天津:天津体育学院,2020.

[29] 黄强,梅林琦,陈捍东.唤醒水平对散打运动员竞技状态的影响[J].四川体育科学,2001,2:48-51.

[30] 黄玺章,徐洋,王钢.高住低训法对短道速滑优秀运动员免疫系统的影响[J].冰雪运动,2011,33(1):54-57.

[31] 康凯.帆船运动员最佳竞技状态模式的初步研究[J].山东师范大学学报:自然科学版,2005,3:103-104.

[32] 李晓明,周冉.越野滑雪运动员力量训练的重要性[J].冰雪运动,2006,4:43-45.

[33] 李晓明.谈室内滑雪场对越野滑雪发展的推动[J]. 冰雪运动,2004,5:7-8.

[34] 李晓明.血液中尿素(Urea)水平对运动能力的影响分析[J].冰雪运动,2005,4:35-36.

[35] 李玉学,王长福.浅论影响越野滑雪专项力量能力增长的因素和在训练中应注意的问题[J]. 冰雪运动, 1997,2:34-35.

[36] 李振,林岭,高飞燕.2018—2019 赛季国家越野滑雪队中外教练训练理念比较[J].浙江体育科学,2021,3(2):57-60.

[37] 栗丽,栗华.中长跑运动员发展有氧能力的研究[J].安阳师范学院学报, 2003,2:71-73.

[38] 林岭,廖世芹,朱晟,等.越野滑雪跨界跨项选材工程必要性、阶段成效及实现奥运战略价值的路径[J].体育与科学,2021,42(1):89-97.

[39] 刘宏强.最大摄氧量测定方法的研究与应用[D].太原:山西大学,2015.
[40] 刘洪峰.评定优秀青少年越野滑雪运动员有氧能力指标筛选的研究[D].长春:东北师范大学,2011.
[41] 刘建和,姜涛,李林.目前竞技状态研究中的几个问题[J].体育科学,2007,7:70-74.
[42] 刘敏,汪军,周丽,等.不同专项运动员最大摄氧量及主要影响因素分析[J].北京体育大学学报.2018,41(11):74-80.
[43] 刘学,张爱军.最大摄氧量在耐力运动训练中的变化[J].中国组织工程研究,2007,51(11):10335-10338.
[44] 马福海,冯连世.高原训练实用问答[M].北京:人民体育出版社,2007:117-118.
[45] 马利华,姚颂平.等速测试在肌肉力量评定上的应用(综述)[J].体育科学,1992,13(1):59-63.
[46] 列·巴·马特维也夫.竞技运动理论[M].姚颂平,译.哈尔滨:黑龙江科学技术出版社,2005.
[47] 马小明,樊蓉芸.高原低氧环境对人体适应性的影响探析[J].成都体育学院学报,2015,41(3):94-97.
[48] 马毅,吕晶红.我国备战2022年冬奥会重点项目后备人才培养问题探究[J].体育科学,2016,36(4):3-10.
[49] 普拉托诺夫.现代运动训练[M].张人民,译.北京:人民体育出版社,1991.
[50] 邱招义,尹一全,叶茂盛.提升我国冬奥项目运动员专项能力的夏季化训练措施[J].北京体育大学学报,2021,44(3):2-16.
[51] 任志勇,乔玉成.高原训练效果的系统评价[J].体育研究与教育,2013(6):104-113.
[52] 邵强,周喆啸,蔡旭旦.我国跨项越野滑雪运动员初期训练有氧运动能力的调查研究[C]//中国体育科学学会.第十一届全国体育科学大会论文摘要汇编,2019.
[53] 姒刚彦.追求“最佳”还是强调“应对”——对理想竞技表现的重新定义以及心理训练范式改革[J].体育科学,2006,10:43-48,53.
[54] 宋石.浅谈越野滑雪训练中有氧代谢与无氧代谢训练问题[J].冰雪运动,1987,2:48-50.
[55] 孙科,魏文哲,赵之光.加压放松对越野滑雪运动大强度抗阻训练疲劳相关指标的影响[J].中国体育科技,2020,12:9-16.
[56] 田麦久,刘爱杰,易建东.聚焦“跨项选材”:我国运动员选拔培养路径的建设与反思[J].体育学研究,2018,5:69-77.
[57] 田麦久,武福全.运动训练科学化探索[M].北京:人民体育出版社,1998.
[58] 田麦久.运动训练学[M].北京:人民体育出版社,2000.
[59] 万文君,郝选明.运动员有氧能力的测试与评价[J].广州体育学院学报,2006,26(3):108-110.
[60] 王步标,华明.运动生理学[M].2版.北京:高等教育出版社,2011.

［61］王大卫.对运动员转项成才现象的初步研究［J］.体育科学，1993，4：44-48.

［62］王凤阳.关于无氧阈概念与机制的探讨［J］.中国运动医学杂志，2002，1：110-112.

［63］王倩.世界冠军投掷运动员的比赛安排与竞技状态的变化［J］.广州体育学院学报，2006，5：49-51.

［64］王清，冯连世，翁庆章.高原训练［M］.北京：人民体育出版社，2007：17.

［65］王清，李汀，魏星.肌肉力量测量方法［J］.体育科学，1993，1：18-27.

［66］王岩.越野滑雪运动员体能训练要点［J］.冰雪运动，2017，39(4)：38-41.

［67］沃瑟曼，汉森，休，等.心肺运动试验的原理及其解读：病理生理及临床应用(原书第四版)［M］.文富强，译.北京：科学出版社，2008.

［68］向剑锋，刘无逸.最大摄氧量速度研究进展(综述)［J］.体育科研，2004，25(1)：37-40.

［69］熊焰.竞技状态及其特征剖析［J］.体育学刊，2004，3：128-130.

［70］徐本力.对负荷量、负荷强度和总负荷的概念、结构体系及科学调控中几个问题的再认识［J］.体育科研，2004，6：29-32.

［71］徐本力.关于竞技状态最优调控原则体系的初步构想［J］.成都体育学院学报，1994，2：25-27，57.

［72］燕明剑.越野滑雪在美国［J］.育文化导刊，2001，2：61.

［73］杨明，史继祖，张环宇，等.我国冬季耐力项目高原训练的研究与应用［J］.北京体育大学学报，2021，44(3)：48-56.

［74］杨明，佟彤，侯广庆.国家竞走青年队冬训训练负荷特点研究［J］.成都体育学院学报，2015，41(1)：1-6.

［75］杨威，王欣欣，廖开放，等.越野滑雪比赛特征的科学分析及建议［J］.体育学研究，2020，34(4)：53-62.

［76］杨锡让，傅浩坚.运动生理学进展［M］.北京：北京体育大学出版社，1999：305-322.

［77］杨锡让.实用运动生理学［M］.北京：北京体育大学出版社，2007.

［78］杨翼，黎敏，李章华.最大摄氧量及其相关和派生指标在运动训练中应用的研究进展［J］.中国康复理论与实践，2009，15(5)：445-448.

［79］姚一鸣，邱俊强.18d 亚高原训练对花样滑冰运动员生理机能及运动表现的影响［J］.北京体育大学学报，2018，41(12)：85-90.

［80］叶家宝，郭晓春.最佳竞技状态再探［J］.安徽体育科技，1996，2：15-17.

［81］叶羽.论竞技状态［J］.江苏理工大学学报：社会科学版，2001，3：102-105，122.

［82］尹一全，孟庆军，叶茂盛.力量板块周期训练对我国优秀越野滑雪运动员运动表现影响的研究［J］.中国体育科技，2020，12：17-26，43.

［83］于淼，刘忆冰，商立新.优秀短道速滑运动员承受专项负荷水平常用诊断与监控指标特征研究［J］.冰雪运动，2012，34(5)：19-23.

［84］张蓓，蔡旭旦，毛丽娟，等.中国跨项目越野滑雪运动员身体成分特征及对我国备战2022 年北京冬奥会的启示［J］.中国体育科技，2020，56(12)：36-43.

[85] 张力为，毛志雄.体育科学常用心理量表评定手册[M].北京：北京体育大学出版社，2004.

[86] 张莉清，刘大庆.近 5 年我国运动训练学若干热点问题的研究[J].体育科学，2016，36(5)：71-77.

[87] 张庆春，张自喜.论竞技能力与竞技状态的辨(辩)证关系[J].河北体育学院学报，2000，2：12-14.

[88] 张绍礼，肇海洋，姜少英，等.越野滑雪短距离运动员核心力量特征及训练策略研究[C]//中国大学生田径协会.2012 国际体育科学与学校体育学术会议，2012.

[89] 张欣，杨军.我国排球"跨界跨项"选材中关键问题的研究[J].武汉体育学院学报，2018，52(4)：81-86.

[90] 赵晋，孔垂辉.亚高原环境对运动训练的影响综述[J].北京体育大学学报，2005，28(1)：78-79.

[91] ABE T，YASUDA T，MIDORIKAWA T，et al. Skeletal muscle size and circulating IGF-1 are increased after two weeks of twice daily"KAATSU"resistance training[J]. Int J Kaatsu Training Res，2015，1(1)：6-12.

[92] ANDERSSON E，SUPEJ M，SANDBAKK O，et al. Analysis of sprint cross-country skiing using a differential global navigation satellite system[J]. European Journal of Applied Physiology，2010，110(3)：585-595.

[93] AVIGDOR H，ALIZA G，EITAN K. High altitude：Physiology and pathophysiology in adults and children：A review[J]. Clini Pulm Med，2015，22(3)：105-113.

[94] BAKER D. Cycle-length variants in periodized strength/power training[J]. ECU Publications，2007，29(4)：10-17.

[95] BAKER J E. Erythropoietin mimics ischemic preconditioning[J]. Vascu lar Pharmacology，2005，42(5/6)：233-241.

[96] BASSETT D R J，HOWLEY E T. Limiting factors for maximum oxygen uptake and determinants of endurance performance[J]. Medicine and Science in Sports and Exercise，2000，32(1)：70-84.

[97] BEJDER J，NORDSBORG N B. Specificity of "live high train low" altitude training on exercise performance[J]. Exercise and Sport Sciences Reviews，2018，46(2)：129-136.

[98] BILLAT V，FLECHET B，PETIT B，et al. Interval training at VO_{2max}：effects on aerobic performance and overtraining markers[J]. Medicine and Science in Sports and Exercise，1999，31：156-163.

[99] BILODEAU B，ROY B，BOULAY M. A comparison of three skating techniques and the diagonal stride on heart rate responses and speed in cross-country skiing[J]. International Journal of Sports Medicine，1991，12：71-76.

[100] BOLGER C M, KOCBACH J, HEGGE A M. Speed and heart-rate profiles in skating and classical cross-country skiing competitions[J]. Int J Sports Physiol Perform, 2015, 10(7): 873-880.

[101] BOMPA T O, HAFF G G. Periodization: theory and methodology of training[M]. Champaign: Human Kinetics, 2009.

[102] BONETTI D L, HOPKINS W G. Sea-level exercise performance following adaptation to hypoxia: a meta-analysis. Sports Med., 2009, 39(2): 107-127.

[103] BORVE R, JEVNE S N, BJARNE R, et al. Upper-body muscular endurance training improves performance following 50 min of double poling in well-trained cross-country skiers[J]. Frontiers in Physiology, 2017, 8: 690.

[104] BOUCHARD C, MARCEL R B, J A Simoneau, et al. Heredity and train ability of aerobic and anaerobic performances an update[J]. Sports Medicine, 1988, 5(2): 69-73.

[105] BROCHERIE F, MILLET G P, HAUSER A, et al. "Live high-train low and high" hypoxic training improves team-sport performance[J]. Medicine and Science in Sports and Exercise, 2015, 47(10): 2140-2149.

[106] CARLSSON M, CARLSSON T, HAMMARSTRÖM D, et al. Prediction of race performance of elite cross-country skiers by lean mass[J]. International Journal of Sports Physiology and Performance, 2014, 9(6): 1040-1045.

[107] CARLSSON T, WEDHOLM L, NILSSON J, et al. The effects of strength training versus ski-ergometer training on double-poling capacity of elite junior cross-country skiers[J]. European Journal of Applied Physiology, 2017(117): 1523-1532.

[108] Chen C M. CiteSpace Ⅱ: Det ectin g and visualizing emerging trends and transient patterns in scientific literature[J]. J Am Soc Inf Sci Tec, 2006, 57(3): 359-377.

[109] CLAUDE BOUCHARD. Heredity and endurance performance[J]. Sports Medicine, 1984, 1(1): 38-64.

[110] COSTILL D, ROSEMANN T, ROBERGS R, et al. Adaptations to swimming training: Influence of training volume[J]. Medicine and Science in Sports and Exercise, 1991, 23: 371-377.

[111] DREZNER J A, ACKERMAN M J, ANDERSON J, et al. Electrocardiographic interpretation in athletes: The'seattle criteria'[J]. Br J Sports Med, 2013, 47(3): 4-122.

[112] DUDLEY G A, DJAMIL R. Incompatibility of endurance and strength-training modes of exercise[J]. Journal of Applied Physiology, 1985, 59: 1446-1451.

[113] EINICKE K H. A three-week traditional altitude training increases hemoglobin mass and red cell volume in elite biathl on athletes[J]. Int J Sports Med, 2005, 26(5):

350-355.
[114] EISENMAN P A, JOHNSON S C, C N BAINBRIDGE. Applied physiology of cross-country skiing[J]. Sports Medicine, 1989, 8(2): 67-79.
[115] ESPEN, HEIKKI. The effect of training on aerobic power characteristics of young cross-country skiers[J]. Journal of Sports Sciences, 1987, 5(3): 273-286.
[116] ESTEVE J, FOSTER C, SEILER S, et al. Impact of training intensity distribution on performance in endurance athletes[J]. Journal of Strength and Conditioning Research/National Strength & Conditioning Association, 2007, 21: 943-949.
[117] FOSTER C, FLORHAUG J A, FRANKLIN J, et al. A new approach to monitoring exercise training[J]. Journal of Strength Conditioning Research, 2001, 15(1): 109-115.
[118] FOSTER C. Monitoring training in athletes with reference to overtraining syndrome[J]. Medicine and Science in Sports and Exercise, 1998, 30: 1164-1168.
[119] GASTIN P B. Energy system interaction and relative contribution during maximal exercise[J]. Sports Medicine, 2001, 31(10): 725.
[120] GORE C J, CLARK S A, SAUNDERS P U. Nonhematologicalm echanisms of improved sea-level performance after hypoxic exposure[J]. Med Sci Sport Exe, 2007, 39(9): 1600-1609.
[121] GOVUS A, ANDERSSON E, SHANNON O, et al. Commercially available compression garments or electrical stimulation do not enhance recovery following a sprint competition in elite cross-country skiers[J]. European Journal of Sport Science, 2018, 18: 1-10.
[122] GUELLICH A, SEILER S. Lactate Profile Changes in Relation to Training Characteristics in Junior Elite Cyclists[J]. International Journal of Sports Physiology and Performance, 2010, 5: 316-327.
[123] HALSON S, BRIDGE M, MEEUSEN R, et al. Time course of performance changes and fatigue markers during intensified training in trained cyclists[J]. Journal of Applied Physiology (Bethesda, Md.: 1985), 2002, 93: 947-956.
[124] HALSON S, JEUKENDRUP A. Does overtaining exist? An analysis of overreaching and overtraining research[J]. Sports Medicine, 2004, 34: 967-981.
[125] HEIKKI R. Handbook of sports medicine and science: cross country skiing[M]. Oxford: Blackwell Science Ltd, 2003: 176-188.
[126] HOFF J, GRAN A, HELGERUD J. Maximal strength training improves aerobic endurance performance[J]. Scandinavian Journal of Medicine & ence in Sports, 2010, 12(5): 288-295.
[127] HOLLOSZY O. Enzymatic adaptations of skeletal muscle to endurance exercise[J].

Current Problems in Clinical Biochemistry, 1982, 11: 118-121.

[128] HOLMBERG H C. The elite cross-country skier provides unique insights into human exercise physiology[J]. Scandinavian Journal of Medicine & Science in Sports, 2015, 25: 100-109.

[129] HORSWILL C A, HICKNER R C, SCOTT J R, et al. Weight loss, dietary carbohydrate modifications, and high intensity, physical performance[J]. Medicine & Ence in Sports & Exercise, 1990, 22(4): 470-476.

[130] INGHAM S, CARTER H, WHYTE G, et al. Physiological and performance effects of low-versus mixed-intensity rowing training[J]. Medicine and Science in Sports and Exercise, 2008, 40: 579-584.

[131] ISSURIN V. Block periodization versus traditional training theory: a review[J]. The Journal of Sports Medicine and Physical Fitness, 2008, 48: 65-75.

[132] JEUKENDRUP A, HESSELINK M K C, SNYDER A, et al. Physiological changes in male competitive cyclists after two weeks of intensified training[J]. International Journal of Sports Medicine, 1992, 13: 534-541.

[133] JÜRIMÄE J, JAREK M, PURGE P, et al. Changes in stress and recovery after heavy training in rowers[J]. Journal of Science and Medicine in Sport, 2004, 7(3): 335-339.

[134] KARLSSON Y, GILGIEN M, GLERSEN Y N, et al. Exercise intensity during cross-country skiing described by oxygen demands in flat and uphill terrain[J]. Frontiers in Physiology. [2022-4-18]. DOI: 10.3389/fphys.2018.00846.

[135] KIM HEBERT-LOSIER, CHRISTOPH ZINNE, SIMON PLATT, et al. Factors that influence the performance of elite sprint cross-country skiers[J]. Sports Med, 2017, 47: 319-342.

[136] KOURY S T, KOURY M J, BONDURANT M C. Quantitation of erythropoiet in producing cells in kidneys of mice by insitu hybridizati on-correlation with hematocrit, renal erythropoietinm essengerrna, and serumery thropoietin concentration [J]. Blood, 1989, 74(2): 645-651.

[137] KRAEMER W, PATTON J, GORDON S, et al. Compatibility of high-intensity strength and endurance training on hormonal and skeletal muscle adaptations [J]. Journal of Applied Physiology, 1995, 78: 976-989.

[138] LARK S A C. Time course of haemoglobin mass during 21 days live high: Train low simulated altitude[J]. Eur J Appl Physicol, 2009, 106(3): 399-406.

[139] LEVINE B D, GUNDERSEN J S. Living high-training low: Effect of deratealtitude acclimatization with low-altitude training on performance[J]. J Appl Physiol, 1997, 83(1): 102-112.

[140] LI T L, LIN H C, KO M H, et al. Effects of prolonged intensive training on the resting levels of salivary immunoglobulin a and Cortisol in adolescent volleyball players[J]. Journal of Sports Medicine Physical Fitness, 2012, 52(5): 569.

[141] LOSNEGARD T, MIKKELSEN K, R? NNESTAD B R, et al. The effect of heavy strength training on muscle mass and physical performance in elite cross country skiers[J]. Scandinavian Journal of Medicine & Science in Sports, 2011, 21(3): 389-401.

[142] LOSNEGARD T, HALLÉN J. Physiological differences between sprint and distance-specialized cross-country skiers[J]. International Journal of Sports Physiology and Performance, 2014, 9(1): 25-31.

[143] LOSNEGARD T, MYKLEBUST H, HALLÉN J. Anaerobic Capacity as a Determinant of Performance in Sprint Skiing[J]. Medicine and Science in Sports and Exercise, 2011, 44(4): 673-681.

[144] LOSNEGARD T, MYKLEBUST H, SPENCER M, et al. Seasonal variations in VO_{2max}, O_2-Cost, O_2-Deficit, and performance in elite cross-country skiers[J]. Journal of strength and conditioning research/National Strength & Conditioning Association, 2012, 27: 1780-1790.

[145] LUIS CARRASCO, BORJA SAÑUDO, MOISÉS DE HOYO, et al. Effectiveness of low-frequency vibration recovery method on blood lactate removal, muscle contractile properties and on time to exhaustion during cycling at VO_{2max} power output[J]. European Journal of Applied Physiology, 2011, 111(9): 2271-2279.

[146] LUNDBY C, ROBACH P. Performance enhancement: what are the physiological limits? [J]. Physiology, 2015, 30(4): 282-292.

[147] MAHOOD N V, KENEFICK R W, KERTZER R, et al. Physiological determinants of cross-country ski racing performance[J]. Med Sci Sports Exerc, 2001, 33(8): 1379-1384.

[148] MARIANN SANDSUND, VEGARD SAURSAUNET, et al. Effect of ambient temperature on endurance performance while wearing cross-country skiing clothing[J]. Eur J Appl Physiol, 2012, 112: 3939-3947.

[149] MARISSA N BARANAUSKAS, KEREN CONSTANTINI, HUNTER L PARIS, et al. Heat Versus Altitude Training for Endurance Performance at Sea-Level[J] Exercise and Sport Sciences Reviews, 2021, 49(1): 50-58.

[150] MAZZEO R S. Physiological Responses to Exercise at Altitude[J]. Sports Medicine, 2008, 38(1): 1-8.

[151] MCCORMICK A, MEIJEN C, MARCORA S. Psychological determinants of whole-body endurance performance[J]. Sports Medicine, 2015, 45(7): 997-1015.

[152] MCGAWLEY K, HOLMBERG HC. Aerobic and anaerobic contributions to energy production among junior male and female cross- country skiers during diagonal skiing. Int J Sports Physiol Per form, 2014, 9(1): 32-40.

[153] MCGAWLEY K, JUUDAS E, KAZIOR Z, et al. No Additional Benefits of Block-Over Evenly-Distributed High-Intensity Interval Training within a Polarized Microcycle[J]. Frontiers in Physiology, 2017, 8: 1-12.

[154] MUJIKA, I, S. PADILIA. Effects of detraining on cardio-respiratory function and metabolism in humans[J]. Med. Sci. Sports. Exerc, 2000, 32(7): 1233-1257.

[155] MUÑOZ I, SEILER S, BAUTISTA J, et al. Does Polarized Training Improve Performance in Recreational Runners? [J]. International Journal of Sports Physiology and Performance, 2013(9): 265-272.

[156] MYGIND E, ANDERSEN L, RASMUSSEN B. Blood lactate and respiratory variables in elite cross-country skiing at racing speeds[J]. Scandinavian Journal of Medicine & Science in Sports, 2007(4): 243-251.

[157] NAGLE K B. Cross-Country Skiing Injuries and Training Methods[J]. Current Sports Medicine Reports, 2015, 14(6): 442-447.

[158] NG A, DEMMENT R, D BASSETT, et al. Characteristics and Performance of Male Citizen Cross-Country Ski Racers[J]. International Journal of Sports Medicine, 1988, 9(3): 205-209.

[159] NIELS, JOACHIM N, ROBERT B, et al. The Muscle Fiber Profiles, Mitochondrial Content, and Enzyme Activities of the Exceptionally Well-Trained Arm and Leg Muscles of Elite Cross-Country Skiers[J]. Frontiers in Physiology. [2022-3-18]. DOI: 10.3389/fphys.2018.01031.

[160] OFSTENG S, SANDBAKK, BEEKVELT M V, et al. Strength training improves double-poling performance after prolonged submaximal exercise in cross-country skiers[J]. Scandinavian Journal of Medicine & Science in Sports, 2018, 28(3): 893-904.

[161] OHTONEN O, LINDINGER S, LINNAMO V. Effects of gliding properties of cross-country skis on the force production during skating technique in elite cross-country skiers[J]. International Journal of Sports Science & Coaching, 2013, 8(2): 407-416.

[162] OSTOW A C. Directory of Psychological Tests in the Sport and Exercise Sciences [M]. West Virginia: Fitness Information Technology Inc. , 1990.

[163] OYSTEIN S, TONNESSEN E, SEILER S. From heart-rate data to training quantification: A comparison of 3 methods of training-intensity analysis [J]. International Journal of Sports Physiology and Performance, 2014, 9(1): 100-107.

[164] P AAGAARD J, L ANDERSEN. Effects of strength training on endurance capacity in top-level endurance athletes[J]. Scandinavian journal of medicine & science in sports, 2010, 20). [2022-3-20]. https://doi.org/10.1111/j.1600-0838.2010.01197.x.

[165] POLIQUIN C. Football: Five steps to increasing the effectiveness of your strength training program[J]. Strength & Conditioning Journal, 1988, 10: 34-39.

[166] R COLLINS, D COLLINS, A MACNAMARA, et al. Change of plans: an evaluation of the effectiveness and underlying mechanisms of successful talent transfer[J]. Journal of Sports Sciences, 2014, 32(17): 1621.

[167] R VAEYENS, A GULLICH, et al. Talent identification and promotion programs of Olympic athletes[J]. Journal of Sports Sciences, 2009, 27(13): 1367-1380.

[168] ZADRO J R, SHIRLEY D, ANDRADE T B, et al. The beneficial effects of physical activity: Is it down to your genes? A systematic review and meta-analysis of twin and family studies [J]. Sports Medicine, 2017, 6(3): 64-65.

[169] STEPHEN SEILER. Seiler's Hierarchy of Endurance Training Needs[EB/OL]. [2022-03-20]. https://www.researchgate.net/publication/310725768_Seiler's_Hierarchy_of_Endurance_Training_Needs.

[170] STEPHEN SEILER. Session 3: Interval training prescription, physiology, and perception[EB/OL]. [2022-03-20]. http://www.researchgate.net/publication/320592077_Session_3_Interval_training_prescription_physiology_and_perception/download.

[171] ROBERT NORMAN, SYLVIA OUNPUU, MARGO FRASER, et al. Mechanical power output and estimated metabolic rates of nordic skiers during Olympic competition[J]. International Journal of Sport Biomechanics, 1989, 5(2): 169-184.

[172] ROBERTSON E Y, SAUNDERS P U, PYNE D B. Reproducibility of performance changes to simulated live high/train low altitude[J]. Med Sci Sport Exe, 2010, 42(2): 394-401.

[173] RØNNESTAD B R, HANSEN E A, RAASTAD T. High volume of endurance training impairs adaptations to 12 weeks of strength training in well-trained endurance athletes[J]. European Journal of Applied Physiology, 2012, 112(4): 1457-1466.

[174] ROSDAHL, J SVEDENHAG. Lung function, arterial saturation and oxygen uptake in elite cross country skiers: influence of exercise mode[J]. Scandinavian Journal of Medicine & Science in Sports, 2007, 17(4): 437-444.

[175] ROSENBLAT M, PERROTTA A, VICENZINO B. Polarized vs. Threshold training intensity distribution on endurance sport performance: A systematic review and

meta-analysis of randomized controlled trials[J]. Journal of Strength and Conditioning Research, 2018, 33(12): 3491-3500.

[176] VALERIA ROSSO, LAURA GASTALDI, WALTER RAPP, et al. Balance perturbations as a measurement tool for trunk impairment in cross-country sit skiing [J]. Adapted Physical Activity Quarterly, 2019, 36(1): 61-76.

[177] RUSKO, HEIKKI. The effect of training on aerobic power characteristics of young cross-country skiers [J]. Journal of Sports Sciences, 1987, 5(3): 273-286.

[178] SANDBAKK O, HEGGE A M, LOSNEGARD T, et al. The physiological capacity of the world's highest ranked female cross-country skiers [J]. Medicine and Science in Sports and Exercise. 2016, 48: 1091-1100.

[179] SANDBAKK O, HOLMBERG H C. Physiological capacity and training routines cross-country skiers: Approaching the upper limits of human endurance [J]. International Journal of Sports Physiology and Performance, 2017, 12(8): 1-26.

[180] SANDBAKK O, LOSNEGARD T. Analysis of classical time-trial performance and technique-specific physiological determinants in elite female cross-country skiers [J]. Frontiers in Physiology, 2016, 7: 326.

[181] SANDBAKK O, SANDBAKK S, ETTEMA G, et al. Effects of Intensity and Duration in Aerobic High-Intensity Interval Training in Highly Trained Junior Cross-Country Skiers [J]. Journal of strength and conditioning research/National Strength & Conditioning Association, 2012, 27(7): 10-17.

[182] SANDBAKK O, HOLMBERG H C, LEIRDAL S, et al. The physiology of world-class sprint skiers[J]. Scandinavian Journal of Medicine & Science in Sports, 2011, 21(6): e9-e16.

[183] SANDBAKK O, HOLMBERG H C. A reappraisal of success factors for olympic cross-country skiing [J]. International Journal of Sports Physiology Performance, 2014, 9(1): 117-121.

[184] SANDBAKK O, GERTJAN E, LEIRDAL S, et al. Analysis of a sprint ski race and associated laboratory determinants of world-class performance[J]. European Journal of Applied Physiology, 2010, 111(6): 947-957.

[185] SEILER S, JØRANSON K, OLESEN B, et al. Adaptations to aerobic interval training: Interactive effects of exercise intensity and total work duration [J]. Scandinavian Journal of Medicine & Science in Sports, 2011, 23: 74-83.

[186] SEILER S, KJERLAND G. Quantifying training intensity distribution in elite endurance athletes: Is there evidence for an "optimal" distribution? [J]. Scandinavian Journal of Medicine & Science in Sports, 2006, 16: 49-56.

[187] SEILER S. What is best practice for training intensity and duration distribution in

endurance athletes? [J]. International Journal of Sports Physiology and Performance, 2010, 5: 276-291.

[188] SOLLI G, TONNESSEN E, SANDBAKK O. Block vs. Traditional periodization of hit: Two different paths to success for the world's best cross-country skier[J]. Frontiers in Physiology, 2019, 10: 1-12.

[189] SOLLI G, TONNESSEN E, SANDBAKK O. The training characteristics of the world's most successful female cross-country skier[J]. Frontiers in Physiology, 2017, 8: 1069-1083.

[190] SOLLIE OVE, GLØERSEN ØYVIND, GILGIEN MATTHIAS, et al. Differences in pacing pattern and sub-technique selection between young and adult competitive cross country skiers[J]. Scandinavian Journal of Medicine & Science in Sports, 2020, 31(3): 553-563.

[191] MARTIN STEFAN ADRIAN, ROXANA MARIA HADMA. Individual adaptation in cross-country skiing based on tracking during training conditions[J]. Sports, 2019, 7(9): 571-589.

[192] STOGGL T L, HOLMBERG H C. Double-poling biomechanics of elite cross-country skiers: flat versus uphill terrain[J]. Med Sci Sports Exerc. 2016, 48(10): 1249-1263

[193] STOGGL T L, HOLMBERG H C. Three dimensional force and kinematic interactions in V1 skating at high speeds[J]. Med Sci Sports Exerc. 2015, 47(6): 1232-1242.

[194] STOGGL T L, LINDINGER S, MUELLER E. Evaluation of an upper-body strength test for the cross-country skiing sprint. [J]. Med Sci Sports Exerc, 2007, 39(7): 1160-1169.

[195] STOGGL T L, MUELLER E. Kinematic determinants and physiological response of cross-country skiing at maximal speed. [J]. Med Sci Sports Exerc, 2009, 41(7): 1476-1487.

[196] STOGGL T L, ENQVIST J, MUELLER E, et al. Relationships between body composition, body dimensions, and peak speed in cross-country sprint skiing[J]. Journal of Sports Sciences, 2010, 28(2): 161-169.

[197] STOGGL T L, MUELLER E, AINEGREN M, et al. General strength and kinetics: fundamental to sprinting faster in cross country skiing? [J]. Scandinavian Journal of Medicine & Science in Sports, 2011, 21(6): 791-803.

[198] STOGGL T L, SPERLICH B. Polarized training has greater impact on key endurance variables than threshold, high intensity or high volume training[J]. Frontiers in Physiology, 2014, 5: 1-9.

[199] STOGGL T L, SPERLICH B. The training intensity distribution among well-trained

and elite endurance athletes[J]. Frontiers in Physiology, 2015, 6: 1-14.

[200] STOGGL T L, SWAREN M, HERTLEIN M, et al. Pacing, exercise intensity and technique by performance level in long-distance cross-country skiing[J]. Frontiers in Physiology, 2020 , 11: 17-31.

[201] SVENDSEN I S, GLEESON M, HAUGEN T A, et al. Effect of an intense period of competition on race performance and self-reported illness in elite cross-country skiers[J]. Scandinavian Journal of Medicine Science in Sports, 2016, 25(6): 846-853.

[202] THOMAS LOSNEGARD, HÅVARD MYKLEBUST, JOSTEIN HALLÉN. Anaerobic Capacity as a Determinant of Performance in Sprint Skiing [J]. Medicine & Science in Sports & Exercise, 2012, 44(4).

[203] TOMAS CARLSSON, MICHAIL TONKONOGI, MAGNUS CARLSSON. Aerobic power and lean mass are indicators of competitive sprint performance among elite female ross-country skiers[J]. Journal of Sports Medicine, 2016, 7: 153-160.

[204] TØNNESSEN E, HAUGEN T A, HEM E, et al. Maximal aerobic capacity in the winter-Olympics endurance disciplines: Olympic-medal benchmarks for the time period 1990-2013[J]. International Journal of Sports Physiology and Performance, 2015, 10(7): 835-839.

[205] TONNESSEN E, SYLTA O, HAUGEN T A, et al. The road to gold: Training and peaking characteristics in the year prior to a gold medal endurance performance[J]. Plos One, 2014, 9(7): 1-13.

[206] TREFF G, WINKERT K, SAREBAN M, et al. The polarization-index: A simple calculation to distinguish polarized from non-polarized training intensity distributions [J]. Frontiers in Physiology, 2019, 10: 1-6.

[207] VESTERINEN V, MIKKOLA J, NUMMELA A, et al. Fatigue in a simulated cross-country skiing sprint competition[J]. Journal of sports sciences, 2009, 27(10): 1069-1077.

[208] VISCOR G, TORRELLA J R, CORRAL L. Physiological and biological responses to short term intermittent hypobaric hypoxia exposure: From sports and mountain medicine to new biomedical applications[J]. Front Physiol, 2018, 9: 814.

[209] WELDE B, EVERTSEN F, HEIMBURG E, et al. Energy cost of free technique and classical cross-country skiing at racing speeds[J]. Medicine and Science in Sports and Exercise, 2003, 35: 818-825.

[210] WORTH S, REID D, HENRY S. Injury Incidence in Cross Country Skiers[J]. British Journal of Sports Medicine, 2017, 51: 411.

[211] YEO W K, PATON C, GARNHAM A, et al. Skeletal muscle adaptation and

performance responses to once a day versus twice every second day endurance training regimens[J]. Journal of Applied Physiology: Respiratory, Environmental and Exercise Physiology, 2008, 105: 1462-1470.

[212] Yu H J, Chen X P, Zhu W M. A quasiexperimental study of Chinese top level speed skaters' training load: threshold versus pol [J]. International Journal of Sports Physiology and Performance, 2012, 7: 103-112.